イノベーションの組織戦略

イノベーションの組織戦略
―― 知識マネジメントの組織設計 ――

中央大学(韓国)経営学科
魏　晶　玄著

〔学術選書〕

信 山 社

はしがき

　もともと私は、人間社会と組織のダイナミックな変化に深い関心を持っていた。文明論では現在も研究されているローマ帝国の興亡、また技術の変化による企業の登場と没落、フォーディズムの普及による労働組織と労働過程の変化などは私の知的好奇心を刺激する良いテーマであった。

　本書は、このような私の関心を企業というミクロ単位で分析したものである。しかし、本書はただ企業組織の変化を記述することに留まらず、企業が能動的に環境を開拓できる組織戦略を模索したものである。つまり、企業組織が技術変化に適応していく、あるいは、能動的に技術環境を創造していくメカニズムと組織マネジメントを究明しようとした。

　企業組織が技術やユーザー、あるいは市場における激しい変動に適応しにくいことは40年あまりのイノベーション研究でよく知られている。さらに、最近の研究によると、企業は一見小さな変化にも見える、製品構造（アーキテクチャ）上の変化、あるいは、コンポーネントの入れ替えによる製品変化への対応に失敗するケースも多い。

　企業組織は特定製品の開発と生産や販売を通じて、技術や知識、顧客のロイヤルティなどを獲得し、それを競争優位の源泉とする。しかし、このような資源は、企業が新しいカテゴリーの製品を開発しようとする時には、かえって制約を与えるようになる。新しい製品は、以前の製品とは異なる新しい技術、新しい知識、新しい顧客を必要とするが、既存製品を通じて蓄積された技術や知識は、その新しい経営資源の獲得を妨害するからである。企業は、ある段階で競争優位をもたらした経営資源が、次の段階では競争劣位をもたらす障害になるというパラドックスを「宿命」として背負っている。

　このような企業の「宿命」は、1990年代の日本企業でも例外ではなかったようである。現在、日本企業は激しいグローバル競争に巻き込まれている。ドミナント・デザインが確立し汎用性のある低価格市場セグメントでは中国製品と競争し、それより上位の市場セグメント及び一部の高価格製品市場では韓国、台湾企業と激しい競争を展開している。既に多くの分野で日本企業のコスト・パフォーマンス上の優位性は消

えつつある。

　しかし、今とは異なり、1960年代と1970年代の日本企業はまるでベンチャーのような勢いと積極性で新しい製品の創造に取り組んできた。その一つの事例がテレビ産業である。1960年代後半から1970年代にかけて、カラーテレビ産業では電子回路部品が真空管からトランジスタ・ICへと変わり、プリント配線版の組み立て工程も、労働者の手作業による組み立てから自動機械による組み立てに移行した。このような変化に日本企業はすばやく対応し、1971年には企業全体の技術転換が終了した。それに対して、アメリカ企業は1976年にようやく終了し、かなりの遅れをとったのである。その結果、アメリカのRCAをはじめ、GE、モトローラのような家電の名門企業はテレビ産業から撤退せざるを得なかった。

　今多くの日本企業には、1970年代のような勢いと新しいカテゴリーの製品を創造しようとする積極性があまり見当たらない。このような事態の原因を企業レベルで考えると、多くの産業分野で日本企業が既に「既存（支配的な）企業」になっていることが指摘できる。日本企業は既存製品の関連資源を豊富に蓄積していて、その資源をより有効に活用することが重視されている。このように日本企業が既存製品の領域に留まっている間に、生産コストを武器にした中国、韓国企業の挑戦が始まったのである。

　日本企業が現在のような状態を打開するためには、高付加価値の新しい製品の創造が重要で、新しい製品を創造するためには既存企業なりの開発組織のデザインとマネジメントが不可欠になる。本書は、以上のような課題を抱えている日本企業に、次のような示唆を与えると思われる。

　第一に、新しいカテゴリーの製品を担当する開発組織のデザインや開発組織と既存組織との関係設定に示唆を与える。新しい製品を開発しようとする時、どの開発主体を選定するかは重要な問題である。場合によっては、既存製品の担当事業部をそのまま利用することもあるし、場合によっては、事業部から組織的に離れている研究所や全社的なプロジェクト組織、社内ベンチャーを活用することもありうる。なお、場合よっては、開発組織が既存事業部との関係を維持して、事業部の既存資源の一部を活用することがありうるし、場合によっては事業部との関係を断絶したほうが望ましいこともある。本書はこのような開発組織のデザインとマネジメント方法に示唆を与えるだろう。

　第二に、新しいカテゴリーの製品を創造しようとする時、どのような人的資源を集

め、活用するかに対する示唆である。例えば、成功した既存製品の開発プロジェクトのコア・メンバーは、その製品のアーキテクチャに関する深い理解と知識を体得している。しかし、そのコア・メンバーを既存製品から断絶性が大きい製品の開発プロジェクトに配置すると、既存製品から獲得したアーキテクチャ知識に束縛されて失敗するケースが多い。その場合には、できるだけ既存製品の開発経験が少ないエンジニア、特に新しい製品のコンポーネントに関連する知識を持っているエンジニアを集めたほうが望ましいと思われる。コンポーネント関連の知識を習得しているエンジニアが集まると、既存製品のアーキテクチャ知識に制約されずに、多様なコンポーネントを組み合わせながら、多様なアーキテクチャの新しい製品を創造できるようになる。

　本書は私が東京大学大学院経済学研究科に提出した、博士論文をベースにした研究である。本書を完成するにあたり多くの方々に大変お世話になった。ここに記して心から深くお礼を申し上げたい。
　まず私の指導教官であった新宅純二郎助教授に感謝したい。元々私がイノベーション研究の門を叩いたきっかけは、新宅先生の『日本企業の競争戦略』という一冊の本に接してからである。私は、新宅先生の本に描かれている企業戦略と分析方法に強い感銘を受けて、経営戦略論、特にイノベーション研究に入り、現在まで邁進している。
　藤本隆広教授（東京大学大学院経済学研究科）と高橋伸夫教授（東京大学大学院経済学研究科）は、授業と論文指導の面で大きく教えて頂いた。藤本先生からは概念の使い方、実証分析の厳密性と調査の仕方を、高橋先生からは論文の緻密な構成や分析方法論、データの読み方などを教えて頂いた。片平秀貴教授（東京大学大学院経済学研究科）と粕谷誠助教授（東京大学大学院経済学研究科）からは別の観点からの大変貴重なご指摘を頂いた。
　延岡健太郎教授（神戸大学経済経営研究所）からは『組織科学』への論文投稿過程で大変お世話になった。2年という長い歳月の間、先生はエディターという身分を越えて、先輩研究者として論文の書き方を教えて下さった。
　私が最初に日本へ留学に来たとき、受け入れ教官になって下さった石井寛治教授（当時東京大学経済学研究科、現在東京経済大学）と武田晴人教授（東京大学大学院経済学研究科）にもお礼を申し上げたい。両先生からは留学生活において不便なことがないよういつもきめ細かく配慮して頂いた。工藤章教授（東京大学社会科学研究所）と故橋本寿朗教授（法政大学）からはゼミなどを通じて、研究者としての姿勢や研究テーマ

の選び方を教えて頂いた。なお、長谷川信教授（青山学院大学）からは企業調査においてお世話になった。ここに謹んでお礼を申し上げたい。

韓国の恩師で現在は日本の大学で研究されている安秉直先生（福井県立大学）と金正年先生（麗澤大学）は、韓国のソウル大学時代からの恩師で、研究者としての誠実さや勤勉さを教えて頂いた。両先生のご健康をお祈りしたい。

NECと東芝、シャープとカシオの方々にはインタビューと分析データの面で大変お世話になった。私が留学生の身分だったにも関わらず、貴重な時間を割いて、私の質問に誠実に答えて下さった。深くお礼申し上げたい。

韓国にいる母鄭奉子と亡き父魏太進にも心から感謝したい。母は1987年に夫を亡くして以来、経済的に厳しくなった家計を長い間一人で背負ってきた。特に、長男である私が日本留学を決心した時にも、黙って支援してくれた。亡き父は今も私がこの世でもっとも尊敬する人である。もしあの世でも本書の出版がわかるのであれば、大変喜んでくれると思う。本書を父に見せられないことが誠に残念である。

義理の父張有植と母黄任分にも感謝したい。二人は私が日本留学に来て以来、いつも無事に勉強が終わるよう祈ってくれた。しかし、一昨年、義母が持病で亡くなり、本書を贈る機会がなくなり胸が痛む思いである。

最後に最愛の妻、張弼善に深く感謝したい。彼女は、日本に留学してから現在に至るまで相変わらず夜遅く帰宅する私に一言も文句を言わず、いつも黙々と自分の仕事と子育て両方をやってくれた。彼女の犠牲がなかったらこの本の完成はありえなかったと思う。可愛い娘、餘慶と餘敏は日本で生まれた私の宝物である。二人とは、去年の夏、日本に来て8年目にして初めて東京ディズニーランドへ遊びに行った。特に長女の餘慶はいつも保育園の友達の間で東京ディズニーランドが話題になっても黙って聞いていたという。それでも娘は研究に忙しい私にせがんだことがなかった。愛する我が家族皆に感謝の気持ちを伝えたい。

2004年1月　東京大学　赤門のそばで

魏　晶玄

目　次

はしがき

第1章　序　　章 …………………………………………… 1
1　分析課題の設定 ………………………………………… 1
2　本書の構成 ……………………………………………… 4

第2章　先行研究のサーベイ ……………………………… 7
1　はじめに ………………………………………………… 7
2　非連続的な技術変化と組織の適応失敗 ……………… 7
3　既存組織のコーディネーションによる非連続的な技術変化への適応… 11
4　組織の分離による非連続的な技術変化への適応 …… 15
5　本書の位置付け ………………………………………… 17

第3章　本書のフレームワーク …………………………… 19
1　はじめに ………………………………………………… 19
2　製品アーキテクチャの概念 …………………………… 19
3　製品アーキテクチャの変化と多様な製品の出現 …… 23
4　パソコン・アーキテクチャ変化の概要 ……………… 27
　（1）デスクトップからラップトップへのアーキテクチャ変化……… 27
　（2）多様なラップトップの出現 ……………………… 37
5　携帯情報端末機アーキテクチャ変化の概要 ………… 44
　（1）電子手帳からPDAへのアーキテクチャの変化… 44
　（2）多様なPDAの登場 ……………………………… 51
6　本書の分析フレームワーク …………………………… 57
　（1）既存企業の組織マネジメント
　　　　：別（新しい）部門を開発主体にする製品アーキテクチャの創造… 57
　（2）分析フレームワーク ……………………………… 61
7　分析企業 ………………………………………………… 70

第4章 分析Ⅰ―ラップトップにおける東芝とNECの比較・分析 ……… 73

1 はじめに …………………………………………………………… 73
2 東芝のケース分析 ………………………………………………… 73
　(1) 初期条件：デスクトップ事業の失敗 ……………………… 73
　(2) ラップトップの開発：アーキテクチャの低い断絶性を選択 …… 77
　(3) ラップトップの開発組織によるコンポーネント知識の吸収 …… 81
　(4) 日本市場へのラップトップ導入：「J-3100」の開発と発売 …… 85
　(5) 製品進化の段階：ユーザーの要求による機能構成の変更 …… 89
　(6) ノート型パソコンの開発：ドミナント・デザインの確立 …… 98
3 NECのケース分析 ……………………………………………… 103
　(1) 初期条件：デスクトップ事業の成功による市場支配 …… 103
　(2) ラップトップ開発の3つのプロセス ……………………… 105
　(3) 情報処理事業グループのラップトップ開発抑制
　　　：デスクトップ・アーキテクチャ知識の制約 …………… 110
　(4) ラップトップ「98LT」の開発と発売
　　　：アーキテクチャの高い断絶性を選択 …………………… 113
　(5) 製品進化の段階：ドミナント・デザイン確立への競争プロセス … 118
4 東芝とNECのケース比較・分析 ……………………………… 127
　(1) 東芝とNECのケース比較・分析 ………………………… 127
　(2) 戦略的なアーキテクチャ選択 ……………………………… 132

第5章 分析Ⅱ―PDAにおけるシャープとカシオの比較・分析 ……… 135

1 はじめに …………………………………………………………… 135
2 シャープのケース分析 …………………………………………… 136
　(1) 初期条件：電子手帳事業の成功 …………………………… 136
　(2) シャープの組織構造の特徴 ………………………………… 137
　(3) PDAの開発：アーキテクチャの大きな断絶性の選択 …… 139
　(4) PDA進化の段階：ユーザーの反応を吸収するプロセス …… 147

3　カシオのケース分析 …………………………………………… 154
　　　　(1) 初期条件：電子手帳事業の劣位 ……………………………… 154
　　　　(2) カシオの組織構造の特徴 ……………………………………… 156
　　　　(3) 既存部門によるPDAの開発
　　　　　　：アーキテクチャの小さい断絶性の選択 …………………… 157
　　　　(4) 研究開発本部による「カシオペア」の開発
　　　　　　：アーキテクチャの大きな断絶性の選択 …………………… 165
　　4　シャープとカシオのケース比較・分析 …………………………… 168
　　　　(1) シャープとカシオのケース比較・分析 ……………………… 168
　　　　(2) 組織構造：戦略的なアーキテクチャ選択に影響 …………… 172

第6章　ラップトップとPDAのケース全体の総括的な分析
　　　　：新しい製品アーキテクチャを創造する
　　　　　　　　　　　　　　組織マネジメント …… 177

　　1　はじめに ……………………………………………………………… 177
　　2　新しい製品アーキテクチャを創造する組織マネジメント ……… 178
　　3　製品進化段階と開発組織の再編成 ………………………………… 181

第7章　終　　章 ………………………………………………………… 187

　　1　本書の要約 …………………………………………………………… 187
　　2　本書のインプリケーション ………………………………………… 192
　　　　(1) 学問的なインプリケーション ………………………………… 192
　　　　(2) 実務的なインプリケーション ………………………………… 194
　　3　今後の研究課題 ……………………………………………………… 196

Appendix Ｉ．ラップトップの製品トラジェクトリーにおける情報処理
　　　　　　代理変数 ………………………………………………………… 199
Appendix Ⅱ．東芝とNECのラップトップにおける回帰分析の結果 … 201
Appendix Ⅲ．PDAにおける製品トラジェクトリーの尺度 …………… 202

Interview List ……………………………………………………………… 205
参考文献 ……………………………………………………………………… 209

図表・写真の目次

〈図2-1〉 既存組織の活用による非連続的な技術への適応 …………… 14
〈図2-2〉 組織の分離による非連続的な技術への適応 ………………… 15
〈図2-3〉 既存組織の一部の活用による非連続的な技術への適応 …… 18

〈図3-1〉 製品アーキテクチャのタイプ ………………………………… 21
〈図3-2〉 製品アーキテクチャの変化タイプ …………………………… 24
〈図3-3〉 デスクトップとラップトップの製品アーキテクチャの比較 ……… 29
〈図3-4〉 デスクトップとラップトップのデザインにおけるタスク構造マトリクス ……………………………………………………………… 32
〈図3-5〉 東芝「J-3100」とキャノン「X-07」のアーキテクチャ比較 …… 41
〈図3-6〉 製品アーキテクチャ変化による多様なラップトップの出現 ……… 44
〈図3-7〉 電子手帳とPDAの製品アーキテクチャの比較 ……………… 47
〈図3-8〉 電子手帳「PA-9500」の内部構造 …………………………… 50
〈図3-9〉 製品アーキテクチャの変化による多様なPDAの出現 ……… 54
〈図3-10〉 東芝の「XTEND」とIBMの「TG-100」のアーキテクチャ比較 … 56
〈図3-11〉 知識の活用可能性によるイノベーション・パターン ……… 58
〈図3-12〉 別（新しい）部門を活用する製品アーキテクチャ創造 …… 62
〈図3-13〉 4タイプの条件による先行研究の整理 ……………………… 66
〈図3-14〉 本書の分析フレームワーク …………………………………… 68
〈図3-15〉 新しい製品アーキテクチャを創造する開発組織のタイプ … 69
〈図3-16〉 本書における分析企業の選択 ………………………………… 71

〈図4-1〉 東芝とNECのコンピュータ事業比較 ………………………… 77
〈図4-2〉 コンポーネント知識の吸収と活用 …………………………… 82
〈図4-3〉 東芝「J-3100」とNEC「98LT」の製品アーキテクチャ比較 … 87
〈図4-4〉 東芝「J-3100」、NEC「98LT」とデスクトップとの関係 …… 88
〈図4-5〉 東芝の製品トラジェクトリー（1986年～1987年）…………… 91
〈図4-6〉 東芝の製品トラジェクトリー（1988年～1989年）…………… 93
〈図4-7〉 東芝のラップトップ分布 ……………………………………… 95
〈図4-8〉 NECのラップトップ分布 ……………………………………… 95
〈図4-9〉 東芝のラップトップに対する回帰分析 ……………………… 96
〈図4-10〉 NECのラップトップに対する回帰分析 ……………………… 96
〈図4-11〉 ノート型パソコンの開発におけるコンポーネント知識の吸収 …… 99
〈図4-12〉 東芝とNECのワープロ・マーケット・シェア比較 ………… 101
〈図4-13〉 NECのラップトップ開発における3つのプロセス ………… 105

〈図 4-14〉「PC-8400」開発におけるエンジニア移動 ………………… 109
〈図 4-15〉NEC の製品トラジェクトリー（1986 年～1989 年） ………… 122
〈図 4-16〉「9801-LV」開発におけるコンポーネント知識の移動 ………… 124
〈図 4-17〉NEC の製品トラジェクトリー（1989 年） ………………… 126
〈図 4-18〉初期製品の開発段階におけるラップトップ開発組織のタイプ
　　　　　（東芝と NEC）…………………………………………… 129
〈図 4-19〉製品進化の段階における開発組織のタイプ変更（東芝と NEC）…… 131

〈図 5-1〉シャープの電子手帳「PA-9500」の IC カード活用 ………… 140
〈図 5-2〉「PV-F1」の開発におけるコンポーネント知識の活用 ………… 144
〈図 5-3〉PDA の製品トラジェクトリー（1992 年 7 月～1995 年 5 月）……… 149
〈図 5-4〉PDA の製品トラジェクトリー（1995 年 6 月～1997 年 1 月）……… 150
〈図 5-5〉PDA の製品トラジェクトリー（1997 年 2 月～1998 年 12 月）…… 152
〈図 5-6〉通信ツールの追加における技術の吸収 ………………………… 153
〈図 5-7〉PC 事業部と研究開発本部の製品企画の比較（製品アーキテクチャ）…… 162
〈図 5-8〉「RX-10」の開発における事業部内コンポーネント知識の活用 …… 164
〈図 5-9〉カシオペアの開発におけるコンポーネント知識の活用 ………… 167
〈図 5-10〉初期製品の開発段階における PDA 開発組織のタイプ
　　　　　（シャープとカシオ）………………………………………… 170
〈図 5-11〉製品進化の段階における開発組織のタイプ変更（カシオ）………… 171

〈図 6-1〉開発組織のタイプ（分析結果）………………………………… 179

〈表 3-1〉初期段階のラップトップと市場に対するメーカーの認識（1985 年
　　　　　度）……………………………………………………………… 38
〈表 3-2〉製品アーキテクチャ変化による多様なラップトップの出現 ……… 42
〈表 3-3〉製品アーキテクチャの変化による多様な PDA の出現 …………… 54

〈表 4-1〉「T-1100」と「T-3100」の仕様比較 …………………………… 80
〈表 4-2〉東芝の 4 種類のラップトップ仕様 ……………………………… 90
〈表 4-3〉東芝「J-3100SL」と NEC「98LT」の仕様比較 ……………… 92
〈表 4-4〉「PC-8201」と「PC-8400」との仕様比較 ………………… 107
〈表 4-5〉NEC「98LT」と東芝「J-3100」の仕様比較 ………………… 116
〈表 4-6〉「98LT」と「9801-LV」の仕様比較 ………………………… 119

〈表 5-1〉「PV-F1」緊急プロジェクトのメンバー構成と役割分担 ………… 146
〈表 5-2〉シャープ「PA-8500」とカシオ「DK-2000」の仕様比較 ……… 155

〈表5-3〉カシオにおけるPDA開発のプロセス …………………………………… 160

〈表AⅠ-1〉パソコンの情報処理能力を被説明変数とした回帰分析の結果…… 200
〈表AⅠ-2〉変数間の相関……………………………………………………………… 200
〈表AⅡ-1〉東芝のラップトップに対する回帰分析の結果……………………… 201
〈表AⅡ-2〉NECのラップトップに対する回帰分析の結果 …………………… 201
〈表AⅢ-1〉コンポーネントと情報の送受信ツールとの相関表………………… 203

〈写真3-1〉デスクトップとラップトップの製品内部構造 ……………………… 34
〈写真3-2〉製品アーキテクチャ変化による多様なラップトップの出現 ……… 43
〈写真3-3〉製品アーキテクチャの変化による多様なPDAの出現 …………… 53

第1章 序　　章

1. 分析課題の設定

　本書の目的は、既存製品から技術と市場の面で新しい製品アーキテクチャを創造する、既存企業の組織マネジメントを分析することである。本書では、既存製品で蓄積されたアーキテクチャ知識を抑制するとともに、企業内のコンポーネント知識を活用する組織マネジメントを分析する。この分析のため、本書は、ラップトップにおける東芝と NEC を、PDA（Personal Digital Assistant）におけるシャープとカシオを取り上げる。

　既存製品を開発、生産している既存企業が、新しい製品アーキテクチャを創造するのは難しい。既存企業は、既存製品を通じて膨大な知識を蓄積しているが、その知識が新しい製品アーキテクチャの創造を制約することが多い（Henderson and Clark, 1990; Christensen, 1997; Christensen et al.,; Cohen and Levinthal, 1990）。そのため、既存企業にとって新しい製品アーキテクチャの変化を引き起こすための組織マネジメントは、競争優位の持続と再構築に重要な問題になる。

　新しい技術によって、市場の新しいセグメントに製品が登場すると、その製品のドミナント・デザインが確立するまで、各企業は絶えず市場の反応を探索しながら、多様な技術を使って多様な機能（function）を実現した製品を試してみる。しかし、特定の技術と機能の製品が、ユーザーの支持を獲得してドミナント・デザインになった、ということが確認されると、すぐさま各企業は製品技術と機能に対する探索を中止し、同時にドミナント・デザインの製品に収斂した新たな競争を始める（Abernathy, 1978; Abernathy et al., 1983）。

　このようにドミナント・デザインの確立は競争の環境を変化させる。ドミナント・デザインの確立以前には、製品の機能的なパフォーマンスにおける優劣が競争優位の源泉になる。しかし、ドミナント・デザインの確立後は、競争優位の源泉が補完的な資源（complementary assets）の有無（Teece, 1986）や経験曲線によるコスト削減（Hirschmann, 1964; Conley, 1966; 高橋, 2001）などに移動する。

それは、製品変化の局面が、製品機能を競うプロダクト・イノベーションから生産コストと生産プロセスの効率性を競うプロセス・イノベーションに移行すると言い換えることもできる。そこでは、競争の焦点も機能的なパフォーマンスから製品価格やコスト、あるいは、デザインの変化による製品の多様性に移行している（Abernathy, 1978; Utterback, 1994; Utterback and Moore, 1982; Anderson and Tushman, 1986）。そして、それは多様な製品アーキテクチャ間の競争から、ドミナント・デザインの製品アーキテクチャでの競争へ移行すると表現することもできる。

　このようにドミナント・デザインの製品アーキテクチャが選択されて、定着する過程で、企業は組織内部に、2種類の知識を蓄積するようになる（Henderson and Clark, 1990）。

　第1は、製品のアーキテクチャに関する知識である。ある製品機能の組み合わせが決定されると、機能の配置が決まり、配置された機能を実現するための、コンポーネントの選択と連結が決まる。このような機能の組み合わせと機能の配置、機能とコンポーネントの対応関係に関する情報とノウハウは、アーキテクチャ知識として、企業組織の内部に蓄積される。

　第2は、コンポーネントに関する知識である。配置された機能を実現するためには、コンポーネント各々が、要求された機能を果たさなければならない（Ulrich, 1995）。例えば、コンピュータの情報処理のパフォーマンスをあげるためには、CPU、メモリ、ハードディスク・ドライブなどの相互に関連するコンポーネントをどのように連結するかという課題を解決するとともに、コンポーネントそのものが要求された機能を果たすようにする必要がある。例えば、CPUの命令処理スピードが落ちると、コンピュータ全体の情報処理パフォーマンスは下がる。このように、機能を果たすコンポーネントに関する情報とノウハウがコンポーネント知識である。

　一方、ドミナント・デザインの出現によって実現された市場と技術の安定は、ユーザーの選択における変化、あるいは、技術と技術の関係の変化によって、急に崩れることがある。例えば、既存技術から非連続的な技術が台頭して、特定機能の実現可能性が高まったとしよう。その時、ユーザーは製品機能の新しい組み合わせ、あるいは、新しい製品パフォーマンスを要求するかもしれない。その場合、安定していた市場と技術の関係は崩れ、再び企業は多様な製品で市場と相互作用するようになる（Abernathy *et al.*, 1983; 新宅，1994; 魏，2001a; 2001b）。

　その時、既存製品を生産していた既存企業は、新しいアーキテクチャの創造が難し

くなる。ベンチャー企業のような新規参入企業は、既存製品を抱えていないため、新しいアーキテクチャの製品だけに専念すればいい。しかし、既存企業の状況は異なる。既存企業は、既存のアーキテクチャ知識を抱えていて、それが新しいアーキテクチャへの移行を制約するようになる。

新しいアーキテクチャの製品は、既存製品より部分的にパフォーマンスが劣ることが多い（Christensen, 1997; Utterback and Moore, 1982; 魏, 1998）。例えば、デスクトップに続いて表れた初期のラップトップは、情報処理のスピードが遅く、かつ、カラー表示もできない製品であった。その場合、既存企業は、新しい製品の発展可能性を評価せず、既存製品の改良に資源を集中投入して、新しい製品に対抗しようとする。つまり、既存企業は、既存製品を通じて蓄積されたアーキテクチャ知識をベースに新しい製品を評価しようとして、その結果、製品開発は妨害されてしまうのである。これがアーキテクチャ知識のもたらす制約である。（魏, 2003a; 2003b）

しかし、既存製品のコンポーネントに間する知識は、新しいアーキテクチャの製品にも利用できる（Henderson and Clark, 1990）。もちろん、この事実は、コンポーネント知識をそのまま変化させずにすむということを意味するわけではない。新しい製品アーキテクチャの出現によってもたらされるコンポーネント間の新しいインタラクションは、コンポーネント・レベルでの変化を要求することが多い。しかし、既存のアーキテクチャ知識が、新しいアーキテクチャへの転換を制約してしまうのとは異なり、既存のコンポーネント知識は、新しいアーキテクチャでも活用できる点が重要である。

こうした性格の製品アーキテクチャの変化に際し、先行研究が提示する既存企業の対応方法は、2つに分けられる。

第1に、既存組織の制約に注目する立場である。この研究では、既存製品のアーキテクチャ知識を蓄積している既存組織から、新しい製品を開発する組織を分離して、そこに新しいアーキテクチャ知識を形成させる方法を提示する（Henderson and Clark, 1990; Christensen, 1997; Christensen et al., 1996; 榊原他, 1989）。

しかし、組織を分離してしまうと、既存製品のアーキテクチャ知識からの制約は克服できるものの、コンポーネント知識の利用は困難になると思われる。組織の分離は、できるだけ既存組織とのインタラクションを最小化することを目的にしている。従って、組織の分離は、コンポーネント知識の吸収、活用さえも困難にしてしまう。

特に、組織内部のコンポーネント知識の中でも文書やデータではなく、人に依存するノウハウは、その粘着性のため組織の境界を越えて移転されにくい（Kogut and

Zander, 1992; 野中, 1994; von Hippel, 1994; 青島, 1998)。このような種類の知識移転が成功するためには、緊密な相互適応 (mutual adaptation)、あるいは、相互作用が要求されるが、組織の分離は、このような相互適応と相互作用を難しくする (Leonard-Barton, 1988; Szulanski, 1996; Dyer and Nobeoka, 2000)。

第2に、既存組織の活用可能性に注目する立場である。これは、既存組織が抱えているコンポーネント知識の再結合を通じて、既存企業内部でも新しいアーキテクチャ知識の形成が可能になるという立場である。

例えば、Chesbrough and Kusunoki (1999) は、製品アーキテクチャが変化して、モジュラー型の製品 (modular architecture product) が統合型の製品になると、その変化に対応する組織も、その変化に合わせて、モジュラー型組織 (modular organization) から統合型組織 (integral organization) に変化すべきだと主張している。すなわち、このように製品アーキテクチャが変化する場合には、組織全体の統合度と部門間の連携を高めて、コンポーネント知識を寄せ集める必要がある。

しかし、Chesbrough and Kusunoki (1999) が指摘するように、統合型組織を利用してコンポーネント知識を寄せ集める場合には、既存のアーキテクチャ知識に制約されるリスクが高くなる。特に企業内の既存製品を担当している既存部門が、新しい製品の開発主体になって、企業内のコンポーネント知識を寄せ集める場合には、既存のアーキテクチャ知識から制約を受ける可能性は一層高まる (魏, 2002a)。

以上のことを考え合わせると、新しい製品アーキテクチャの創造には、2つの課題、つまり、既存アーキテクチャ知識がもたらす制約の克服と組織内のコンポーネント知識の吸収、活用という課題をともに解決しなければならないことがわかる。

本書は、次章以下において、このような2つの課題を解決できる既存企業の組織マネジメントを模索する。それは、どのような形の開発組織を選択し、マネジメントすれば、既存製品のアーキテクチャ知識がもたらす制約を克服し、コンポーネント知識が活用できるかということである。

2. 本書の構成

本書は、次のような内容で構成されている。第2章では、先行研究をサーベイし、まず既存技術から非連続的な技術が出現する時に、既存組織が適応に失敗する理由を分析した研究をサーベイする。次に、そのような非連続的な技術に適応するための組織戦略を取り上げ、既存組織のコーディネーションによる適応と組織の分離による適

応という 2 つの組織戦略に関する先行研究を考察する。その後、本研究の位置付けを提示する。

　第 3 章では、本書のフレームワークを提出する。2 節において本書のコア概念である製品アーキテクチャの概念を整理した後、3 節では製品アーキテクチャの変化とその変化によって多様な製品が出現する現象を説明する。4 節ではパソコン・アーキテクチャの変化の概要と多様なラップトップの登場を、5 節では情報端末機アーキテクチャの変化の概要と多様な PDA の登場を分析する。次に、6 節では本書のフレームワークが提示され、既存企業内の別（新しい）部門を開発主体に設定して、新しいアーキテクチャを創造するメカニズムを説明する。

　本書では、企業組織の境界を越えず、企業組織の中に留まりながら、開発主体を変更する組織分離の方法を提示しようとしている。これは、既存製品の担当部門から離れた、別部門、または、新しい部門に新しい製品の開発を担当させる方法である。

　このような組織戦略を明確に議論するため、本書は戦略的なアーキテクチャ選択と既存製品の市場ポジションという要因を取り上げて、この 2 つの要因と開発組織のタイプとの適合性を検討する。企業は新しいアーキテクチャを創造する際に、戦略的な意思決定を行い、新しい製品アーキテクチャのパターンを選択する。その戦略的なアーキテクチャ選択と開発組織のタイプは整合性が維持されねばならない。開発組織のタイプは、既存製品の市場ポジションによって変わってくる。

　第 4 章と第 5 章は、戦略的なアーキテクチャ選択及び、既存製品の市場ポジションと開発組織のタイプを実証分析する。まず第 4 章では、ラップトップを分析対象にする。ここでは、東芝と NEC における開発組織のタイプとラップトップの製品トラジェクトリーを分析する。その後、この 2 社を比較して、開発組織のタイプとの間で整合性が要求される「戦略的なアーキテクチャ選択」という要因を集中的に分析する。第 5 章でも、第 4 章と同じ論点に関して PDA におけるシャープとカシオのケースを分析する。その後 2 社を比較して、コンポーネント知識の活用に影響を与える要因として組織構造を検討する。

　第 6 章では、第 4 章と第 5 章の実証分析をまとめて、ケース全体の総括的な分析を行う。そこでは、第 1 に、既存製品の市場ポジション・戦略的なアーキテクチャ選択という要因と開発組織のタイプの間に整合性を維持しなければならない点、第 2 に、開発組織のタイプや開発組織と既存部門との組織的な関係は、製品開発段階と製品進化段階によって異なるべきであるという点が指摘される。

第7章は終章で、本書全体の要約、本書のインプリケーション、今後の研究課題を提示する。本書のインプリケーションは、学問的なインプリケーションと実務的なインプリケーションに分けられる。学問的なインプリケーションは、イノベーション論と経営戦略論に対するインプリケーションが挙げられる。実務的なインプリケーションとしては、既存製品の延長線上にはない、新しいカテゴリーの製品と市場の開拓への示唆を行う。それは、第1に、新しいカテゴリーの製品を担当する開発組織のタイプと既存部門と開発組織との関係設定に関する示唆で、第2に、新しい開発組織に人的資源を吸収、活用する方法に対する示唆である。

　最後に、今後の研究課題としては、第1に、企業外部のコンポーネント知識を活用して製品アーキテクチャを創造する可能性の分析、第2に、新しい製品の出現からドミナント・デザインの確立、製品の成熟化に至る、製品アーキテクチャ変化の全プロセスに対する組織マネジメントの分析、第3に、国際比較、特にアメリカ企業との比較の3点が提示される。

第2章　先行研究のサーベイ

1　はじめに

　本章の目的は、技術変化と組織の適応に関する先行研究をサーベイすることである。そして、技術がダイナミックに変動する場合に、組織が直面する制約とその制約を克服する組織マネジメントを考察する。文献サーベイの対象は、主に産業と企業レベルの技術と組織の研究で、時代的には1970年代以後を中心とする。

　本書で使う技術という概念は、人間の脳や筋肉、あるいは、機械やソフトウェア、組織内の標準的な作業手順（standard operating procedures）に堆積した知識のことである（Itami and Numagami, 1992）。なお、組織とは、意識的に技術の形成と蓄積、活用を行う協働体系（cooperative system）を意味する。

　本章は次のように構成されている。まず第2節では、技術の変化と組織の適応失敗に関する先行研究を取り上げて、既存組織が失敗する理由を検討する。第3節では、既存組織を活用しながら、新しい技術への適応を模索する研究を取り上げる。さらに、第4節では、既存組織から新しい組織を分離することによって、既存組織の制約の克服を模索する研究を取り上げる。第5節では、以上のような先行研究を踏まえた上で、本書の観点を提示する。

　本章では、先行研究が、(1) 既存組織の制約だけを強調して、既存組織の有効な活用という観点が欠如している点、(2) 他方で、既存組織の有効な活用を強調する場合には、逆に既存組織からの制約を軽視している点を指摘する。その上で、本章では、既存組織は制約を与える側面と活用の対象である側面という2つの側面を持っていることを指摘する。

2. 非連続的な技術変化と組織の適応失敗

　技術は、企業のコア・コンピタンスの構築や競争優位の獲得、維持の重要な源泉である（Abernathy and Utterback, 1978; Chandler, 1962; Rosenberg, 1982; Praharad and Hamel, 1990）。企業は、内部に蓄積されている技術を有効に使おうとするインセンティブを

持ち、そのインセンティブは企業の多角化と成長を牽引する原動力になる（Penrose, 1959）。

　しかし、このように企業内部に蓄積された技術は、変化の局面によっては、競争優位と成長の源泉から企業の適応を妨げる障害物に転化する場合がある。例えば、Abernathy（1978）は、技術が変化するプロセスを流動的な段階（fluid stage）と特定化段階（specific stage）に区分して、一旦技術が前者の段階を経て、後者の段階に移行する過程に適応した企業は、再び流動的な段階が到来しても、その変化に適応しにくいと指摘している。

　ここでいう流動的な段階とは、競争企業の間で製品のデザインと機能を巡る多様な実験が行われる段階である。例えば、自動車産業の初期段階には、電気自動車、蒸気自動車、ガソリン自動車など多様な形状と技術の自動車が出現して、デザインの斬新さと運転の快適性を競い合った。この流動的な段階は、高い割合のプロダクト・イノベーションと低い割合のプロセス・イノベーションが特徴である。一方、特定化段階とは、製品と生産過程においてメジャーなイノベーションが少なくなる段階である。企業は、同一のアーキテクチャにおけるコスト低下、生産量の増加、企業能力の構築に極端に重点をおき、プロダクト・イノベーションは、頻度が少なく、漸進的にしか起こらない。このように技術が流動的な段階から特定化段階に入ると、生産性は向上するが、製品の革新的なイノベーションは起こりにくくなる。

　このような特定化段階に適応した企業は、脱成熟（dematurity）のように非連続的な技術変化が起こると、その変化への対応に失敗するケースが多い。新宅（1994）は、カラーテレビ、ウォッチ、電卓における非連続的な技術変化を取り上げ、日米企業の適応パフォーマンスを比較、分析している。カラーテレビの場合には、電子回路部品が真空管からトランジスター、ICに変わり、プリント配線板の組立て工程も労働者の手作業による組立てから機械による自動組立てに移行した。この過程でカラーテレビ産業において後発であった日本企業は、すばやい技術転換に成功した。しかし、先発のアメリカ企業は、既存製品と技術に深くコミットしたため、技術転換に遅れ、結局RCAやGEのようなかつての代表的なカラーテレビ・メーカーが淘汰されてしまったのである。

　それでは、なぜ企業は技術の非連続的な変化に弱いだろうか。言い換えれば、どのような要因が企業の適応を妨げるだろうか。

　Hannan and Freeman（1977, 1984）は、その理由として組織の慣性（structural

inertia) を挙げている。彼らは、個別組織よりは個体群の適応に注目して分析を行い、個別組織は変化への対応が困難であると指摘した。既存組織の内部には、既存環境との適合性を維持しようとする組織の再生産構造が働いている。組織は、制度化（institutionalization）と標準化したルーチン（standardized routines）によって、構造の再生産を行うが、それは、同時に組織の慣性を生み、その慣性は技術の変化に抵抗するようになる。既存組織が新しい技術に適合しようとする時に、この慣性は組織の変化を抑制する役割を果たすのである。

　Henderson and Clark (1990) と Henderson (1996) は、情報フィルターと情報チャンネルの硬直という要因に着目して既存企業の適応失敗を説明している。彼女らによると、多様なアーキテクチャの製品が競合する流動的な段階では、どのアーキテクチャの製品がドミナント・デザインになるか、まだ分からない。そのため、各企業は、市場を通じてユーザーの反応を観察しながら、自社では生産していない他のアーキテクチャの製品にも対応する可能性を組織内部に残しておく。すなわち、各企業は、多様なアーキテクチャに関する情報を収集するために、多様な情報フィルターと情報チャンネルを維持するようになる。

　しかし、市場にドミナント・デザインが表れ、製品アーキテクチャが定着する特定化段階に入ると、企業内に多様な情報フィルターと情報チャンネルを維持する必要性はなくなり、企業は、特定のアーキテクチャ向けの情報フィルターと情報チャンネルだけを保有するようになる。そのような状況で、新しい製品アーキテクチャが台頭すると、既存の情報フィルターと情報チャンネルは、新しいアーキテクチャに関する情報を処理することができず、既存企業は適応に失敗する。

　Leonard-Barton (1992) は、企業のコア能力（core capabilities）が、非連続的な技術変化に対する既存企業の適応を妨害する現象を説明している。彼女は、複数の開発プロジェクトの分析を通じて、知識とスキル、技術的システム、経営システム、価値と規範という4つのコア能力が、コア硬直性（core rigidities）に転化して、適応を妨害するプロセスを分析した。ドミナント・デザインの出現によって製品アーキテクチャが定着すると、技術システムや経営システムなどの4つのコア能力が構築される。しかし、新しい技術との整合性を失い、コア硬直性に転化してしまうのである。

　Kusunoki (1992) は、戦略変数を使うことによって、既存企業の失敗を分析している。彼は、技術蓄積とイノベーションの間には単純な正の相関関係が想定されがちであると指摘した上で、実際のファクシミリ産業の事例では、その仮説があてはまらな

いことを示した。彼によると、技術蓄積に優れた技術リーダーは通常型戦略を志向して、その結果通常型イノベーションをリードする。しかし、技術蓄積がそれほど豊かではない企業は飛躍型戦略を志向して、飛躍型イノベーションをリードする。つまり、組織内部に既存製品に関する豊富な技術を蓄積している既存企業は、その技術資源を活用するような戦略を志向して、その結果、非連続的な技術変化への飛躍は難しくなる。

以上のような研究は、主に企業の内部要因に焦点を置いて、既存企業の適応失敗を分析したものである。

一方、組織外の要因を取り上げて既存企業の失敗を分析した研究もある。Christensen (1997)、Rosenbloom and Christensen (1994)、Christensen and Bower (1996) などである。彼らは、ある製品を取り巻くユーザー、サプライヤーなどの関係をバリュー・ネットワーク（value-network）と呼び、既存企業はこのバリュー・ネットワークにとらわれ、適応に失敗すると主張した。彼らは、アメリカのハードディスク・ドライブ産業で観察された既存企業の失敗を取り上げている。ハードディスク・ドライブ産業におけるアーキテクチャの変化は、8インチから5.25インチ、さらには3.5インチへのディスク・サイズの小型化と、それに伴う主要顧客の変化に連動して発生した。このような新しいハードディスク・アーキテクチャが登場した時点では、その技術パフォーマンスは、部分的に既存製品より劣ったため、既存製品の主要ユーザーは新しいハードディスク・ドライブに否定的な反応を示した。そのようなユーザーの反応を受けて、既存企業は、新しいハードディスク・ドライブの発売より、既存ハードディスク・ドライブの改良に力を注いだ。その結果、新規参入企業が発売した新しいハードディスク・ドライブが、既存製品のパフォーマンスを凌駕して、既存製品の市場まで蚕食するようになると、既存企業は急速に競争優位を失ってしまった。つまり、既存企業は充分な開発能力を持っていたにも関わらず、既存ユーザーとの取引関係に捕らわれて、新しい製品の開発に失敗した。さらに、既存企業は、新しい製品によって既存ユーザーまで失うようになったのである。

Anderson and Tushman (1986) は、技術の性格を取り上げて、既存企業の適応失敗を指摘している。彼らは、技術を競争優位の促進技術（competence-enhancing technology）と競争優位の破壊技術（competence-destroying technology）に区分する。競争優位の促進技術とは、既存製品のパフォーマンスを向上させる技術で、競争優位の破壊技術とは、製品アーキテクチャの転換を要求する技術である。言い換えれば、

競争優位の促進技術とは、既存のアーキテクチャを維持しながら、コンポーネントのパフォーマンスを向上させる技術で、競争優位の破壊技術は、アーキテクチャそのものの変化を要求する技術とも言える。

例えば、アメリカの手動タイプライター市場に出現した電動タイプライター技術は、競争優位の破壊技術であった。電動タイプライター技術は、手動タイプライターと作動原理が根本的に異なっており、手動タイプライター・アーキテクチャの転換を要求したのである。実際に電動タイプライター技術の登場によって、Remington, Underwood など手動タイプライター業界を支配していたメーカーは、競争優位を失い、その地位を IBM、SCM などに奪われたのである。

以上のように2節では、組織内部要因、組織外部要因、技術の性格という要因を取り上げて、既存企業が非連続的な技術への適応に失敗する原因をサーベイした。3節ではこのような様々な制約を乗り越える手段として、既存企業のコーディネーションによる適応を、4節では組織の分離による適応を紹介する。

3. 既存組織のコーディネーションによる非連続的な技術変化への適応

Chesbrough and Kusunoki (1999) は、既存組織の再編成と再構築により、製品アーキテクチャの変化のような非連続的な技術変化に対応可能であると主張した。彼らは、統合型アーキテクチャの製品（integral architecture product）が、モジュラー・アーキテクチャの製品（modular architecture product）を経て、再び新しい統合型アーキテクチャの製品になると、組織もそのような変化に合わせて、各々統合型組織（integral organization）、モジュラー組織（modular organization）、統合型組織に移りかわらなければならないことを提示した。

彼らは、富士通の3.5インチ・ハードディスク・ドライブ開発を取り上げて、その対応組織のあり方を分析している。1990年代初めに、ハードディスク・ドライブ産業では、薄膜ヘッドに続いて、MR（Magneto-Resistive：磁気抵抗）ヘッドという新しいヘッド技術が登場していた。MRヘッドは、薄膜ヘッドよりハードディスク・ドライブの記録密度を10倍以上引き上げられるが、発熱の問題やヘッドとメディア間の高度な間隔調整が必要とされる問題を抱えていた。新しい MRヘッドは、コンポーネントの新しい配置を必要としたのである。ただし、MRヘッドへの交替は、主要コンポーネントの変化であって、新しい規格のハードディスク・ドライブの出現ではなかった。つまり、ヘッドの交替とヘッドの周辺コンポーネントとのリンケージにおけ

るアーキテクチャ変化はあったが、新しいユーザーを対象にした製品の出現ではなかった。

そのとき、富士通は、各コンポーネントを市場というバーチャル組織を通じて調達、調整を行ったのではなかった。富士通は、ハードディスク・ドライブの担当事業部が社内でコアになる要素技術を寄せ集めて開発を行い、3.5インチ・ハードディスクの開発に成功した。つまり、富士通は、既存部門を活用して新しいアーキテクチャのハードディスク・ドライブに対応することが可能になったのである。

新宅（1994）は、機械式ウオッチからクオーツ式ウオッチへの変化に適応したSEIKOのケースを分析している。クオーツ式ウオッチが登場する以前の機械式ウオッチは、時間の正確さに問題があった。機械式ウオッチは、一日30秒ほどの誤差があったが、クオーツ式ウオッチは、誤差が0.01秒〜0.5秒に過ぎなかった。その理由はウオッチの振動子にあった。機械式ウオッチにはテンプという振動子が使われ、クオーツ式ウオッチにはクオーツ（水晶）が使われていた。テンプの振動数は、2.5〜5ヘルツであったが、クオーツは数千から数百万ヘルツなので、クオーツ式ウオッチは高い精度で時間の表示が可能であった。ただし、クオーツ式ウオッチは、機械式ウオッチと同様、モーターによって物理的に動かされる針が時刻を表す原理は変わらなかった。

つまり、このクオーツ式ウオッチへの変化は、振動子の交替が中心で、新しい製品コンセプトのウオッチが登場したわけではなかった。そこで、SEIKOは既存部門の中に開発組織を設置して、新しいクオーツ式ウオッチの開発を行った。SEIKOは、1969年12月世界で初めて、クオーツ式ウオッチ「SEIKOクオーツ35SQ」の開発に成功したのである。

Burgelman（1983, 1991）は、自律的な戦略行動（autonomous strategic behavior）を通じた非連続的な技術への適応の存在を指摘している。自律的な戦略行動とは、誘導された戦略行動（induced strategic behavior）と対比される概念で、組織の各ユニットが自律的な判断と行動のもとで未来の技術を探索、開拓することである。つまり、自律的な戦略行動は、新しい技術の創造に要求される異質性を組織内に受け入れ、既存技術と競合させる機能を持っている。Burgelmanは、IntelのDRAM撤退を事例として取り上げて、その撤退がマイクロ・プロセッサー担当部門の自律的な戦略行動によるものだと説明している。1985年当時、IntelのDRAMは、アメリカのマーケット・シェアが3.4%に過ぎなかった。しかし、他方では新しい世代のDRAM開発の

ためには数百万ドルの設備投資が必要な状況であった。それにも関わらず、DRAM部門を中心に立てられた既存戦略と資源配分の慣性は強かった。結局、マイクロ・プロセッサー担当部門の積極的な働きかけによってDRAMからの撤退は実現し、マイクロ・プロセッサーを中心とした資源配分が実現するようになった。

Abernathy et al. (1983) は、企業内の部門間にコミュニケーションと連結が維持されることに着目している。彼によると、技術の変化が、技術と市場の面で大きく変動するアーキテクチュアル段階（architectural phase）から安定的なレギュラー段階（regular phase）に入ると、組織内部には、非公式的なコミュニケーションの断絶や大胆にリスクをとる行動の減少、新しいアイデアの実行困難などの特徴が表れるという。この状態で新しいアーキテクチャの製品が登場すると、既存企業の部門では、新しい製品が要求する構成要素間の相互調整ができず、適応に失敗してしまう。Abernathy et al. (1983) は、そのような適応の失敗を防止する要素として、デザイン、製造、エンジニアリングなどの部門間における非公式的なコミュニケーションの維持、部門間の断絶の抑制を取り上げた。

以上のような研究の共通点は、既存企業は既存組織を再調整して、非連続的な技術に対応するということである。

一方、企業が組織の特異な能力を開発、蓄積することによって、非連続的な技術変化に適応する可能性を探る研究がある。これらの研究では、Child (1972)、Scott (1987) が代表的であるが、基本的に組織は環境の制約を受けることを認めながらも、組織にはその環境に適応、または環境を変化させる能力があるという考え方をもとにして、個別組織の適応能力を探ろうとしている。

Teece, Pisano and Shuen (1997) と Iansiti and Clark (1994) は dynamic capability の概念を導入し、組織が変化に対応できる能力の存在を探ろうとした。この dynamic capability とは組織に内在する行動のパターン、あるいはルーチンを変化させるメタ能力で、その能力を保有している組織は、内部のルーチンを環境の変化に合わせて、絶えず入れ替えることができる。彼らは、ハイテク産業のような世界規模の競争の下では、IBMやTI（Texas Instrument）のような大企業さえ、価値ある既存資産を蓄積して、それをパテントで保護するような戦略では競争優位を維持するのは難しいと指摘した。つまり、このような厳しい競争環境で競争優位を維持するためには、環境変化にタイムリーに対応し、迅速かつフレキシブルにプロダクト・イノベーションを成し遂げること、自社内の能力を組み替えて、コーディネートして行く能力を身に付け

野中（1983）、野中・沼上（1984）、野中（1986）、野中・山田（1986）は異質性と揺らぎを創造する組織能力を重視して、その能力がある組織は、技術が変化しても、生き残ると指摘している。彼らによると、環境に適応する組織とは、混沌のなかから主体的に秩序、情報を創る組織である。つまり、内部に自由度、遊び、偶然性、あいまい性、不安定性などのカオス、あるいは、揺らぎが組み込まれている組織ほど、情報創造活動が活発になりやすいということである。組織が自己革新するためには、それ自体を絶えず不均衡状態にしておかなければならない。この不均衡状態を乗り越える過程で、新しい技術への適応能力が生まれるのである。

以上のような先行研究を整理すると、次の〈図2-1〉のようになる。

ここで、技術Aが非連続的な技術Bに変化する時に、技術Aと適合している組織Aは、組織のコーディネーションを通じて、技術Bを生み出すようになる。

しかし、既存組織のコーディネーションによる適応論には次のような限界がある。それは、既存製品を通じて蓄積された知識や技術に制約される可能性の高さを軽視し、議論の中に含めないことである。例えば、2節で議論したように、1）既存製品が市場で支配的な地位を占めている時、2）新しい技術の製品のパフォーマンスが既存製品に比べて劣る時、3）既存製品がまだ成長を続けている時には、既存製品の関連知識が新しい製品の出現を妨げる可能性が高くなる。つまり、Christensen（1997）が指摘したように、このような状況で「断絶的な技術に直面した時に、既存企業の経営者は、既存顧客中心、利益優先、合理的な資源の配分というパワーに抵抗しにくい」

〈図2-1〉既存組織の活用による非連続的な技術への適応

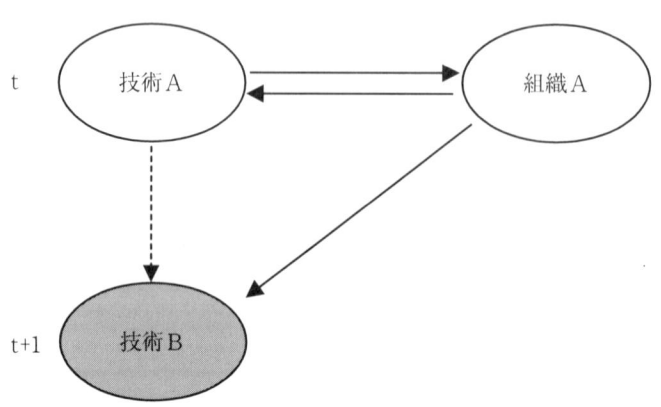

（121 頁）からである。

4. 組織の分離による非連続的な技術変化への適応

そのような既存組織がもたらす制約を回避するために、既存企業が取る組織戦略として、既存の事業部門から独立した新しい組織の設立がある。これは新しい子会社や社内ベンチャーを設立して、その組織に新しい製品開発を任せる方法である。つまり、既存技術と適合している既存組織から離れた新しい組織を形成して、その組織と新しい技術を適合させるということである。次の〈図2-2〉を見てみよう。

〈図2-2〉の既存組織Aは、既存ユーザーや組織の慣性などの制約にとらわれて、新しい技術Bを生み出すことができない。そこで、既存組織から分離された新しい組織Bを設立して、既存組織からの制約を逃れ、新しい技術Bを創造することが可能になる。

Henderson and Clark（1990）は、情報チャンネルと情報フィルターの硬直がもたらす制約を克服するための組織分離を取り上げている。新しい組織を作って、新しいアーキテクチャの製品を開発させると、既存の情報チャンネルや情報フィルターの制約から逃れられるということである。つまり、新しい組織には、まだ特定製品に適合した情報チャンネルや情報フィルターが形成されていないために、新しいアーキテクチャに関する情報処理ができる新しい情報チャンネルや情報フィルターが形成されやすいのである。

彼女らは、半導体露光装置の世代交代における技術変化と既存企業の失敗を取り上

〈図2-2〉組織の分離による非連続的な技術への適応

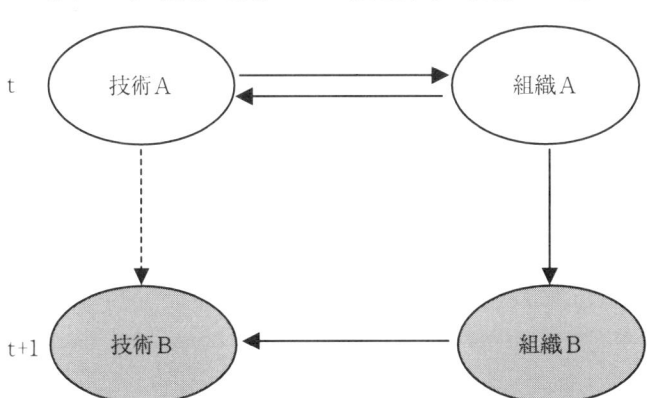

げている。半導体露光装置は、1962年から1986年の間にコンタクト方式、プロキシミティー方式、スキャナー方式、ステッパー方式と変わっていった。コンタクト方式では、Cobilt社、Kasper社が市場を支配したが、プロキシミティー方式になるとキャノンが、スキャナー方式ではGCA、ステッパー方式ではニコンが市場を支配して、既存企業は、製品技術の変化に伴って次々と淘汰されてしまった。

　Christensen（1997）とChristensen and Bower（1996）は、既存組織から独立した新しい組織を作るか、あるいは、適度に小さな企業を買収することによって、既存組織からの制約が克服できると主張した。新しい組織は、既存の顧客へのしがらみ、利益優先、合理的な資源の配分という慣性から離れているために、新しいユーザーと小規模の市場セグメントの開拓ができるということである。

　この仮説を実証するために彼らは、アメリカのハードディスク・ドライブ産業を分析して、既存企業の成功と失敗のケースを定量的に分析した。その研究によると、組織を分離して新しいアーキテクチャの製品に取り組んだ既存企業の成功率が、同じ組織でそれを行った企業より高かった。このハードディスク・ドライブの変化に直面した既存企業のうち、組織非分離で製品開発と販売を行った企業は12社あるが、成功したのは1社のみである。しかし、組織を分離した方では5社のうち4社が成功、その差は明確に表れたのである。

　なお、Christensen（1997）では、組織の分離によって3.5インチ・ドライブの開発に成功したQuantum社のケースが紹介されている。8インチ・ドライブで成功していたQuantum社は、5.25インチ・ドライブが台頭した時に、既存組織の内部でその製品の将来性を検討した。そのときQuantum社は、5.25インチ製品の開発を見送り、その市場を見逃してしまった。それを教訓にQuantum社は、次の3.5インチ・ドライブが登場した時には、Plus Development Corporationというベンチャー企業を設立、適応に成功した。Quantum社は、新しい組織と新しい資源の創造というパターンを活用して適応に成功したのである。

　榊原他（1989）は、IBMのパソコン事業を取り上げ、社内ベンチャーという組織を利用した製品アーキテクチャの変化への対応パターンを提示している。1981年に発売されたIBMパソコンは、SBU（Special Business Unit）という社内ベンチャー組織によって開発が行われた。パソコンSBUは、本社とメーンフレーム部門はもちろん、他部門からの干渉をほとんど受けない状態で、製品開発に専念できた結果、1年1ヵ月という短い期間でパソコン開発に成功した。なお、パソコンSBUは、製品開発に

成功した後も、独自の販売とマーケティング・チャンネルを作り上げて新しい市場を開拓し、成功したのである。

しかし、以上のような組織の分離による新しい技術への適応には、次のような問題がある。

第1に、既存組織が抱えている資源を有効に活用することが困難な点である。組織の分離は、既存組織の境界を越えて、開発組織を設置することによって、既存組織からの影響を最小限に抑制することが目的である。それによって、既存組織の制約は回避できる。しかし、既存組織との断絶は、既存組織が抱えている資源を有効活用しようとする時に、障害になる。特に新しい組織が暗黙知の性格が強い能力や資源を必要とする場合に、既存組織との関係を断絶したまま、そのような能力や資源を新しい組織に移転するのは一層困難になる。

第2に、適正な新しい組織を構築するリスクの高さが問題となる。技術変化の予測が難しい時に、新しい組織を形成するタイミングと組織の規模を決定するのは困難である。製品アーキテクチャの変化のような断絶的な技術変化が起きると、多様な技術と機能をベースとした、様々な製品が出現するようになる。しかし、その段階ではドミナント・デザインが確立していないので、この新しい製品の発展可能性やその進化の方向を事前に予測して、それに合わせて新しい組織を立ち上げるのは容易ではない。つまり、まだ技術と機能が変動している製品に対して、明確な開発目標を設定して、新しい組織を作り上げるのは困難である。

5. 本書の位置付け

以上のような先行研究サーベイを通じて、次のような点が明らかになった。断絶的な技術変化への適応において、第1に、既存組織はそのマネジメントの仕方によっては活用可能である点（3節）、第2に、既存製品を通じて蓄積した知識や技術の制約を克服する必要がある点（4節）である。

本書では、以上のような2つの観点を軸に、断絶的な技術と製品変化のプロセスにおいて、既存組織を有効に活用しつつ、既存製品の関連知識がもたらす制約を回避する方法を考える。それは、次の〈図2-3〉のような方法である。

〈図2-3〉を見てみると、新しい技術Bは既存組織の中のA*によって、創造されている。ここで、A*は既存組織Aに属しているが、組織Aと完全に同質のものではない。これは同じ企業の中で部門がわかれている事業部組織を考えればよい。既存企

〈図2-3〉既存組織の一部の活用による非連続的な技術への適応

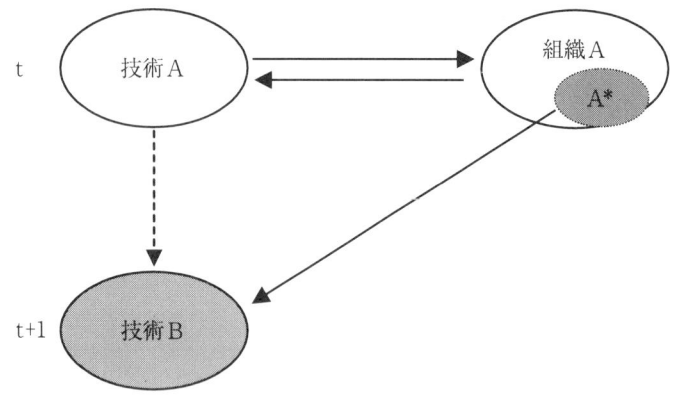

業Aの中にはA*という異質的な部門が存在して、このA*は技術Aと完全な適合性を保っているわけではない。そのため、組織A*は、技術Aからの制約を回避して、新しい技術Bを創出することが可能になる。現代の大企業は、複数の関連製品を抱えており、それぞれの製品を担当する部門が存在する。そのため、各部門では特定の製品を通じて蓄積された知識が異なる。この事実は、特定の製品と関連した知識に制約される程度も、部門によって異なることを意味する。

もちろん、複数の部門によって構成されている点だけでは、既存企業が断絶的な技術に対応できるわけではない。そこには次のような条件が必要になる。第1に、製品開発機能を保有している複数部門が存在する。製品開発機能を保有していない事業部傘下の工場が複数あっても、断絶的な技術に対応するのは難しい。第2に、製品領域を巡る部門間の内部競争が存在する。新しい事業領域をめぐる部門の内部競争は、断絶的な技術に対応するインセンティブを与える。第3に、企業内に知識の移転を可能にする制度的な仕組みが存在する。このような仕組みによって、部門による知識の囲い込みが防止できる（魏，2002b; 2003b）。つまり、このような条件が存在する時には、既存企業でありながらも、新しい技術を創造することができる。

以上のような観点をもとに、次の第3章では、本書が分析対象にしている製品アーキテクチャ及び、製品アーキテクチャの変化というコア概念と分析フレームワークを提示する。

第3章 本書のフレームワーク

1. はじめに

　本章では、本書が分析対象にしている製品アーキテクチャおよび、製品アーキテクチャの変化という2つの概念とフレームワークを提示する。まず2節では製品アーキテクチャ概念を説明し、3節では製品アーキテクチャの変化とその変化による多様な新しい製品の出現を説明する。続いて4節と5節では、本書の実証分析の対象として取り上げた、パソコン・アーキテクチャの変化と情報端末機アーキテクチャの変化を詳細に紹介する。6節では、新しいアーキテクチャを創造する際に要求される開発組織のタイプとそのマネジメントを模索する。そこでは、戦略的なアーキテクチャ選択と既存製品の市場ポジションという2つの変数と開発組織との適合性を分析する。7節では、ラップトップとPDAにおける分析企業を紹介して、その企業を選択した理由を説明する。

2. 製品アーキテクチャの概念

　本書では、製品アーキテクチャの変化が起こる以前の製品を「既存製品」、製品アーキテクチャの変化によって生まれた製品を、「新しい製品」と呼んでいる。既存企業とは、既存製品を生産している企業、あるいは、製品アーキテクチャが変化する時点では既に市場から撤退しているが、以前の既存製品の開発と生産を通じて、その製品に関する情報とノウハウを蓄積している企業である[1]。

　次に、製品アーキテクチャとは、ある製品を開発する際に想定される機能の束とその機能の束を実現する物理的なコンポーネントのデザインと配置のことで、機能の配列、機能とコンポーネントとの対応、相互に作用するコンポーネント間のインターフェースの特定化という要素で構成されている（Ulrich, 1995）。言い換えれば、製品ア

---

[1] 新規参入企業とは、製品アーキテクチャが変化する時点で、既存製品の開発と生産を行っていない企業である。

ーキテクチャとは、製品の機能を物理的なコンポーネントに配置するスキーム、あるいは、デザイン・ルールであり、機能とコンポーネントで構成されているヒエラルキーともいえる（Ulrich, 1995; 藤本, 1997; Baldwin and Clark, 2000）。ここで、ヒエラルキーとは、相互に関連するいくつかの下位階層から成り立っており、その階層がまた順次より下位の階層へつながり、最も低いレベルの基本的な下位階層に至るまで連なっている構造のことである（Simon, 1969）。

以上のように定義される製品アーキテクチャは、次の２つのタイプに分類できる。それは、インテグラル・アーキテクチャ（integral architecture）とモジュラー・アーキテクチャ（modular architecture）である。それでは、以下の〈図3-1〉を見ながら具体的に考えてみよう。

〈図3-1〉のAに表れているのは、トレーラーに関するインテグラル・アーキテクチャである。インテグラル・アーキテクチャとは、(1) 機能とコンポーネントの関係が互いに多対多の対応関係になっていて、(2) コンポーネント間で機能的相互依存性（functional interdependency）あるいは構造的相互依存性（structural interdependency）が高く、その結果、コンポーネント間のインターフェースが特定化しにくいアーキテクチャである。ここで、機能的相互依存性とは、一つのコンポーネントが他のコンポーネントを取り込むことなく、特定の機能を果たすことが可能な程度である。構造的相互依存性とは、１つのコンポーネントが他のコンポーネントと物理的に分離されている程度である（Ulrich, 1995; Gopfert and Steinbrecher, 1999）。

〈図3-1〉のAに示されたトレーラーの場合、機能とコンポーネントの間では複雑な対応関係にあるのが分かる。様々な気候環境からカーゴを保護する機能（protect cargo from weather）は、車体上部（upper half）と車体下部（lower half）、そして、スプリング・スロット・カバー（spring slot covers）という複数のコンポーネントが担当している。なお、カーゴの荷物負荷を支える機能（support cargo loads）もやはり、車体上部（upper half）、車体下部（lower half）、ノーズ・ピース（nose piece）という複数のコンポーネントが担当する。

インテグラル・アーキテクチャの場合、製品別に最適設計されたコンポーネントを組み合わせないと、目的とした製品パフォーマンスと製品差別化の達成が困難になる（Clark and Fujimoto, 1991; 藤本, 1997）。従って、コンポーネントの設計者は、(1) 他のコンポーネントとの機能的相互依存性 (2) 他のコンポーネントとの構造的相互依存性（例えばコンポーネント間の干渉）(3) 製品全体の設計との相互依存関係（例えば

〈図3-1〉製品アーキテクチャのタイプ

〈A：インテグラル・トレーラー・アーキテクチャ〉

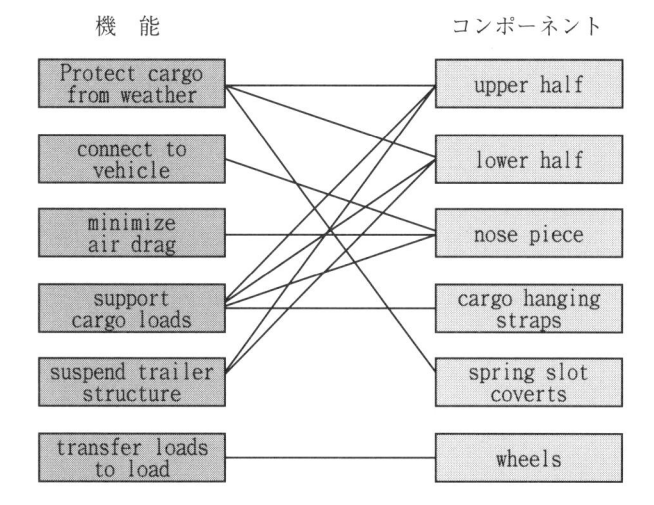

機　能	コンポーネント
Protect cargo from weather	upper half
connect to vehicle	lower half
minimize air drag	nose piece
support cargo loads	cargo hanging straps
suspend trailer structure	spring slot coverts
transfer loads to load	wheels

〈B：モジューラ・トレーラー・アーキテクチャ〉

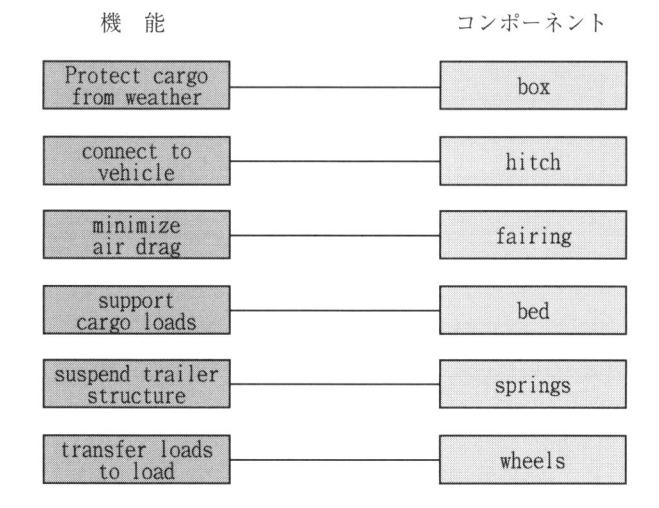

機　能	コンポーネント
Protect cargo from weather	box
connect to vehicle	hitch
minimize air drag	fairing
support cargo loads	bed
suspend trailer structure	springs
transfer loads to load	wheels

〈出所〉　Ulrich (1995), p.421, 422

製品デザインとの整合性）(4) サブ機能間の相互依存性などを考慮する必要がある（武石他, 2001; 青島・延岡, 1997）。

　このようなインテグラル・アーキテクチャの代表的な製品として乗用車がある。例

えば、乗用車のブレーキを設計する場合には、サスペンションとステアリングといった他コンポーネントとの整合性を維持しなければならない。このブレーキ、サスペンション、ステアリングというコンポーネント間の整合性が保たれないと、方向安全性が失われる危険性がある[2]。なお、乗用車の静粛性を維持するためには、タイヤ、サスペンション、ショック・アブソバー、シャーシー、エンジンなど全てのコンポーネントを相互に調整し合う必要がある。

モジュラー・アーキテクチャとは、(1) 製品の機能とコンポーネントが1対1の対応関係になっていて、(2) インターフェースが分離（de-coupled）、特定化していて、コンポーネント間の機能的相互依存性と構造的相互依存性が低いアーキテクチャである。そのため、コンポーネントの設計者は、他コンポーネントとのインターフェースや他機能の実現は考えずに、そのコンポーネントと対応関係にある機能の実現だけを考えればいい。

例えば、〈図3-1〉のBに示されている、モジュラー・アーキテクチャ・トレーラーの場合、気候環境からカーゴを保護する機能（protect cargo from weather）は、ボックス（box）が、車両との連結（connect to vehicle）は、ヒッチ（hitch）が担当するなど各機能とコンポーネントは1対1の対応関係になっている。

このようなモジュラー・アーキテクチャの代表的な製品としては、デスクトップ・パソコンが取り上げられる。デスクトップのコンポーネントは、互いに機能的、構造的相互依存性が低く、コンポーネント間のインターフェースは標準化されている。例えば、ハードディスク、マウス、モニター、キーボードなどのコンポーネントは、機能的、構造的に独立していて、なおかつ、インターフェースが標準化されている。インターフェースに関しては、ハードディスクはSCSI（Small Computer System Interface）、マウスはRS-232C[3]、キーボードはUSB（Universal Serial Bus）の規格にそれぞれ標準化されている。そのため、ユーザーはそのコンポーネントを本体の挿入口に差し込むだけで必要な機能を発揮できる（日経バイト、1996）。

インターフェースの標準化の点に関しては、機能とコンポーネントの対応関係とは別に、複数企業間の提携関係という軸でアーキテクチャを分類し、オープン・アーキテクチャか、クローズド・アーキテクチャかという区分も可能である。オープン・ア

---

[2]「応用機械工学」編集部（1983）, p.196
[3] シリアル・インターフェースの代表的な規格。米電子工業会が制定した。

ーキテクチャとは、企業を超えて業界レベルでインターフェースが標準化しているアーキテクチャで、基本的にモジュラー・アーキテクチャである。他方、クローズド・アーキテクチャとは、モジュール間のインターフェース設計ルールが基本的に1社内で閉じているものを指す（藤本他、2000）。ただし、本書では、オープン・アーキテクチャとクローズド・アーキテクチャ間の移行は分析対象としないため、アーキテクチャの分類にもオープン・アーキテクチャとクローズド・アーキテクチャという軸は適用しない。

3. 製品アーキテクチャの変化と多様な製品の出現

　新しい市場セグメントに新しい製品が登場して進化するプロセスは、流動的な段階（fluid phase）と特定化段階（specific phase）に分類できる（Abernathy et al., 1983, Abernathy and Utterback, 1978）。流動的な段階では、製品の機能的パフォーマンスが重視され、より高いパフォーマンスを求めて、製品構造と機能の頻繁な変更が行われる。生産過程は非効率的であるが、柔軟で、変化にすばやく対応が可能である。なお、組織は非公式的なルールや構造によって統制されることが多い。

　一方、製品が特定化段階に移行すると、製品のコスト削減がより重視され、生産性と品質の累積的な改善とともに、製品と工程のインクリメンタルな変化が進むようになる。生産過程は効率的で、資本集約的になるが、硬直しているため変化のコストは高くなる。製品は大量生産され、特定の製品に生産が専門化することも多い。なお、組織は、構造、目標、ルールが重要とされる公式の統制によって維持、運営される。

　通常流動的な段階に出現する多様な製品の中からドミナント・デザインが決定されるようになると、競争は機能のパフォーマンスを巡るアーキテクチャ間の競争から、特定のアーキテクチャの製品における生産コストと生産プロセスの競争に移行する（Clark, 1985）。

　このようにドミナント・デザインが確立していた製品が、新しい技術の登場やユーザーの要求により、再び変化することがある。これが製品アーキテクチャの変化である。製品アーキテクチャの変化とは、ドミナント・デザインが定着している既存製品に新しい機能とコンポーネントが結合することによって、機能とコンポーネントの対応関係が大幅に変化する現象である。

　Fine (1998) によると、インテグラル・アーキテクチャからモジュラー・アーキテクチャへのアーキテクチャの移行を促進する原動力は、ニッチを狙う競争者、技術と

市場の複雑性、組織の硬直性であるという。ニッチを狙う競争者とは、例えば、パソコンのコンポーネントのような技術的なセグメント (technological segments) の隙間を狙って参入してくる競争企業を、技術と市場の複雑性とは、インテグラル・アーキテクチャが要求する多面的な技術と市場の複雑性を、組織の硬直性とは、既存企業が通常犯しやすい官僚的、組織的な硬直性を意味する。

　もちろん、製品アーキテクチャの変化は、インテグラル・アーキテクチャからモジュラー・アーキテクチャへの移行だけではない。次の〈図3-2〉は、製品アーキテクチャの変化を4つのタイプに分類している。

　〈図3-2〉で縦軸は既存のアーキテクチャを、横軸は変化によって表れた新しいアーキテクチャを意味する。

　まずタイプⅠは、インテグラル・アーキテクチャからインテグラル・アーキテクチャへの変化である。例えば、本書で取り上げる電子手帳からPDAへの変化、ドット・プリンタからインクジェット・プリンタへの変化（宮崎, 1998）、1970年代に起きた後輪駆動自動車から前輪駆動自動車への変化はこのタイプに当てはまる。

　タイプⅡは、モジュラー・アーキテクチャからインテグラル・アーキテクチャへの変化である。例えば、本書で取り上げるデスクトップからラップトップへの移行、1920年代にアメリカで起きた、クローズド・スチール・ボディーの登場がもたらし

〈図3-2〉製品アーキテクチャの変化タイプ

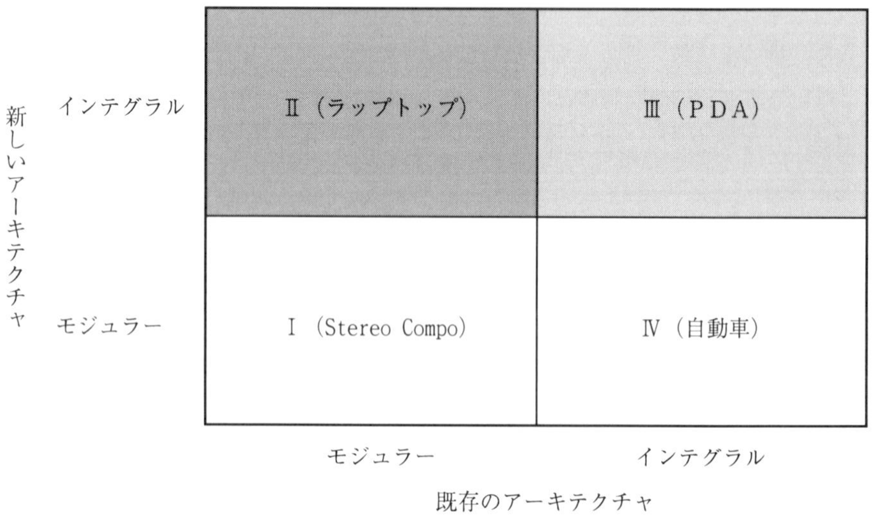

新しいアーキテクチャ	既存のアーキテクチャ	モジュラー	インテグラル
	インテグラル	Ⅱ（ラップトップ）	Ⅲ（PDA）
	モジュラー	Ⅰ（Stereo Compo）	Ⅳ（自動車）

た乗用車アーキテクチャの変化（Abernathy, 1978）は、このような変化である。

タイプⅢは、モジュラー・アーキテクチャからモジュラー・アーキテクチャへの変化である。例えば、IBMの「システム360」のようなモジュラー型メーンフレームからデスクトップ・パソコンへの変化（Fine, 1998）はこのタイプである。

タイプⅣは、インテグラル・アーキテクチャからモジュラー・アーキテクチャへの変化である。例えば、ステレオ・コンポーネントにおける変化（Langlois and Robertson, 1992）は、このタイプである。

以上のような製品アーキテクチャの変化が起きると、ユーザーは新しい製品の潜在的な機能の発見と使用形態の理解という問題を解決しなければならない。問題の解決に至るこのプロセスが、製品コンセプトの形成プロセスとなる。製品コンセプトの形成とは、対象製品の物理的な機能および美学的な側面と消費者の記憶中に貯蔵されている言葉を有意に連結する行為である（Clark, 1985）。

その中で、ユーザーは、自分が定めた製品コンセプトに従って、特定の機能の追加、削除を想定して、自分の求める機能の束をデザインする（新宅, 1994; Langlois and Robertson, 1992）。ユーザーは多様な機能の中から取捨選択を行い、機能の組み合わせをするのである。

このようにユーザーが行う機能選択によって、多様な形態と機能を持つ新しい製品が求められるようになると、既存製品のドミナント・デザインの確立を通じて、プロセス・イノベーションに移行していたイノベーションの源泉は、再びプロダクト・イノベーションに戻る。つまり、新しい製品の出現によって、イノベーションは流動的な段階に戻り、再び製品の機能的なパフォーマンスを中心に競争が行われ、製品構造の頻繁な変更が見られるようになる。

一方、このような新しい製品の多様性は、一見ドミナント・デザインが成立している既存製品の多様性と似ている。ドミナント・デザインが確立している乗用車の場合に、市場のセグメント別に軽乗用車、小型車、セダン、スポーツカーなど、多様な製品が存在する。しかし、既存製品の多様性と製品アーキテクチャの変化による多様性は、次のような2点で異なる。

第1に、機能とコンポーネントとの対応関係における差異である。既存製品の多様性は、同一のアーキテクチャをベースにした多様性であるため、製品の間で機能とコンポーネントの対応関係は変わらない。例えば、前述した乗用車は、動力を生み出すエンジンやその動力を伝達するトランスミッションなど各機能とコンポーネントの対

応関係の面では変わらない。一方、製品アーキテクチャの変化による多様性は、ドミナント・デザインが存在しないため、機能とコンポーネントの対応関係には製品毎に大幅な差がある。

第2に、コンポーネント技術における多様性である。既存製品の多様性は、コンポーネントの技術や規格における多様性ではない。しかし、製品アーキテクチャの変化による多様性は、コンポーネント技術の多様性によって生じたものである。

例えば、パソコン・アーキテクチャ変化の初期段階で各企業は、複数のコンポーネント技術の中で、特定の技術を選択する必要に迫られた。内部補助記憶装置技術の多様性に関して、富士通の斎藤精一氏は次のように説明する。

> その時は周辺装置を何にするか、まだはっきりしなくて、種類がいっぱいあったのです。我が社にもバブル・メモリやフロッピーディスク・ドライブ、カセットとか、いろいろなものがいっぱいあったと思います。で、カセットが軽くて、容量が一番大きかったのです。ただアクセス・タイムが長いとか、ランダム・サーチができないとか、そういう問題があって大体フロッピーディスク・ドライブが標準になったのですが、その以前には可能性がいっぱいありました[4]。

つまり、富士通はこのような多様な技術的可能性の中で、「FM-16π」の記憶装置としてカセットテープを選択したのである。カセットテープはEPSONの「HC-20」にも使われていた。しかし、NECの「PC-8201」にはRAMカートリッジ、工人舎の「PHC-16」には5インチ・フロッピー、Data Generalの「DG／1」には早くも3.5インチ・フロッピーディスクというように、ドライブとして異なる技術のコンポーネントが装備されていた。

以上のような2点の結果、新しい製品の潜在的な機能と使用の形態が明確ではなく、なお、ドミナント・デザインが出現していない製品アーキテクチャの変化の初期段階では、多様な機能と形状の製品が出現し、競争するようになる。

---

(4) 富士通・インタビュー，No.1

4. パソコン・アーキテクチャ変化の概要

(1) デスクトップからラップトップへのアーキテクチャ変化

　パソコンにおいてアーキテクチャの変化（以下パソコン・アーキテクチャの変化）とは、デスクトップ・パソコン（以下デスクトップ）からラップトップ・パソコン（以下ラップトップ）への変化である。詳しくはデスクトップのモジュラー・アーキテクチャからラップトップのインテグラル・アーキテクチャへの変化がそれに当てはまる。以下ではこのパソコン・アーキテクチャの変化を分析する。

　デスクトップは、情報の入力を担当するキーボードや情報の出力を担当するディスプレイなどのコンポーネントが物理的に分離されている。なお、デスクトップは、製品の総重量が30kgを超えるため、移動させるのが困難である。そうした理由からデスクトップはオフィスのような室内に固定させたまま使うのが普通である。

　このようなデスクトップにおける移動性の欠如は、場所に固定されずに常時パソコンを携帯して使いたいというユーザー・ニーズを発生させた。そうしたニーズがラップトップを生んだのである。

　ラップトップが最初に登場したのは、1980年代初期のアメリカである。車と飛行機が移動手段の主流を占めているアメリカでは、特にある程度の重量はあっても携帯可能なパソコンに対する潜在的なニーズが強かった。1984年当時のアメリカで、ラップトップに対するニーズは、20万台から30万台と予測されていた[5]。当時既にアメリカ市場では、ヒューレット・パッカード、タンディ、日本データ・ゼネラルなどのメーカーが、ラップトップを開発、発売していた。

　アメリカとは社会的な条件が異なる日本でも、ラップトップに対する強いニーズがあった。日本では電車と徒歩が主な移動手段であったため、パソコンの携帯機能はそれほど要求されていなかった。その代わりに、日本ではオフィス空間の制約が厳しいため、省スペース型のパソコンに対するニーズが強かった。狭いオフィスで使用する時には、スペースを多く取らないパソコン、さらに、使い終わったら、片付けてコンパクトに収納できるパソコンに対する潜在的なニーズが存在していた[6]。このような

---

[5]『日経エレクトロニクス』（1984年12月3日号）
[6] 日本の社会的な環境については三輪（1990）を参照

ユーザーの要求によって、日本でもラップトップという新しい形のパソコンが出現することになる。

それでは、デスクトップとラップトップの差を具体的に見てみよう。次の〈図3-3〉は、デスクトップとラップトップのアーキテクチャを比較した図である。〈図3-3〉の上の部分は、デスクトップ・アーキテクチャを、下の部分は、ラップトップ・アーキテクチャを表している。本書ではデスクトップの機能として、情報の入力、情報の出力、命令の実行など六つの機能を取り上げている。

吉田（1990）によると、情報の収集、翻訳、分類、要約、計算、選択など現象的に各種各様の（広義の意味での）情報処理も、結局のところ3つの基本的な局面に分類されるという。情報の伝達、情報の変換、情報の貯蔵である。この点はエネルギー処理がやはり伝達、貯蔵、変換の3局面に区分されるのと対応している。

本書では、この吉田の区分を取り入れた上で、情報の伝達を、形式化されていない情報を形式化する、あるいは、他の媒体の異なる形式の情報をパソコン形式の情報に変換する機能と解釈して、それを情報の入力と情報の出力という2つの機能に分解した。情報の変換という用語は、パソコン用の形式に入力された情報をユーザーの要求に合わせて、抽出、結合、加工する機能と解釈して、それを命令の実行と画像・音声の処理という2つの機能に分類した。なお、情報の貯蔵という概念は、処理された情報を、保存、貯蔵する機能として解釈して、それを情報の一時保存と情報の長期保存という2つの機能に分類した。すなわち、デスクトップの機能として、情報の入力、情報の出力、命令の実行、画像・音声の処理、情報の一時保存、情報の長期保存という6つの分類を設けた。

このようなデスクトップの6つの機能を実現する物理的な要素が、コンポーネントである。コンポーネントとは、設計者が意図した機能を果たす自己完結的な構成要素である。例えば、プログラムを解釈して実行するCPU、情報を一時記憶するRAMとROMというメモリー、音声を処理するサウンド・ボードとコンピュータの信号をディスプレイに表示するビデオ・ボードは、それぞれコンポーネントである。

このコンポーネントの下には、コンポーネントを構成するサブ・コンポーネントが存在している（〈図3-3〉では省略）。例えば、ハードディスク・ドライブを構成しているモータ、ディスクなどはサブ・コンポーネントに当てはまる。

一方、このようなデスクトップの機能とコンポーネントは、モジュラー・アーキテクチャになっているという特徴がある。機能とコンポーネントは1対1の対応関係に

第3章 本書のフレームワーク　29

〈図3-3〉デスクトップとラップトップの製品アーキテクチャの比較

〈デスクトップ製品のアーキテクチャ：モジュラー・アーキテクチャ〉

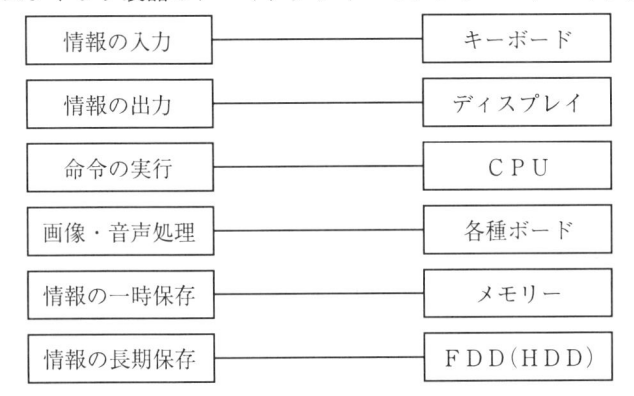

情報の入力	─	キーボード
情報の出力	─	ディスプレイ
命令の実行	─	CPU
画像・音声処理	─	各種ボード
情報の一時保存	─	メモリー
情報の長期保存	─	FDD（HDD）

〈ラップトップ製品のアーキテクチャ：インテグラル・アーキテクチャ〉

A：機能的相互依存性

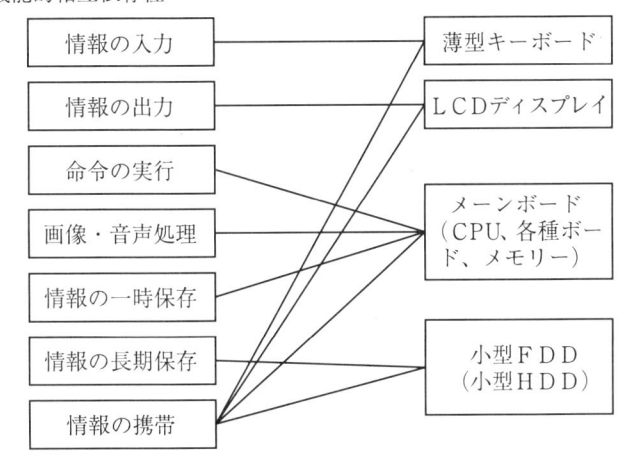

（左側）情報の入力／情報の出力／命令の実行／画像・音声処理／情報の一時保存／情報の長期保存／情報の携帯

（右側）薄型キーボード／LCDディスプレイ／メーンボード（CPU、各種ボード、メモリー）／小型FDD（小型HDD）

B：構造的相互依存性

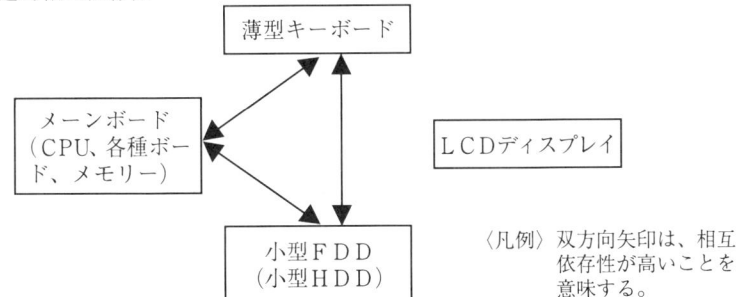

薄型キーボード ⇔ メーンボード（CPU、各種ボード、メモリー） ⇔ 小型FDD（小型HDD） ⇔ 薄型キーボード

LCDディスプレイ

〈凡例〉双方向矢印は、相互依存性が高いことを意味する。

なっており、コンポーネント間の機能的、構造的相互依存性は低く、なお、コンポーネント間のインターフェースは標準化されている。例えば、情報の出力という機能は、ディスプレイだけが担っていて、命令の実行はCPUだけが担っている。さらに、各々のコンポーネントは物理的に離れているため、IntelやAMDなどのCPUメーカーは、ハードディスク・ドライブやディスプレイの機能とのインターフェースは考慮せずに、CPUそのものの性能だけを工夫すればよい。

しかし、以上のようなデスクトップ・アーキテクチャに情報の携帯という機能が加わると、パソコン・アーキテクチャは大きく変化することになる。〈図3-3〉のラップトップの製品アーキテクチャを見てみよう。ラップトップでは機能とコンポーネントが複雑に絡み合い、機能的相互依存性が高くなっている。例えば、メーンボード（CPU、各種ボード、メモリー）という統合された新しいコンポーネントは、命令の実行、画像・音声処理、情報の一時保存、情報の携帯という4つの機能の実現を担当している。

なお、情報の携帯という機能を実現するためには、薄型キーボード、LCDディスプレイなど、全てのコンポーネントにその機能を配分する必要がある。そのプロセスでは、機能間の再調整も要求される。例えば、パソコンの携帯機能を実現するためには、CPUの大きさと消費電力を制限する必要があるが、そうすると、CPUが担当している命令の実行という機能が制約を受け、その処理速度が大幅に低下するようになる。つまり、ラップトップの各機能は高い相互依存性が要求される。

さらに、ラップトップ・アーキテクチャは構造的相互依存性も高くなっている。ラップトップの狭くて重量の制限が厳しい筐体にコンポーネントを詰め込むためには、各コンポーネントの最適設計が要求される。その結果、あるコンポーネントの設計変更は、他のコンポーネントの設計に影響を与えるようになり、設計段階からコンポーネントとコンポーネント間の調整が必須になってしまう。

例えば、メーン・ボードは、薄型キーボードの裏面に接する形で位置していて、メーン・ボードが薄型キーボード全体を支える役割を担っている。そこで、ラップトップの筐体を薄くしようとすると、メーン・ボードとキーボード、両方をともに削る必要があるが、キーボードを削るとタイピングする時の弾力性が悪くなるし、メーン・ボードを薄くするためには、高度の高密度実装技術が必要になる。このようなラップトップの構造的相互依存性に関して富士通の斎藤精一氏は、次のように説明する。

製品開発の時に、一番性能がいいデスクトップ機種は最新コンポーネントを使って大体決まるのですが、ラップトップは重さの制限、大きさの制限がありますので、どの機能を入れるか、入れないかを決めるのが非常に大変です。それから液晶を使うので、値段が高くなってしまいますからその分液晶以外の部分を安くする必要があります。消費電力の制限もあります。例えば、電池ですが、重さと大きさの制約がある上で、電池の寿命問題があります。大きくしてもいいから電池をいっぱい積むとか、重くなっても電池を積むかなど、いろいろなステーションを決めるのです。また、大きさのことですが、どんどん技術が進歩すると小さくなってきます。ところが、そのアーキテクチャを変えてしまうと昔のソフトやデータが使えなくなります。そういうのをどこまで許すかなど、様々なものを考えなきゃいけないから、どこで仕様を決めるかが大変です。その意味でデスクトップは自由に、非常に自由に設計できるんです。しかし、ラップトップは多様なコンポーネントを同時に考えなければならない、それが一番大きな問題です[7]。

つまり、ラップトップは重量と体積の厳しい制約があり、コンポーネント間の調整とすり合わせが必須になったのである。このようなコンポーネント間の調整は、次の〈図3-4〉にも表れている。

〈図3-4〉は、デスクトップとラップトップの開発におけるタスクの調整を表した図である。縦軸のドライブ・システム、メーン・ボードなどはコンポーネントを意味する。1つ1つのコンポーネントの左側に表れている×印は、調整が必要なタスクである。例えば、ドライブ・システムには横軸と縦軸、それぞれ6つのタスクがあって、各タスク間の相互調整が×印になっている（Baldwin and Clark, 2000）。

ここで、ラップトップにおけるドライブ・システムとメーン・ボード間の関係を取り上げてみると、ドライブ・システムの中で調整可能なタスクは、22項目（×の数）で、メーン・ボードの内部で解決できるタスクは、34項目である。一方、ドライブ・システムとメーン・ボード間の調整を必要とするタスクは、27項目（矢印が示している領域）になっている。ラップトップの開発には、このようにコンポーネント内部調整を越えた他コンポーネントとの相互調整が必須になっている。しかし、デスクトップにおけるドライブ・システムとCPUボード間の関係を取り上げてみると、この2つのコンポーネント間の調整は必要としないため×の印は存在しない。

---

(7) 富士通・インタビュー，No. 1

〈図3-4〉デスクトップとラップトップのデザインにおけるタスク構造マトリクス

〈デスクトップにおけるタスク構造マトリクス〉

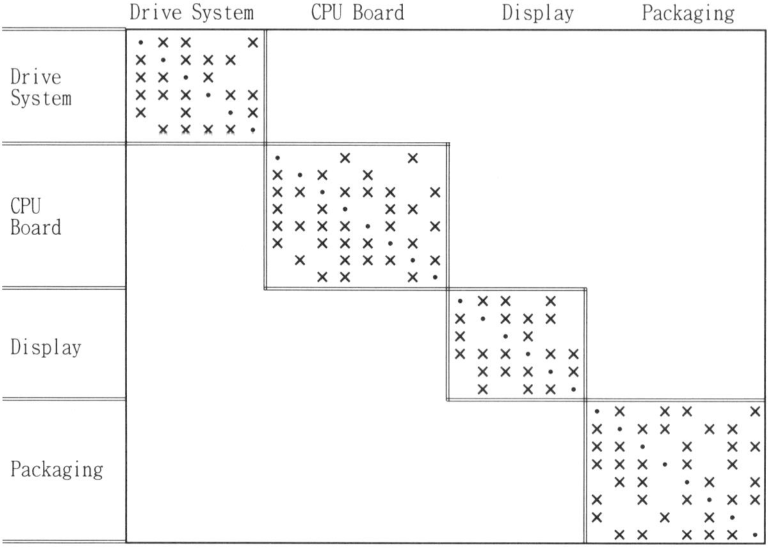

<出所> Baldwin and Clark (2000), p.50をベースに筆者作成

〈ラップトップにおけるタスク構造マトリクス〉

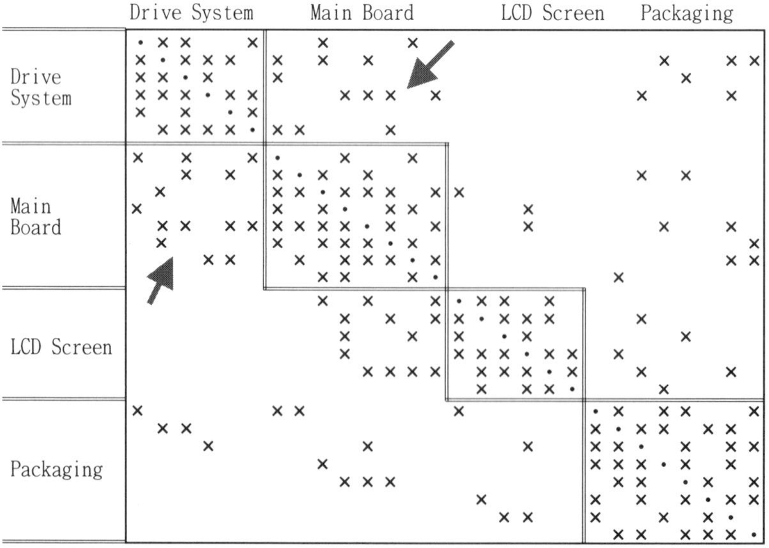

〈出所〉Baldwin and Clark (2000), p.50

つまり、以上のような事実は、デスクトップからラップトップへの変化により、構造的な相互依存性が高まったことを意味する。

このデスクトップからラップトップへのアーキテクチャの変化をデスクトップとラップトップの内部構造を見ながら、もう一度考えてみよう。〈写真3-1〉の上の部分は、デスクトップの内部構造を、下の部分はラップトップの内部構造を撮ったものである。デスクトップからラップトップへのアーキテクチャの構造的な変化は、次のように整理できる。

メーン・ボード（CPU、メモリー、各種ボード）

デスクトップのPCI[8]（Peripheral Component Interconnect）とISA[9]（Industry Standard Architecture）というカード挿入口には、5枚のボードが装着できるようになっている。パソコンで画像を処理するビデオ・カード、音を処理するサウンド・カード、通信を行うモデムとLANカードはこの挿入口に装着される。

一方、ラップトップは空間と重量の制約が厳しいため、この5枚のボードを1枚に集約しなければならない。〈写真3-1〉の下にあるラップトップの内部構造で、ビデオ・チップ、ビデオ・メモリー・チップ、サウンド・チップは、ビデオ・カードとサウンド・カードを各々LSI化して、それを一枚のメーン・ボードに実装したものである。

また、デスクトップでは、CPUやメモリーなどのコンポーネントも、それぞれ別個のモジュールになっていて、簡単に取り替えることが可能であるが、ラップトップの場合には、ボードと一体の構造になっていて、取り替えは困難である。その結果、ラップトップではカードやCPU、メモリーと挿入口間の標準化したインターフェースは失われたが、その代わりに、ラップトップ・メーカーは比較的自由に内部構造の設計が可能になった。

ハードディスク・ドライブ

ラップトップに使われる小型ハードディスク・ドライブ、フロッピーディスク・ドライブは、デスクトップのそれぞれのコンポーネントを小型・軽量化したものである。例えば、ラップトップのハードディスク・ドライブには、デスクトップのハードディ

---

[8] Intel社が提唱する高速インターフェース規格。業界団体PCISIG（PCI Special Interest Group）が規格を制定している。

[9] IBM PC ATに採用されたバスである。

34　第3章　本書のフレームワーク

〈写真 3-1〉デスクトップとラップトップの製品内部構造

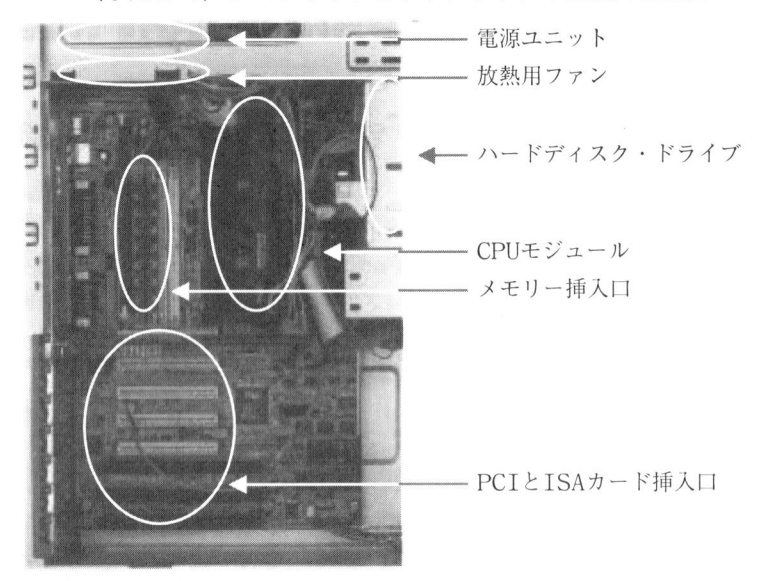

―― 電源ユニット
―― 放熱用ファン
←―― ハードディスク・ドライブ
―― CPUモジュール
―― メモリー挿入口
―― PCIとISAカード挿入口

デスクトップ「Frontier FS 6」
〈出所〉『PC Computing』(1997年6月号), p.148

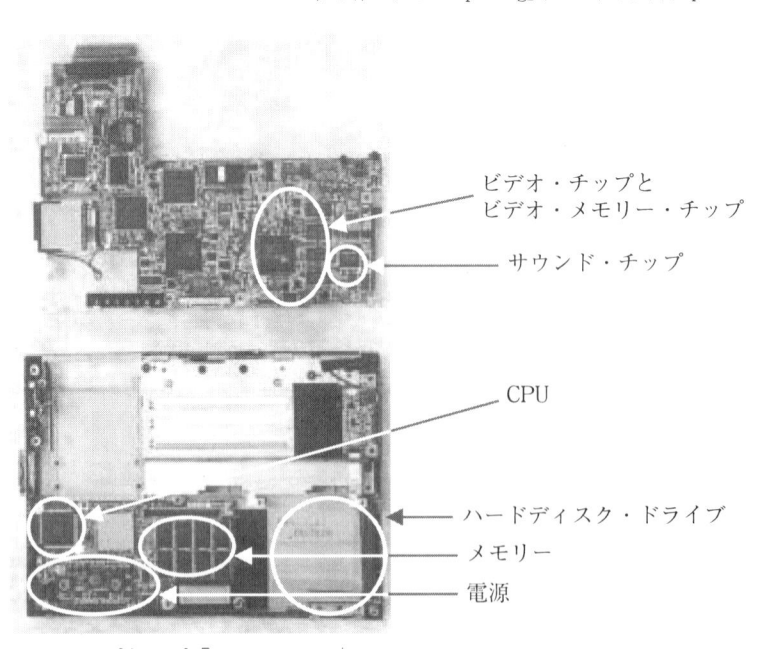

―― ビデオ・チップと
　　ビデオ・メモリー・チップ
―― サウンド・チップ

―― CPU
←―― ハードディスク・ドライブ
―― メモリー
―― 電源

ラップトップ「PC-9821La13」
〈出所〉『Mobile PC』(1997年7月号), p.71

スク・ドライブの小型・軽量化とともに、衝撃に耐えられる仕組みが要求された。とはいうものの、ラップトップ用のハードディスク・ドライブは、デスクトップのハードディスク・ドライブとは異なる規格に変化したコンポーネントではない。なお、書き込みと読み出し用のヘッドやメディアと呼ばれるディスクなどの要素技術の変化もなかった。

しかし、ラップトップ用のハードディスク・ドライブ、フロッピーディスク・ドライブに根本的な変化はなかったものの、コンポーネント間の構造的相互依存性の増加によって、新しい形状のハードディスク・ドライブとフロッピーディスク・ドライブの開発が必要になった。ラップトップ用ハードディスク・ドライブ開発の困難について、東芝の溝口哲也氏は、次のように言っている。

ラップトップ用のハードディスク・ドライブは、当時なかったんです。ラップトップの筐体に入る 3.5 インチのハードディスク・ドライブはどこでも生産していない。当時、ハードディスク・ドライブは振動を与えては絶対だめということで、動かさないものでした。そこで、「ラップトップにハードディスクを入れる」と社内に宣言した時には、皆びっくりして、うちの技術部は「そんなことできません」と言っていました。そこで、何十回も失敗して、ずいぶん苦労した後で、ハードディスクにショック・アブソーバというゴムを付けて振動の問題を解決しました。それで、かろうじてラップトップに使えるハードディスク開発に成功しました[10]。

このようなコンポーネントの小型、軽量化、耐震性は、ハードディスク以外にも、フロッピーディスク、キーボードなどにも要求された。

放熱用ファン、ディスプレイ

ラップトップには CPU から発生する熱を外部に放す新しい放熱技術が要求された。デスクトップは、放熱用ファンを使って CPU から発生する熱を外に放す。しかし、ラップトップは空間の制約が厳しく、デスクトップのように大きなファンを装着するのは難しい。

ラップトップに処理速度の速い高性能 CPU を搭載すると、高熱が発生して、場合によっては、CPU と周辺回路が燃えてしまう恐れさえあった[11]。そこで、CPU の熱

---

(10) 東芝・インタビュー, No. 6

をどのようにして外部に放すかの問題は、ラップトップの設計においてきわめて重要な課題になった。NEC 米沢の神尾潔氏はこの放熱の問題を次のように言う。

> ラップトップにおける熱対策は2つあって、空中を伝わって筐体に渡す方法と、その熱を熱伝導という素材を使って渡す方法があります。ペンティアムの CPU 以前には前者の、空中を通じて筐体に逃がして、全体の筐体がある程度の温度で抑えるという方法だったんです。何も工夫しないと、CPU 周辺だけが熱くなるのですね。そのため、まんべんなく放熱する技術をいれなければならないんです。ペンティアム以後は熱伝導を使って強制的に外に熱を出す工夫をしました。一時期 Intel は、「キラモト」というバージョンで電圧を下げたことがあります。今の通常スピードで電圧を2点何ボルトまで下げたんです。全体の消費電力を下げて熱を下げるというアイデアですね。しかし、その後 CPU のスピードを上げなきゃならなくなって、また一気に電圧が上がってしまいました[12]。

つまり、ラップトップには CPU のスピード・アップとともに増加する熱をどのように放出するかが、新しい課題になっていた。そこで、ラップトップでは、デスクトップのように大きなファンを使わずに、筐体全体を利用して熱を伝導する方法を導入したのである。

次に、デスクトップには表示画面として CRT ディスプレイが使われていた。しかし、携帯性が要求されるラップトップには、CRT ディスプレイとは全く別のコンポーネントである LCD やプラズマを使用しなければならなかった。LCD やプラズマは、CRT と比べると、軽いし、消費電力も少ないからである。しかしながら、当時 LCD とプラズマはまだ技術的な限界があって、そのままではラップトップに使えなかった。

LCD は暗くて、見にくいし、プラズマは、価格が高い上、消費電力が比較的大きいのでラップトップには使えないと考えられていた。そのため、LCD とプラズマをラップトップに使うためには、改めて改良を加える必要があった[13]。

以上のようにデスクトップからラップトップへの変化は、機能とコンポーネントとの対応関係の変化、コンポーネント間の構造的相互依存性の増加をもたらして、その

---

(11) 『東芝電子計算機事業部史』(1989 年), p.218
(12) NEC・インタビュー, No. 2
(13) 『東芝電子計算機事業部史』(1989 年), p.218

結果、モジュラー・アーキテクチャからインテグラル・アーキテクチャに移行したのである。

ただし、ラップトップは、モジュラー・アーキテクチャの製品（デスクトップ）からインテグラル・アーキテクチャの製品に変化したが、デスクトップとソフトウェアと周辺機器を共有する製品であった。そこで、デスクトップとソフトウェアとデータが共有できるラップトップは、ユーザーの便益を大幅に増加させるようになった。

つまり、ラップトップへの変化は、メインフレームからデスクトップ・パソコンへの変化のように、完全に新しいカテゴリーの製品を創造する変化ではない。例えば、Iansiti（1993）は、パソコンとメインフレームの最も重要な差として、採用された半導体技術のタイプを取り上げている。彼は、メインフレームとスーパーコンピュータは、数十個のICに分散されたプロセッサとCMOSより10倍速いBipolar装置を使用する。しかし、パソコンは1つのICによるプロセッサとCMOSを使用する点で異なっている。BipolarはCMOSより製造が困難で、電力消費が多く、熱を発生させるし、CMOSより一層密接に並べることが可能であるので、高性能のコンピュータだけに使われる。

(2) 多様なラップトップの出現

新しい機能の結合によって製品アーキテクチャが変化すると、その新しい製品に対するユーザーとメーカーの多様な解釈が表れるようになる。製品アーキテクチャの変化の初期には、複数の新しい製品コンセプトが登場するが、ドミナント・デザインの出現とともに、製品コンセプトも定着するようになる。

ラップトップが登場した初期段階にも、新しい製品を巡ってメーカーの多様な解釈が行われた。その当時、ラップトップがデスクトップとは異なる製品ということは認識された。しかし、ラップトップをワープロとして使うのか、デスクトップの代替品、あるいは、補完品のように活用するのか、それとも通信端末機の代わりに利用するのかを巡って様々な解釈が出現していた[14]。東芝の溝口哲也氏は次のように語っている。

皆さんはコンパクトなパソコンがいいとおっしゃっている。しかし、ユーザーが具体的なラップトップのイメージを持っているわけではない。ましてやひざの上で使うラップトップという意見は出てこなかったんです。机の上に置いてスマートに使

---

(14) 『Nikkei Personal Computing』（1985年9月16日号），p.26

え、かつ、持ち運びができる、そして、使わないときには机の上からちょっと片づけることができるようなパソコン、そうなるとどういうイメージが涌くのか。このイメージを掴むのが相当困難でした[15]。

　すなわち、抽象的なラップトップのイメージを具体的な製品コンセプトに転換するのが、難しかったのである。そこで、ラップトップ・メーカーは、このユーザー・ニーズを解釈する過程で多様な差異を表すようになる。次の〈表3-1〉は、当時のラップトップ・メーカーが、ラップトップをどのように認識していたかを示している。
　〈表3-1〉で、EPSONの場合、ラップトップをセールス・オートメションやファクトリー・オートメーションの用途で、工人舎は、大学や企業の研究者、あるいは、ソフトの開発技術者が使う機械としてその用途を考えていた。なお、タンディの場合には、英文ワープロ、データベース検索、パソコン通信などを包括する複数の用途を同時に考えていた。このような解釈の差は、次のような2つの理由で発生していた。
　第1に、ラップトップ・メーカーが、想定していたユーザーの差である。例えば、ラップトップをオフィス内の業務処理用ツールとして考えているユーザーは、情報の携帯という機能が少し犠牲になっても、デスクトップ並みの情報処理能力を備えたラップトップを要求するだろう。それとは反対に、主に外で活動する営業マン向けのラップトップを想定しているユーザーは、何より情報の携帯機能を重視するだろう。ラップトップ・メーカーはこのように多様なユーザーの中で特定のユーザーを選択、ラップトップの開発を行った。動きや市場の動向チェックをしながらFAなど特定専門分野向けの販売を続けていく。
　第2に、機能間のトレード・オフ関係である。1980年代半ばには、コンポーネン

〈表3-1〉初期段階のラップトップと市場に対するメーカーの認識（1985年度）

企業名	対象ユーザー	国内市場の状況判断	今後の販売戦略
EPSON	SA（セールス・オートメション）、FA（ファクトリー・オートメーション）。	まだまだこれから。	SA、FAを中心にVAR展開をしていく。「HC-40, 41」を中心として、特定専門分野向けのシステム化を行う。特販部員を大幅増員、システム・ハウスの援助などを進めていく。

---

(15) 三輪（1990），p.92

キャノン	一般個人。FA など専用分野に。	まだ未熟。	他メーカーの動きや市場の動向チェックをしながら FA など特定専門分野向けの販売を続けていく。
工人舎	米国は IBM PC ユーザー、国内は大学や企業の研究者、システム・ハウス等のソフト技術者。FA 分野。	まだまだ。	米国では携帯可能な IBM 互換パソコンとして販売する。国内は、ソフト開発者向けの個人専用パソコンの位置づけ。システムハウスやソフトハウスと協力して VAR 商品として販売する。
ソード	個人専用の単機能端末機。VAN 端末、データ入力機、営業向け端末。	自内の HHC 市場はこれからである。ユーザー、メーカー共に探索中。	個人のライフスタイルに合わせた専用コンピュータとして販売する。アプリケーション・ソフトを増やして数々の業種で使えるようにする。
タンディ	個人、企業ユーザー向け。英文ワープロ用、データベース検索用、パソコン通信用など。	国内はパソコンを個人で持ち歩くまできていない。ユーザーは HHC の利点に気づき始めている。	日本語化は現在考えていない。が、米国ソフトハウスが作成した ROM ソフトを日本で積極的に扱いたい。また日本国内でもソフト開発する。
日本 Data General	個人ユーザーより企業ユーザーが主力。国際商品であり、広く世界が相手	国内を問わず需要は冷え込んでいる。日本で HHC は高級電卓から発展してきている。	国内では、欧米と取引のある会社や商社、外資系企業などに IBM 互換パソコンとして販売する。ソフト・ハウスと協力して、利用できるソフトを増やす。例えば、CAD ソフトなど
NEC	一般ユーザー向けにセカンド・パソコンとして、ほかに FA など。	全パソコンの約 3％がハンドヘルドとみる。今後より使われはじめるだろう。	現在の「PC-8201」路線を継承する。モデルチェンジも考えているが早期には行わない。「PC-8401」を国内販売する予定は今のところなし。通信環境など HHC 市場の整備が問題。
富士通	企業向けが主。業種向け端末。銀行業務端末など	これからの市場。新しい用途を探しているところである。	各業種に適する製品づくりを進める。ユーザーの要望・意見を取り入れる。3.5 インチ・フロッピーが内蔵されることもあるだろう。

〈出所〉『Nikkei Personal Computing』(1985 年 9 月 16 日号) より修正

〈凡例〉1. HHC はハンド・ヘルド・コンピュータである。　2. VAR は付加価値再販売である。

トの小型・軽量化技術の制約が強かった。そのため、ラップトップでは、情報の携帯機能と他の機能間にトレード・オフ関係が観察されていた[16]。ラップトップ固有の機能である情報の携帯機能を追求するためには、情報の入出、出力、命令の処理、情報の保存など、他機能を抑えておかなければならなかった。一方、デスクトップ並みの情報処理能力を維持するためには、情報の携帯機能を抑制する必要があった。

　例えば、ハードディスク・ドライブとディスプレイを取り上げてみよう。ディスプレイの場合、プラズマ・ディスプレイは約1kgになるが、冷陰極蛍光管を使ったバックライト付きの液晶は800g、反射型液晶は500～600gに過ぎない。なお、プラズマ・ディスプレイは消費電力が15W～30Wと大きいために大容量電源の搭載が必要になり、重量増加に結び付くが、液晶だと8Wくらいで済むのでバッテリで使える[17]。なお、ハードディスク・ドライブを装着すると、情報処理のスピードは速くなるが、重くなるし、電力消費が増加する。

　その結果、デスクトップ並みの情報処理能力をより重視するメーカーは、ハードディスク・ドライブと見やすいプラズマ・ディスプレイを、情報の携帯機能をより重視するメーカーは、ハードディスク・ドライブを装着をせず、なおかつ見にくい液晶ディスプレイを選択せざるを得なかった。

　さらに、ハードディスク・ドライブとディスプレイを選択した後でも、各メーカーは、再びディスプレイの大きさとハードディスク・ドライブの容量を決定する必要があった。例えば、発売された液晶を見ると、20字×4行（「X-07」,「HC-88」）、24字×4行（「PC-5000」）、40字×8行（「PC-8201」）、80字×25行（「DG/1」,「PHC-16」）などその大きさは様々であった[18]。

　つまり、このようなコンポーネントにおける差は、実現する機能の差と機能とコンポーネントの対応関係の差を反映するものであった。次の〈図3-5〉は、東芝の「J-3100」とキャノンの「X-07」のアーキテクチャを比較したものである。

　東芝の「J-3100」は、情報処理能力に重点をおいたアーキテクチャである。従って、情報の出力にはプラズマ・ディスプレイを、CPUにはデスクトップと同じコンポーネントを使用している。しかし、情報の携帯機能は大幅に弱化している。

---

(16) 例えば、『日経パソコン』（1988年1月4日号）では、重量と価格でラップトップのコンセプトを区分した。

(17) 『日経バイト』（1989年12月号）p.157

(18) 『Nikkei Personal Computing』（1985年9年16日号）

〈図3-5〉東芝「J-3100」とキャノン「X-07」のアーキテクチャ比較

〈東芝「J-3100」の製品アーキテクチャ〉

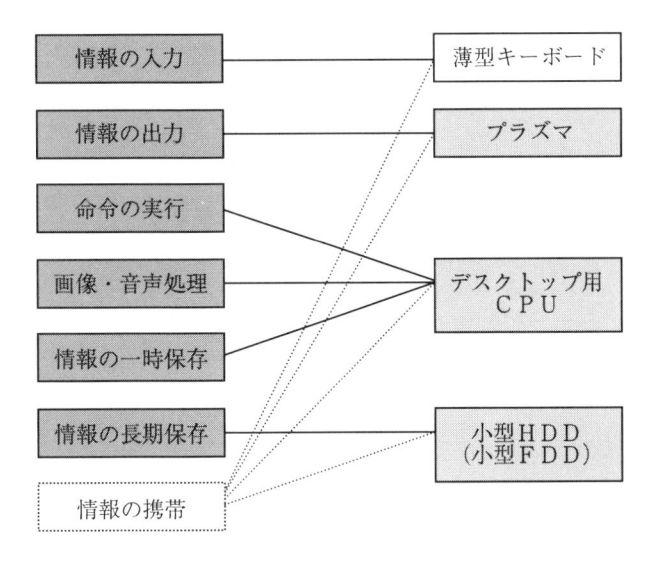

機能		部品
情報の入力	—	薄型キーボード
情報の出力	—	プラズマ
命令の実行		
画像・音声処理	—	デスクトップ用CPU
情報の一時保存		
情報の長期保存	—	小型HDD（小型FDD）
情報の携帯		

〈キャノン「X-07」の製品アーキテクチャ〉

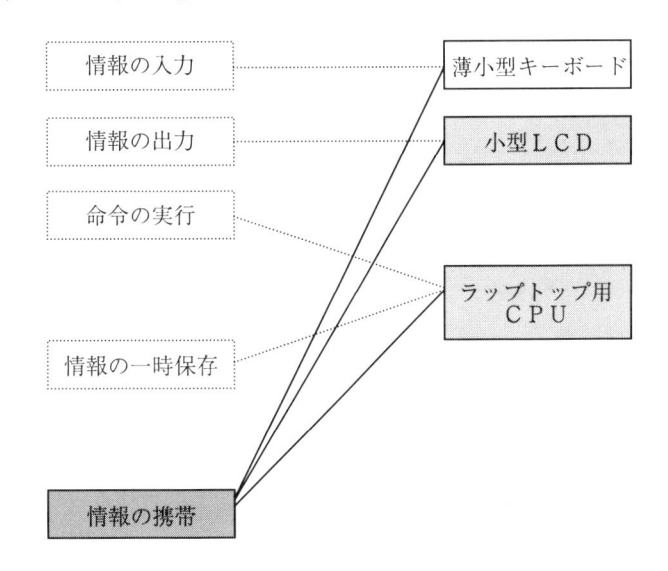

機能		部品
情報の入力	—	薄小型キーボード
情報の出力	—	小型LCD
命令の実行		
		ラップトップ用CPU
情報の一時保存		
情報の携帯		

〈凡例〉点線は相対的な機能の弱化を意味している。

反対に、キャノンの「X-07」は、極端に情報の携帯機能を追求して、情報の出力には小型LCDを、キーボードには薄い小型キーボードを装着している。そのため、情報の処理能力は大幅に落ちてしまった。ラップトップ・メーカーは、同様のインテグラル・アーキテクチャの中で、再び特定の機能実現に重点をおいたアーキテクチャを選択する必要があった。

ラップトップ・メーカーのアーキテクチャ選択によって、日本のラップトップ市場には、多様な種類のラップトップが出現するようになった。次の〈写真3-2〉は、パソコン・アーキテクチャの変化によって生まれた多様なラップトップを示している。

〈写真3-2〉で東芝の「J-3100」やNECの「98LT」、富士通の「FM-16π」などは、現在のノート型に近い形になっている。しかし、工人舎の「PHC-16」のようにカバンのような折り畳み式でキーボードが分離できるタイプは、現在見られない。アンペールの「WS-1」のようなユニークなデザインのラップトップは、ドミナント・デザインの定着後の一時期消えたが、最近ラップトップのデザインが強調されてから復活している。

〈表3-2〉と〈図3-6〉は、本格的にラップトップ市場が形成され始めた1986年まで表れたラップトップを示している。

〈表3-2〉と〈図3-6〉には、情報処理能力を重視した「PHC-16」（7.5kg、59万

〈表3-2〉製品アーキテクチャ変化による多様なラップトップの出現

メーカー	製品名	重量（kg）	価格（円）
キャノン	X-07	0.48	69,800
E&E Japan	Tandy 200	2	198,000
工人舎	PHC-16	7.5	598,000
NEC	PC-98LT	3.8	238,000
NEC	PC-8201	1.7	138,000
シャープ	PC-5000	4.3	410,000
東芝	J-3100	6.8	698,000
日本IBM	IBM PC コンパーティブル	5.5	507,000
EPSON	HC-88	2.9	298,000
富士通	FM-16π	2.9	240,000
カシオ	PB-100F	0.12	11,000
Data General	DG/1	4.1	780,000

〈出所〉『日経パソコン』（1987年2月23日号），
『日経パーソナル・コンピューティング』（1985年9月16日号）より作成

第3章　本書のフレームワーク　*43*

〈写真3-2〉製品アーキテクチャ変化による多様なラップトップの出現

シャープ「PC-1500」

工人舎「PC-8201」

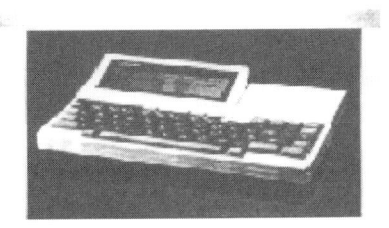

EPSON「HC-401」

富士通「FM-16π」

東芝「J-3100」

NEC「PC-8201」

NEC「98 LT」

アンペール「WS-1」

〈図3-6〉製品アーキテクチャ変化による多様なラップトップの出現

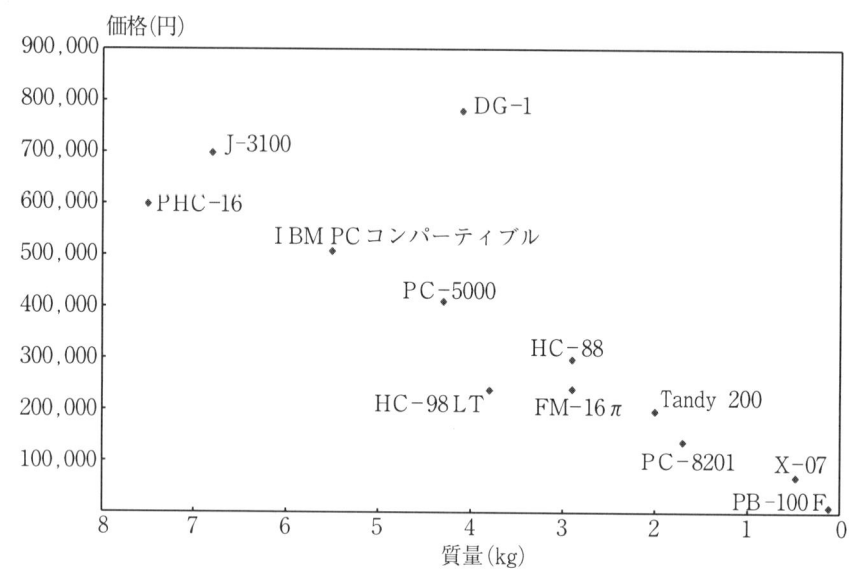

価格(円)

質量(kg)	製品
6.8	J-3100 (700,000円)
7.5	PHC-16 (600,000円)
4.0	DG-1 (770,000円)
5.5	IBM PCコンパーティブル (500,000円)
4.3	PC-5000 (400,000円)
3.2	HC-88 (280,000円)
4.5	HC-98LT (220,000円)
3.0	FM-16π (210,000円)
2.0	Tandy 200 (190,000円)
1.7	PC-8201 (110,000円)
0.5	X-07 (70,000円)
0.1	PB-100F (50,000円)

＜出所＞『日経パソコン』(1987年2月23日号), 『日経パーソナル・コンピューティング』(1985年9月16日号) より作成

8千円、工人舎) から高級電卓のような形態で極端に情報の携帯機能を重視した「PB-100F」(0.12kg、1万1千円、カシオ) まで幅広い製品群が観察される。

ラップトップ・メーカーは、以上のような多様ラップトップを発売して、ドミナント・デザインを目指す競争を始めるようになった。

5. 携帯情報端末機アーキテクチャ変化の概要

(1) 電子手帳からPDAへのアーキテクチャの変化

PDAとは、情報の携帯と情報の送受信を主な使用目的にしている、小型情報端末機器である。PDAは主に情報の携帯を使用目的に開発された電子手帳に、情報の送受信という新しい機能が結合して、生まれた製品である。ここで、情報の送受信とは、情報が変容されないまま、媒体と媒体の間を移動することである。これは、吉田 (1990) が言う記号変換のように、情報を担う記号形態のみが変容して意味の変化はない場合である。普通この情報の送受信という機能を実現するためには、赤外線通信やFAXモデム、有無線電話などの通信ツールが利用され、PDAのような情報機器間、

あるいは，PDA とパソコン，プロバイダー，FAX などの媒体の間で情報の変換が行われる。

次に，PDA の範囲の問題であるが，本書では，東芝の「リブレット」のような小型ノート型パソコン（850g）は，PDA のカテゴリーに入れていない。「リブレット」のような小型パソコンは，情報の携帯機能という面では PDA と変わらないが，パソコンのハードウェア設計と OS，ソフトウェアをそのまま継承，維持している点でPDA と異なる。そのため，本書では，パソコンと同様のハードウェアとソフトウェアを継承している機器は，PDA のカテゴリーから外した。

1989 年，東芝のノート型パソコン「Dynabook」の登場により，ラップトップのドミナント・デザインは確立されるようになった。しかし，「Dynabook」は A4 サイズの大きさで，重量は 2.7kg に及んで，常時携帯が難しい問題を抱えていた。さらに，ノート型パソコンは，電池の寿命が 2、3 時間ほどで使用時間が短かった。なお，電源スイッチを入れてから，OS を起動し，アプリケーション・ソフトを開き，作業に入るまで時間がかかる弱点もあった。

そこで，情報（特に個人情報）の常時携帯が可能な製品に対するニーズが生じていた。ノート型パソコンより小型，軽量で，電池の使用時間が長い情報機器に対する潜在的なニーズが生じていたのである。このようなニーズに対応した製品が電子手帳（personal organizer, or electronic organizer）であった。

電子手帳は，紙の手帳ほどの大きさで，スケジュール管理や辞書，電話帳，電卓，メモ帳などの専用アプリケーション・ソフトを ROM 化して，それを専用のハードウェアに実装した機器である。そのため，電子手帳は，本体だけでも使えるが，その中には紙のシステム手帳のように，英和・和英辞書，占い，ゲーム，カラオケ歌詞など，様々な種類の IC カードを電子手帳の本体に差し込んで，補助メモリーとして使える製品もあった[19]。

1983 年 4 月，カシオによって日本市場最初の電子手帳「データバンク・シリーズ PF-3000」が開発され，その後，1987 年にはシャープによって，最初の IC カード型電子手帳「PA-7000」が開発された。1989 年当時，国内・輸出向け電子手帳の市場規模は 350 万台まで成長していた。

その一方で，1980 年代半ばから情報機器の間で情報を送受信するための，社会的

---

[19] 『日経パソコン』（1988 年 12 月 26 日号），p.193

なインフラの整備が始まった。例えば、パソコン通信サービスがある。1984年7月、JALNETによって無料サービスが始まって以来、パソコン通信サービスは普及し始め、1987年当時にはサービスの提供会社が17社まで増加していた。パソコン通信は、電子会議やチャット、情報交換、データベース検索、オンライン・ショッピングなどを可能にするインフラとして注目されていた。

また、1988年には64kbpsのISDN（Integrated Services Digital Network, 統合サービス・デジタル・ネットワーク）サービスが始まり、1989年にはその容量が1500kbpsまで拡大されていた。ISDNは、最大8台の端末接続が可能で、一回線で電話、FAX、Videotex、データ端末機、コンピュータなど多様な端末機を同時に繋ぎ、サービスを提供することが可能である。なお、1987年には、NTT移動体通信事業部（現在のNTTドコモ）によって携帯電話のサービスも開始された[20]。

このような通信インフラの整備は、情報の送受信に対するニーズを、言いかえれば、情報端末機間、あるいは、情報端末機と他の媒体間の情報移動に対するニーズを誘発した。PDAは、このようなニーズに答えるために開発された製品である。PDAは、情報の携帯を使用目的とした電子手帳に、情報の送受信という新しい機能が加えられて、誕生した製品であった。

それでは、下の〈図3-7〉を見ながら、電子手帳とPDAのアーキテクチャを比較してみよう。

〈図3-7〉のAは電子手帳の、BはPDAの製品アーキテクチャである。電子手帳のアーキテクチャを見ると、機能とコンポーネントは多対多の複雑な対応関係になっていることが分かる。例えば、CPU、グラフィックチップ、メモリを実装しているメーン・ボードは、命令の実行、画像処理、情報の一時保存、情報の携帯という4つの機能を実現している。つまり、機能的相互依存性が高い。

なお、電子手帳の各コンポーネントは、構造的相互依存性も高い。製品開発のプロセスでICカードを除いた薄型キーボード、メーン・ボード、LCDディスプレイは、互いに調整が要求される。例えば、LCDは大きいほど見やすいが、同時に重量と体積の増加を伴う。そこで、LCDの画面を大きくするためには、メーン・ボードにあるLSIチップを統合して、なお、そのチップの高密度実装化を行うことが要求される。

つまり、電子手帳における体積と重量の制約は、コンポーネント間の調整を必須に

---

(20)『電子工業年鑑』(1990) p.636

した。そのため、電子手帳のアーキテクチャは、インテグラル・アーキテクチャと言える。

一方、PDA のアーキテクチャでは、電子手帳のアーキテクチャと比較すると情報の長期保存機能が抜けて、新たに情報の送受信機能が追加されている。機能とコンポーネントの対応関係も変化していて、情報の入力機能を担当していた薄型キーボードはなくなり、その代わりにタッチ型 LCD が情報の入力と出力機能をともに担当するようになった。このタッチ型 LCD への変化により、ディスプレイには、(1) 指で軽

〈図 3-7〉電子手帳と PDA の製品アーキテクチャの比較

〈A：電子手帳の製品アーキテクチャ：インテグラル・アーキテクチャ〉

機能的相互依存性

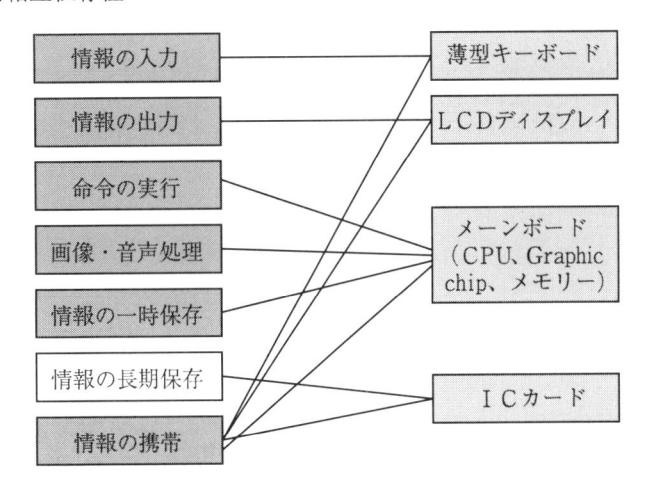

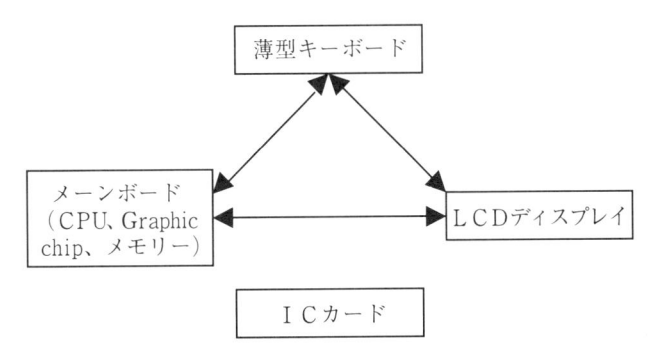

構造的相互依存性

〈B：PDAの製品アーキテクチャ：インテグラル・アーキテクチャ〉

機能的相互依存性

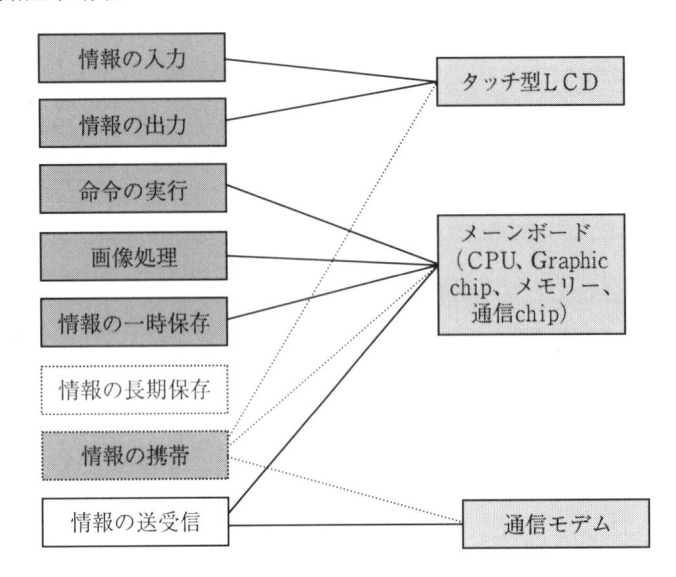

```
情報の入力 ─┐        ┌─ タッチ型LCD
情報の出力 ─┤
命令の実行 ─┤        ┌─ メーンボード
画像処理  ─┤        │ （CPU、Graphic
情報の一時保存 ─┤    │  chip、メモリー、
情報の長期保存       │  通信chip）
情報の携帯 ─┤
情報の送受信        └─ 通信モデム
```

構造的相互依存性

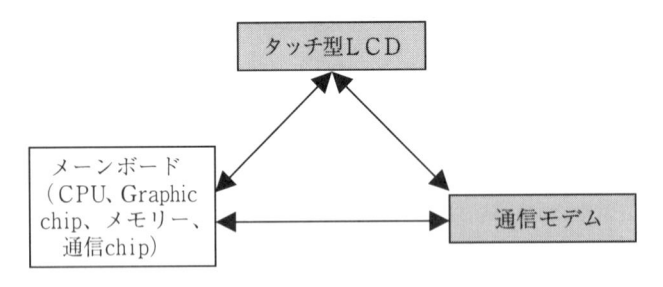

```
         タッチ型LCD
          ↗  ↘
   メーンボード ⇄ 通信モデム
  （CPU、Graphic
   chip、メモリー、
   通信chip）
```

〈凡例〉双方向の印は高い相互依存関係を、点線は機能の弱化を意味する

くタッチするだけで入力できること、(2) メモや手書きメモ機能を追加する時にペンで線が描ける解像度を有すること、(3) 透過度が高いことという新たな条件の満足が必要になった[21]。

　さらに、PDA には情報の長期保存を実現していた IC カードもなくなり、情報の送受信を担当する通信 LSI チップ（メーン・ボードの上）と通信モデムが新たに結合し

---

(21)『シャープ技報』(1991 年 6 月, 49 号), p.70

ている。このような機能とコンポーネントの関係は、機能的相互依存性が高い点で電子手帳と変わらない。

　次に、PDA アーキテクチャではコンポーネント間の構造的相互依存性も高い。タッチ型 LCD、メーン・ボード、通信モデムは、電子手帳より一層厳しい体積と重量の制限があって、相互調整を行わなければならない。例えば、電力消費の問題がある。PDA には、通信を行うための通信モデム、あるいは、通信用 LSI が内臓されている。PDA でこのようなツールを使って通信を行う場合には、電力消費がより大きくなる問題が発生する。例えば、シャープの「テリオス（Telios）HC-AJ1」という PDA は、非通信の時は 8 時間ほど使えるが、連続通信を行うと 4.5 時間しか使用できない[22]。しかしながら、PDA は重量の制限が厳しいため、重い大容量バッテリを搭載するのも難しい。そこで、PDA に通信用コンポーネントを搭載するためにはタッチ型 LCD、メーン・ボードなど他コンポーネントの電力消費を抑制する必要がある。

　なお、通信コンポーネントの搭載によって体積上の問題も一層厳しくなる。PDA に通信モデムを搭載すると、体積と重量の大幅な増加がもたらされ、他コンポーネントとのすり合わせが要求される。例えば、シャープの「PI-4000FX」に使用する FAX モデム「CE-FM3」は、幅が 120mm、奥行きが 30mm、高さは 18.1mm で、重量は 35g にまでなる。通信モデムを除いた「PI-4000FX」の重量は 250g であるが、通信モデムが結合すると、重量は 285g にまで増えてしまう。つまり、通信モデムを装着する PDA は、重量と体積の大幅な増加という問題が発生することから、他のコンポーネントとの物理的な調整が要求される。

　以上のような機能的、構造的相互依存性が高いため、新しい PDA を開発する時には、常にコンポーネント間の相互調整と再設計が要求される。PDA はインテグラル・アーキテクチャ製品になったのである。

　ただし、電子手帳から PDA へのアーキテクチャ変化は、デスクトップからラップトップの変化とは異なり、ソフトウェアの共有はなかった。電子手帳で使われた IC カードの挿入口は PDA ではなくなり、IC カードのソフトウェアを直接 PDA で利用するのは、困難であった。

　例えば、シャープの初の「PV-F1」で考えてみよう。「PV-F1」の基本仕様は、同じシャープ製品であっても電子手帳用の IC カードが使えないように構成されてい

---

[22] シャープ・インタビュー，No. 2, 3

た。「PV-F1」は、電子手帳のICカードが活用できるインターフェース（挿入口）とキーボードを本体からなくした。その結果、従来の電子手帳用ICカードは使えなくなったのである。次の〈図3-8〉は、シャープの電子手帳「PA-9500」の内部構造である。

〈図3-8〉でAはキーボードとのインターフェースを、BはICカードとのインターフェースを表している。電子手帳のICカードは、Bの位置に挿入して、Aのキーボードを通じて、コントロールするようになっている。しかし、「PV-F1」では、AとBの部分がなくなっているために、ICカードを使えなくなった。

このようにPDAは、電子手帳の既存ソフトウェアが使えないため、独自のソフトウェア・サードパーティを形成する必要があった。そこで、PDAメーカーは、ソフトウェア開発用のソース・コードを全面公開するか（Palm社の場合）、あるいは、制

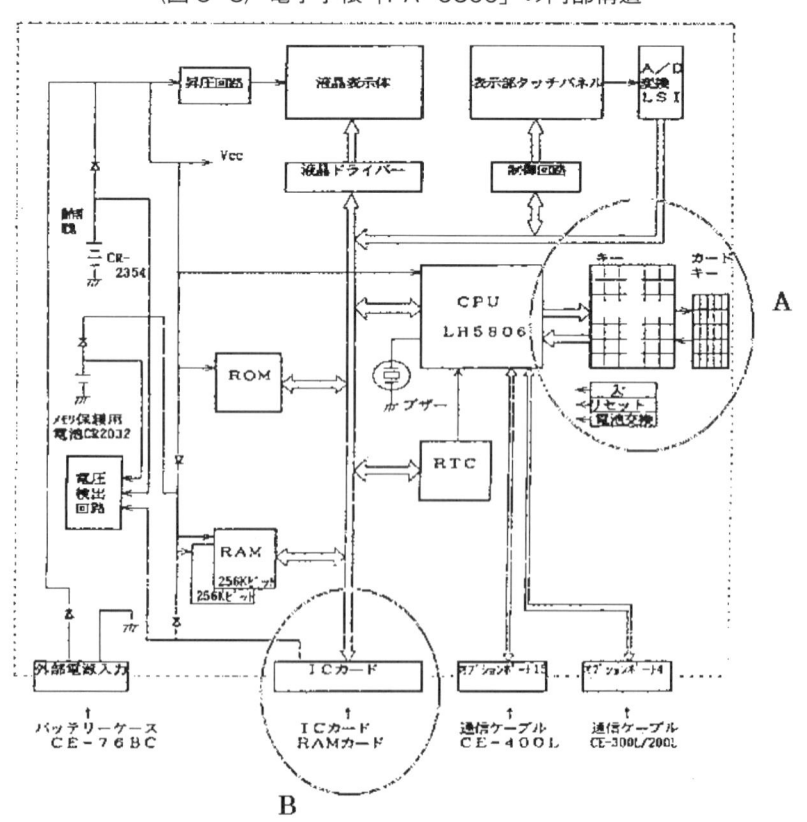

〈図3-8〉電子手帳「PA-9500」の内部構造

〈出所〉『シャープ技報』（49号），p.68

限された一部のソフトウェア開発企業に提供して（シャープの場合）、PDA 用のソフトウェア開発を促進する必要があった[23]。

(2) 多様な PDA の登場

電子手帳から PDA への製品アーキテクチャの変化は、インテグラル・アーキテクチャからインテグラル・アーキテクチャへの変化である。2 つの製品が異なるのは、情報の長期保存機能と情報の送受信機能があるか否かのことで、全体の機能の束が大きく入れ替わったわけではない。コンポーネント・レベルでも IC カードがなくなり、通信チップと通信モデムが追加された程度である。

しかしながら、電子手帳に情報の送受信機能を取り入れる方法とその時期をめぐって、メーカーは多様な選択可能性に直面するようになった。それは次のような 2 つの理由からである。

第 1 に、情報の送受信機能と情報の携帯機能間のトレード・オフ関係からである。PDA が登場し始めた 1990 年代初めには、まだ LSI、高密度実装など小型化技術の制約が強かった。そのため、情報の送受信機能と情報の携帯機能間では、トレード・オフ関係が観察されていた。

情報の携帯機能を強調すると、PDA は軽くて電池の使用時間は長いが、低性能の CPU を搭載した小画面、低価格の製品になった。それとは反対に、情報の送受信機能を強調する PDA は、重くて電池の使用時間は短いが、送受信速度を上げるために高性能の CPU を搭載した、比較的大画面、高価格の製品になった。

例えば、シャープの電子手帳「PA-9500」は、245g であったのに対して、FAX 送受信が可能な PDA、「PI-4000FX」は 285g、E-mail とインターネット接続が可能な「MI-504」は 320g まで重量が増えている。「PI-4000FX」は、「PA-9500」（1990 年 10 月発売）の 4 年後、「MI-504」（1997 年 7 月発売）は 7 年後に発売された製品であることを考えると、情報の送受信機能と情報の携帯機能の両立は困難であったと言えるだろう。

第 2 に、情報の送受信機能を取り入れようとする企業は、もう一つ通信ツールの選

---

(23) Palm 社は、開発用ソース・コードを公開しており、2001 年現在、Palm PDA 向けのソフトウェアは、世界的に 4 千種類を超えていると言われている。このように膨大な Palm PDA 向けのソフトウェアは、Palm PDA の市場拡大に大きく寄与している（Harvard Business School Case, 1996, 1998）。

択問題に直面した。情報を送受信する通信媒体は様々で、FAX、パソコン、双方向無線、有線電話などがあって、その媒体を通じたサービスも、同じ PDA 機種間の情報交換から始め、パソコンとのデータ交換、インターネットを利用したメールと情報の検索など多様であった。

そこで、PDA メーカーは、その通信媒体の中で何を取り入れるかを選択しなければならなかった。通信媒体の中には、社会的なインフラが整備されていないと使えないものが多く、特定の PDA に、何種類の、そしてどの通信ツールを搭載するのかを決定するのは一層困難であった。この点に関して、シャープの名井哲夫氏は次のように説明している。

> 通信機能を導入しようとしても難しい所はありました。例えば、パソコンと繋ごうとしても、いろいろな接続方式があって、何がデファクトで、これからどうなるかわからない。コミュニケーション機能も絶対にくるはずけれども、一体どんなふうになるかわからない。カラー・ザウルスとかパワー・ザウルスになったら、もう世の中にはデファクト・スタンダードのプロトコルがはっきりしているので、光通信にしても IrDA（赤外線通信）とか、インターネットには、SMTP（Simple Mail Transfer Protocol）の POP 何とかがあって、そういうものは当たり前になっているが、当時はそんなものが全然なかったんです。それでも、お客さんには、プリンタに打ち出したいとか、何か情報を人にお渡したいとかという気持ちが潜在的にありました。そういう製品をどうやって、どのような形で始めていくのかが難しい所でした[24]。

以上のような二つの理由で、初期の PDA メーカーは、情報の送受信機能を搭載するか否かの選択とともに、搭載しようとすると、どの種類の通信ツールを搭載するかを決定しなければならなかったのである。その結果、PDA アーキテクチャ変化の初期段階で、多様な機能と形状の PDA が登場するようになった。次の〈写真3-3〉には、各企業の選択によって表れた多様な PDA である。

〈写真3-3〉でカシオの「RX-10」は、現在の PDA に近い形状で、ペン・タッチで画面を操作するようになっている。写真にはないが、東芝の「XTEND」もやはりペン・タッチ方式であるが、大きさと重量で考えると、ノート型パソコンに近い製品

---

[24] シャープ・インタビュー，No. 1

第3章　本書のフレームワーク　53

〈写真3-3〉製品アーキテクチャの変化による多様な PDA の出現

オムロン「Massif」

京セラ「Pen Top」

カシオ「RX-10」

HP「HP-100LX」

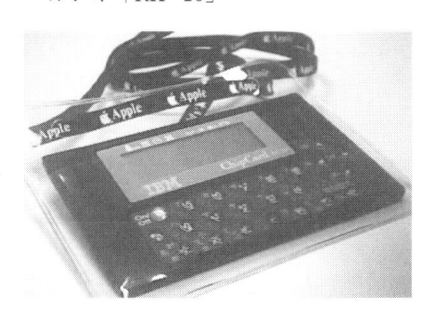

IBM「TG-100」

SII「Brain Pad」

SONY「TRC-500」

富士通「OASYS Pokect 3」

第3章 本書のフレームワーク

〈表3-3〉製品アーキテクチャの変化による多様なPDAの出現

企業名	製品名	重量(g)	価格(円)
IBM	TG-100	40	19,800
IBM	VW-200	75	29,800
カシオ	RX-10	149	35,000
シャープ	PI-3000	250	65,000
HP	HP100LX	312	123,000
シャープ	PV-F1	370	128,000
日立	Possible	400	98,000
富士通	OASYS Pokect3	490	98,000
オムロン	Massif	880	99,800
東芝	XTEND	900	128,000
ソニー	TRC-500	1300	198,000

〈出所〉『ASCII』(1995年6月号と1996年5月号)をベースに筆者再作成

〈図3-9〉製品アーキテクチャの変化による多様なPDAの出現

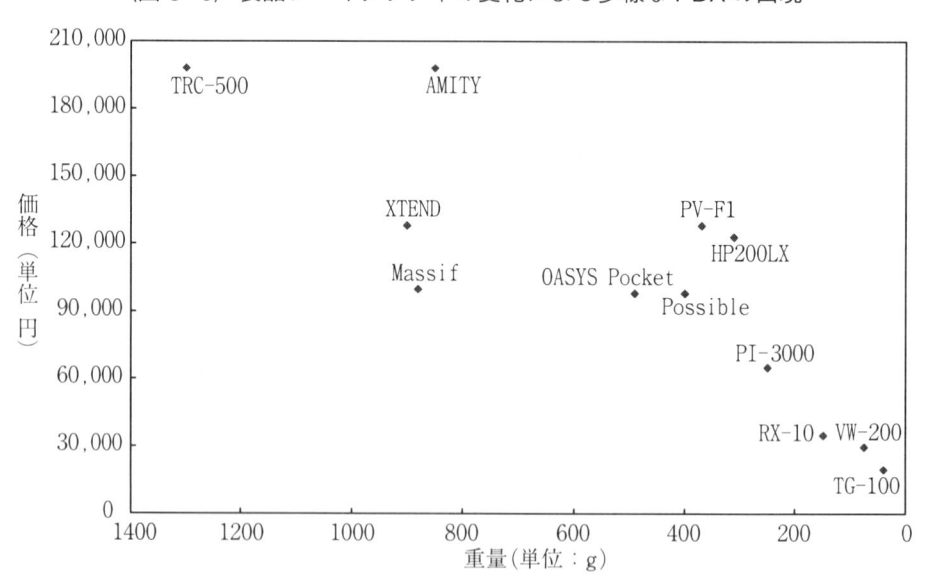

（価格（単位：円）を縦軸、重量（単位：g）を横軸とした散布図。プロット点：TRC-500、AMITY、XTEND、PV-F1、HP200LX、Massif、OASYS Pocket、Possible、PI-3000、RX-10、VW-200、TG-100）

〈出所〉『ASCII』(1995年6月号と1996年5月号)をベースに筆者再作成

である。富士通の「OASIS Pocket3」とHPの「HP-100LX」のようなPDAは、電子手帳と同様にキーボードを維持している。ただし、そのような製品は、ドミナント・デザイン（タッチ型LCDを採用しているPDA）の出現以前の多様な形状のPDAの一種である。

　次の〈表3-3〉と〈図3-9〉は重量と価格の面で、各PDAメーカーがどのような選択をしたかを表している。

　IBMの場合には、極端に情報の携帯機能を重視して、重量が各々40g（TG-100）、75g（VW-200）で、価格も、3万円以下の低価格製品を発売している。IBMとは反対に、SONYの「Palm Top」は、1.3kgの重量で、価格も20万円近くになっている。〈図3-9〉は、〈表3-3〉の製品を表したものである。

　それでは、以上のような多様なPDAは、製品アーキテクチャのレベルでどのような差があるだろうか。〈図3-10〉は、東芝の「XTEND」とIBMの「TG-100」の製品アーキテクチャを比較したものである。

　東芝の「XTEND」とIBMの「TG-100」は、タッチ型LCDを採択している点は共通である。ただ、LCDの大きさには差があって、東芝の「XTEND」が640×400になっているのに比べて、IBMの「TG-100」は72×24なので面積で約20倍の差がある。

　なお、IBMの「TG-100」には、画像処理機能がなく、情報の送受信機能が極端に制限されている（そのため点線で表示）。「TG-100」で情報を送受信するためには、パソコンのPCカードスロットに「TG-100」を差し込んで使わなければならない。さらに、命令の実行と情報の一時保存機能を追行するコンポーネントは、ボードではなくCPUとメモリーという2つのチップになっている。つまり、「TG-100」は、PCカードにワンチップのCPUを内臓したような製品である。

　一方、東芝の「XTEND」のアーキテクチャで特異なのは、3.5インチ・フロッピーディスク・ドライブの存在である。情報の送受信機能を追行するために搭載されたこのフロッピーディスクは、特にパソコンとの情報交換のためのコンポーネントである。ただし、「XTEND」はパソコン・ユーザーをターゲットにして設計されたために、情報の送受信機能は極端に制約されていて、重量は900gを越えている（その点を示すために情報の携帯機能とコンポーネント間の矢印は点線になっている）。

　つまり、以上の内容をまとめると、東芝の「XTEND」は、情報処理能力とパソコンとの連結を中心にアーキテクチャが構成されていて、IBMの「TG-100」は、情報

〈図3-10〉東芝の「XTEND」とIBMの「TG-100」のアーキテクチャ比較

〈東芝「J-3100」の製品アーキテクチャ〉

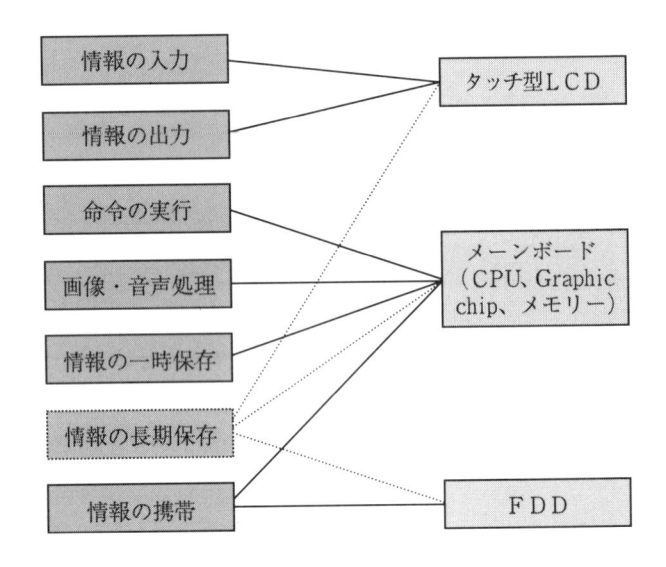

- 情報の入力 → タッチ型LCD
- 情報の出力 → タッチ型LCD
- 命令の実行 → メーンボード（CPU、Graphic chip、メモリー）
- 画像・音声処理 → メーンボード
- 情報の一時保存 → メーンボード
- 情報の長期保存 → FDD
- 情報の携帯 → FDD

〈キャノン「X-07」の製品アーキテクチャ〉

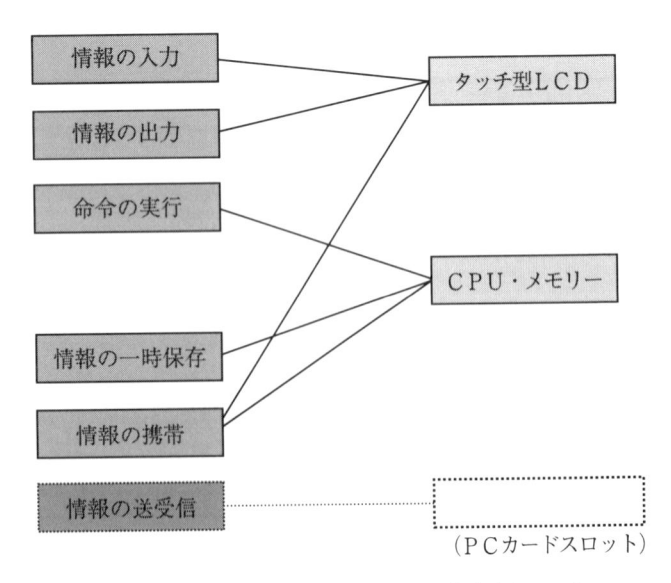

- 情報の入力 → タッチ型LCD
- 情報の出力 → タッチ型LCD
- 命令の実行 → CPU・メモリー
- 情報の一時保存 → CPU・メモリー
- 情報の携帯 → CPU・メモリー
- 情報の送受信 → （PCカードスロット）

〈凡例〉点線は相対的な機能が弱化していることを表している。
　　　　コンポーネントの点線は、インターフェイスを意味する。

の携帯機能を中心にアーキテクチャが構成されている。その結果、両製品は、機能の配置や機能とコンポーネントの対応関係、コンポーネントの構成で大きな差が生まれるようになった。

　PDAが誕生した初期段階では、各メーカーが、多様なアーキテクチャの中で、特定のアーキテクチャを選択して、市場を通じてユーザーの反応を探索していたのである。

6. 本書の分析フレームワーク

　本章の2節と3節では製品アーキテクチャの変化を定義して、4節と5節ではパソコンと携帯情報端末機におけるアーキテクチャの変化を分析してみた。続く6節では本書のフレームワークとして既存企業が新しい製品アーキテクチャを創造するために要求される、組織マネジメントを考えてみる。ここでいう組織マネジメントとは、新しい製品アーキテクチャを創造するために行われる、開発組織の設置と運用、開発組織と既に存在する各部門との組織的な関係の調整を総称する概念である。

(1) 既存企業の組織マネジメント
　　：別（新しい）部門を開発主体にする製品アーキテクチャの創造

　製品アーキテクチャ間の競争を経て、ドミナント・デザインの製品が定着する過程で、その製品を開発、生産していた企業は、2種類の知識を組織内部に蓄積するようになる。第1は、製品のアーキテクチャに関する知識で、第2は、製品のコンポーネントに関する知識である。

　製品のアーキテクチャに関する知識（以下アーキテクチャ知識）とは、機能の組み合わせとそれを実現するコンポーネントのデザインと配置に関する知識である。つまり、製品の各機能を物理的なコンポーネントに配置するスキームやデザイン・ルールに関する知識である。例えば、ラップトップには、デスクトップの機能の組み合わせに、どこでも情報の持ち運びができるという情報の携帯機能が結合している。この情報の携帯機能を実現するためには、薄型ハードディスク・ドライブ、薄型キーボード、液晶やプラズマのディスプレイのようなコンポーネントとともに、コンポーネントを狭い筐体に配置するノウハウが必要になる（魏，1998; 2001a）。ラップトップのコンポーネントの配置は、デスクトップと異なるため、ラップトップの開発企業は、コンポーネントの配置と連結をデザインする過程で、それに関連する情報とノウハウを獲得、蓄積するようになる。このような情報とノウハウがアーキテクチャ知識である。

製品のコンポーネントに関する知識（以下コンポーネント知識）とは、特定の機能を実現するために要求される最小機能単位であるコンポーネントの構造、材料、動作原理に関する知識である。例えば、ラップトップにおいては、情報を長期保存するハードディスク・ドライブ、情報を入力するキーボード、情報を出力するディスプレイがコンポーネントという一つの完結した機能単位である。コンポーネント知識は、このようなコンポーネントに要求される機能と技術に関する情報とノウハウを意味する。

以上のような2つの知識は、既存製品におけるユーザーの要求、あるいは、技術の変化が起こる時、既存企業の適応行動を促進、あるいは、制約することがある。下の〈図3-11〉は、Henderson and Clark（1990）をベースに再構成したもので、アーキテクチャ知識とコンポーネント知識の活用可能性によって新たに区分した図である。

〈図3-11〉で左下のラディカルな変化は、技術と市場の両側面で断絶性が大きく、従って、アーキテクチャ知識とコンポーネント知識、両方の活用可能性が極めて低い変化である。つまり、ラディカルな変化は既存製品で蓄積したアーキテクチャ知識とコンポーネント知識がともに既存企業の行動に制約を与える変化である。右下のアーキテクチャの変化は、製品の構造は大きく変化するが、コンポーネント・レベルではそれほど大きな変化はない場合である。従って、アーキテクチャの変化ではアーキテクチャ知識の活用可能性は低いが、コンポーネント知識の活用可能性は高い。このよ

〈図3-11〉知識の活用可能性によるイノベーション・パターン

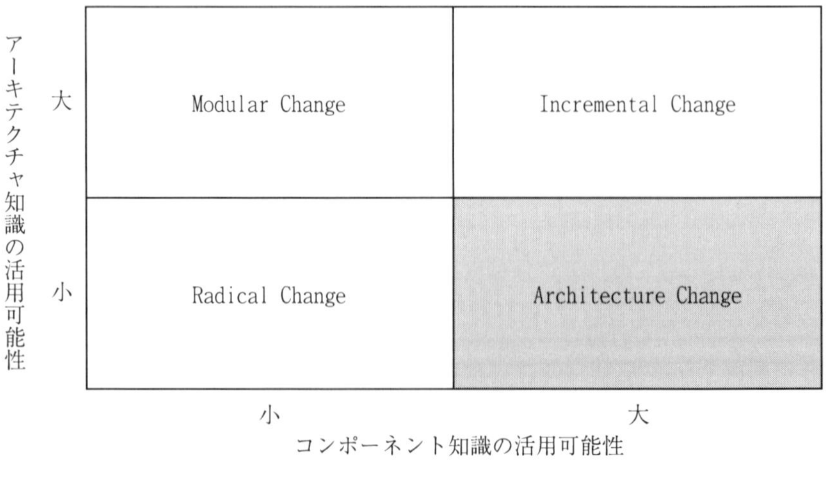

アーキテクチャ知識の活用可能性	大	Modular Change	Incremental Change
	小	Radical Change	Architecture Change
		小	大
		コンポーネント知識の活用可能性	

〈出所〉Henderson and Clark（1990），p.12をベースに修正

うな4つのパターンの中で本書は、アーキテクチャの変化を分析対象として取り上げる。

それでは、なぜアーキテクチャの変化が起こると、アーキテクチャ知識は既存企業の新しいアーキテクチャの創造を制約するようになるだろうか。それは次のような2つの理由から説明できる。

第1に、新しいアーキテクチャの製品における機能と生産コスト上の劣位である。既存製品と比較すると、新しいアーキテクチャの製品は、機能的なパフォーマンス、あるいは、生産コストの面で劣ることが多い。新しいアーキテクチャが登場するアーキテクチャ変化の初期段階では、機能とコンポーネントが、どのように対応するかに関する技術的な知識が明確ではない。そのため、製品アーキテクチャが変化する初期段階では、製品の流動的な段階と同じく、製品の機能的なパフォーマンスが重視され、製品の構造と機能の頻繁な変更が行われる。このような多様な実験の段階では、既存アーキテクチャの製品に比べると、新しいアーキテクチャの製品は生産コストが高く、機能パフォーマンスの点でも部分的に劣ることが多い（Christensen, 1997; Chesbrough and Kusunoki, 1999）。そこで、既存製品を通じて蓄積され、確立されているアーキテクチャ知識は、新しいアーキテクチャの発展可能性を評価せずに、新しいアーキテクチャの創造を妨害してしまう。

第2に、組織上の問題で、新しいアーキテクチャに関する情報入手を妨害する情報フィルターと情報チャンネルの硬直がある。情報フィルターと情報チャンネルとは、組織の外部から絶えず流入してくる情報を濾過、処理する装置である（Henderson and Clark, 1990）。

多様なアーキテクチャが競争する製品の流動的な段階において、各企業は、異なるアーキテクチャに対するユーザーの反応と技術に関する情報を探索するため、複数の情報フィルターと情報チャンネルを残しておく。しかし、ドミナント・デザインの段階に入って、アーキテクチャの多様性が消滅すると、多様なアーキテクチャに関する情報を吸収するために存在していた、多様な情報フィルターと情報チャンネルは、重要性を失うようになる。すなわち、ドミナント・デザインのアーキテクチャに適合した情報フィルターと情報チャンネルだけが組織に残り、外部から流入してくる情報を自動的に濾過、処理するようになる。このような状態で、既存のアーキテクチャとは異なる、新しいアーキテクチャに関する情報が組織内部に流れ込もうとしても、既存の情報フィルターと情報チャンネルの濾過にかかって入れなくなる。

このように特定のアーキテクチャ知識が組織に蓄積されている既存企業は、その制約により、新しいアーキテクチャの創造が難しくなる。そこで、製品アーキテクチャの変化を引き起こすためには、以上のようなアーキテクチャ知識の制約を回避しなければならない。先行研究では、既存企業から新しい製品の担当組織を分離するか（Christensen, 1997; Henderson and Clark, 1990）、あるいは、既存企業をコーディネートして対応するか（Chesbrough and Kusunoki, 1999; Abernathy et al., 1983）の方法が提示されていた。

しかし、本書では、企業組織の境界を越える組織分離ではなく、企業組織の中に留まりながら、開発主体を変更する方法を提示しようとする。既存製品を担当している既存部門から離れている、別部門、または、新設した部門に新しいアーキテクチャの開発を担当させる方法である。完全な組織分離を選択しないのは、企業組織の中に蓄積されているコンポーネント知識を有効に活用するためである。

それでは、既存企業でありながら、アーキテクチャ知識の抑制とコンポーネント知識の活用が可能な理由は何だろうか。その理由は、分析対象である既存企業に対する認識にある。既存組織の制約を強調する先行研究も、既存組織の活用可能性を強調する先行研究も抱えている同一の前提条件がある。それは、既存組織を単一の同質的な実体（homogenous entity）として認識している点である。既存組織が同質の単一組織であるという前提をおくと、その組織は新しい変化に対して制約を与えるか、活用の対象になるかという二者択一の対象になってしまう。

しかし、既存組織を単一の実体ではなく、各々異質性を維持している部門の連合として認識すると、部門によっては、新しいアーキテクチャの創造が困難な部門もあるが、可能な部門もある。すなわち、部門別に特定のアーキテクチャ変化に対応する能力は異なるようになる。例えば、X部門が既存のアーキテクチャ知識の制約にかかったとしても、他のY部門は、そのアーキテクチャ知識の制約からはなれて、新しい製品アーキテクチャの創造が可能になるかもしれない。

このように別（新しい）部門を活用すると、既存アーキテクチャ知識の制約から離れられるようになり、新しいアーキテクチャ知識の形成とコンポーネント知識の吸収、活用が可能になる。以上のような内容を図で説明すると、次の〈図3-12〉のようになる。

〈図3-12〉には、3つのケースが表れている。まず組織コーディネーションによる組織マネジメントを見ると、部門に対して既存企業内部の部門AとBから知識の

移転は行われているが、既存部門の中には依然として既存のアーキテクチャ知識が残っている。従って、既存のアーキテクチャ知識の働きにより、既存部門は、新しいアーキテクチャの製品開発に失敗する確率が高くなる。つまり、組織コーディネーションによる組織マネジメントは、アーキテクチャ知識の抑制が難しい。

次に、組織分離による組織マネジメントを見ると、子会社は企業組織の境界を越えて、存在している。そこで、子会社は母体である既存部門からコンポーネント知識を抱えて分離されているが、既存企業内のA部門とB部門からコンポーネント知識を吸収するのは難しい。その代わりに、子会社は、企業境界の外部に存在する企業A、B、C、Dから市場取引を通じて、コンポーネント知識を吸収するようになる。

以上のような2つの組織マネジメントでは、既存のアーキテクチャ知識の抑制、あるいは、コンポーネント知識の活用の側面でそれぞれ限界があった。しかし、本書が提示するように、企業の内部に別（新しい）部門を開発主体に設定すると、既存のアーキテクチャ知識の抑制とコンポーネント知識の吸収、活用が同時に可能になる。〈図3-9〉のように、既存部門のアーキテクチャ知識を残したまま、既存部門のコンポーネント知識CとA部門、B部門のコンポーネント知識A、Bを吸収、活用することができる。

もちろん、ここで別（新しい）部門が、他部門のコンポーネント知識を吸収するのではなく、市場取引を通じてコンポーネント知識を直接吸収、活用する方法もありうる。しかし、その場合には、取引コストの増大（Williamson, 1975; Teece, 1982）、組織の価値と企業言語（corporate language）における差（Tsui, 2000）、知識の粘着性（stickiness）による移動困難性（Szulanski, 1996; von Hippel, 1994）、過去の取引関係が将来の取引相手の模索を制限する経路依存性（path-dependency）（Walker, Kogut and Shan, 1997）などの問題に直面しやすい。以上のような問題を回避するためには、そして、新しい製品に必要なコンポーネント知識が、企業内部に存在する場合には、それを有効に使用する方が望ましいだろう。

(2) 分析フレームワーク

この節では企業内部の別（新しい）部門を開発主体に設定することによって、新しいアーキテクチャの創造が可能になるメカニズムを考えてみる。そのため、ここではアーキテクチャ知識の抑制とコンポーネント知識の活用に要求される開発組織のタイプを分析するとともに、そのタイプと戦略的なアーキテクチャ選択と既存製品の市場

〈図3-12〉別（新しい）部門を活用する製品アーキテクチャ創造

〈本論文での組織マネジメント〉

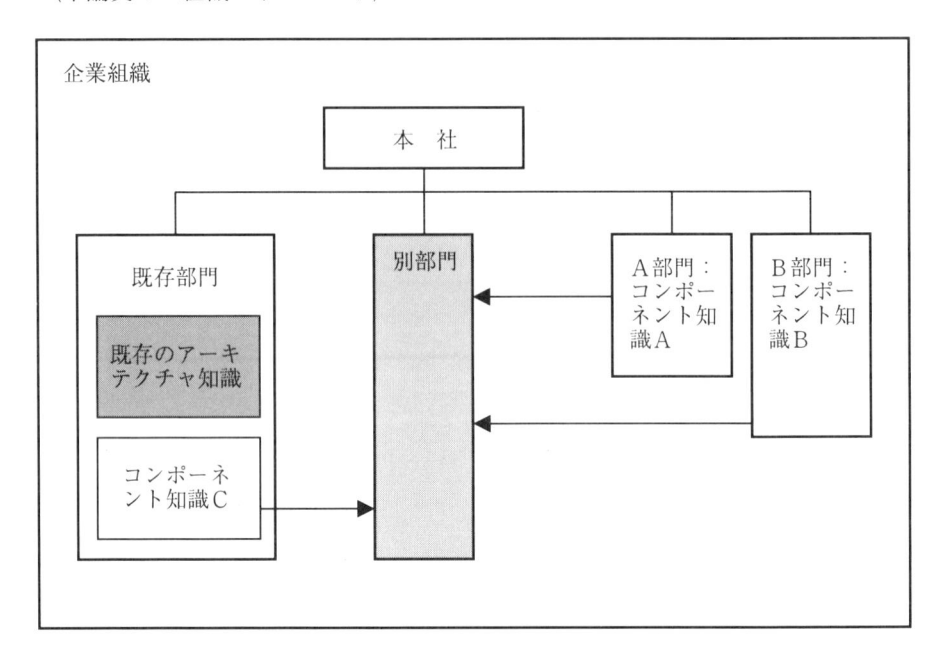

〈組織コーディネーションによる組織マネジメント〉

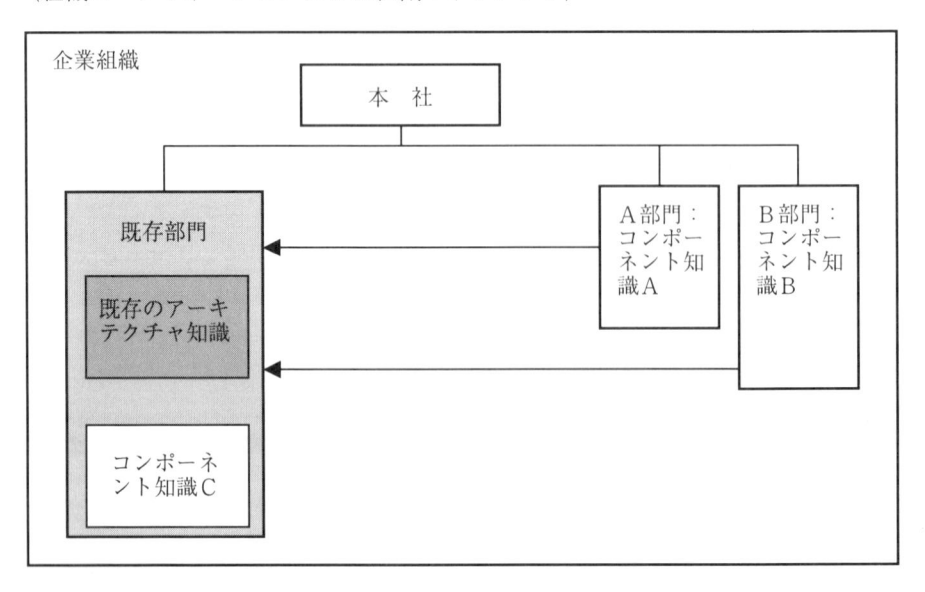

〈組織の分離による組織マネジメント〉

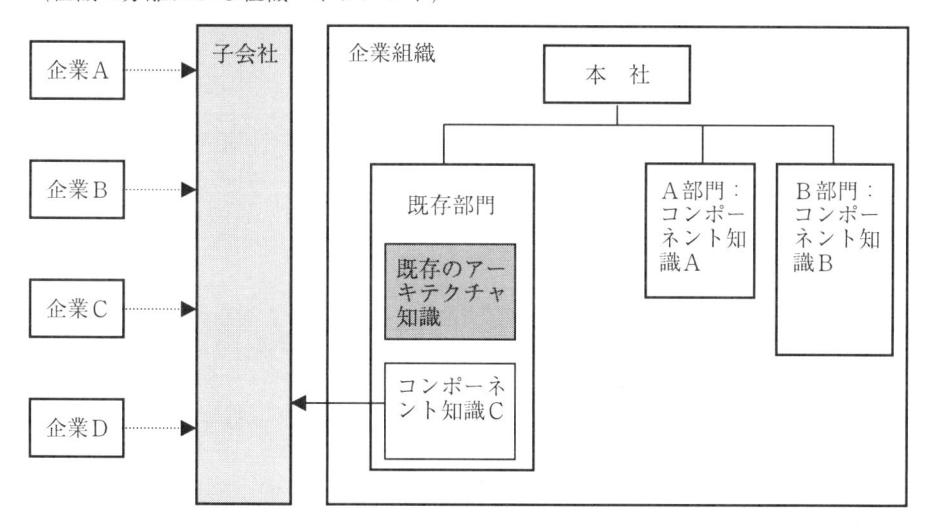

```
企業A ┄┄▶ ┌──┐  ┌─企業組織─────────────────────┐
         │子│  │           ┌─本　社─┐            │
企業B ┄┄▶ │会│  │           └───┬───┘            │
         │社│  │      ┌────────┼─────────┐      │
企業C ┄┄▶ │  │  │ ┌既存部門─┐ ┌A部門：┐ ┌B部門：┐ │
         │  │  │ │┌─────┐│ │コンポー│ │コンポー│ │
企業D ┄┄▶ │  │  │ ││既存のアー││ │ネント知│ │ネント知│ │
         │  │  │ ││キテクチャ││ │識A    │ │識B    │ │
         │  │  │ ││知識     ││ └────┘ └────┘ │
         │  │  │ │└─────┘│                     │
         │  │◀─┼─│コンポーネ│                      │
         │  │  │ │ント知識C │                      │
         │  │  │ └──────┘                      │
         └──┘  └────────────────────────────┘
```

〈凡例〉直線の矢印は、企業内部での知識移動を、点線の矢印は、市場取引を通じた知識移動を表している。薄い網かけが、新しい製品に対応する部門、濃い網かけが、新製品を開発する際に制約となる既存アーキテクチャ知識の所在である。

ポジションという要因との適合性（fitness）を分析する。

　別（新しい）部門を開発主体として活用しようとする場合、どのような形の開発組織を、企業組織のどの位置に設置するかの問題が生じる。具体的に言うと、新しいアーキテクチャの製品を開発する時に、既存部門以外の別の事業部を開発主体に設定するか、あるいは、R&D部門や部門を越える全社的プロジェクト組織などを開発主体に設定するかの問題である[25]。

　このような開発組織のタイプを決定するときには、戦略的なアーキテクチャ選択と既存製品の市場ポジションという2つの変数を考慮しなければならない。開発組織は、この2つの変数と適合性を維持することが要求される。

---

(25) また、新しいアーキテクチャの製品への参入時期も重要な問題である。参入時期に関する研究としてはChristensen, Suarez, Utterback（(1996））がある。「断絶的な技術」の発展段階別に既存企業がどのように対応したらいいかに関する研究はCooper and Smith（1992）がある。Cooper and Smith（1992）は、研究対象の27社の中で21社が新しい製品市場に初期参入して、そのうち8社が早期撤退したと分析している。彼らの研究は、Christensen, Suarez, Utterback（1996）の分析結果と異なり、既存企業も新しい製品市場に早期参入したことが観察されたと主張している点で興味深い。

戦略的なアーキテクチャ選択

開発組織のタイプは、戦略的なアーキテクチャ選択と適合性を維持しなければならない。戦略的なアーキテクチャ選択とは、アーキテクチャの断絶性の大小を選択する行動である。アーキテクチャの断絶性の大小とは、既存製品と新しい製品の間でバリュー・ネットワーク（value network）（Christensen, 1997）を共有するか否かを意味して、言い換えれば、ユーザーやサプライヤー、ソフトウェアの共有可能性である。

新しい製品と既存製品間で断絶性が小さいというのは、バリュー・ネットワークを共有するという意味である。反対に、断絶性が大きいというのは、バリュー・ネットワークを共有しないという意味である。アーキテクチャの断絶性の大小を選択する行為を、本書では戦略的なアーキテクチャ選択と呼ぶことにする。

企業は新しい製品アーキテクチャを創造する際に、戦略的な意思決定を行い、新しい製品アーキテクチャのパターンを選択する。例えば、多数の企業が、既存のインテグラル・アーキテクチャから新しいモジュラー・アーキテクチャに移行する時に、ある企業は新しいインテグラル・アーキテクチャの製品に移行することもありうる[26]。

さらに、既存のアーキテクチャから新しいアーキテクチャへの移行を考える時には、新しいアーキテクチャと既存アーキテクチャとの製品間関係を選択する必要がある。これが戦略的なアーキテクチャ選択である。

例えば、IBMのパソコン開発組織の設置は、戦略的なアーキテクチャ選択による結果だと解釈できる。1981年に発売されたIBMパソコンは、SBU（Special Business Unit）という完全独立に近い社内ベンチャー組織によって開発が行われた。パソコンは「既存のメーンフレームとは異なる、一般消費者向けの大量生産品」であるというコンセプトのもとで、IBMはパソコンSBUをメーンフレーム担当などの既存組織から完全に切り離して、製品開発を任せたのである。IBMは、そのチームをフロリダにあるボカラトン工場に移して、パソコンの開発と発売を任せた（榊原他, 1989；富田, 1994）。IBMのパソコン開発組織は、既存製品とバリュー・ネットワークを共有しない新しいアーキテクチャの製品を創造するという明確なアーキテクチャ選択のもとで

---

(26) 例えば、SONYのエンターテインメント・ロボットAIBOは、元々インテグラル・アーキテクチャの製品として開発された。しかし、SONYは、サードパーティの形成を通じて、エンターテインメント・ロボット産業を立ち上げるという戦略のもとで、開発を修了したインテグラル・アーキテクチャの製品をもう一度設計しなおし、モジュラー・アーキテクチャの製品に変換させたのである（魏, 2001c）。

行われたと言える。そして、このように戦略的なアーキテクチャ選択は、開発組織の
タイプとの適合性が要求される。

市場ポジション（既存製品）

　既存製品における市場ポジションとは、製品市場での優劣のことである。これは、
既存製品の市場でリーダー企業になっているか、フォロアー企業になっているかのこ
とである。高い市場ポジションにある企業ほど現在の強みを維持しようとするインセ
ンティブを持つようになり、既存製品のアーキテクチャ知識の制約は強くなる
(Henderson and Clark, 1990; Christensen, 1997)。しかし、低い市場ポジションにある企
業は、新規参入企業と同様に積極的に新しいアーキテクチャを創造しようとするイン
センティブが強く（新宅, 1994）、従って、既存アーキテクチャ知識の制約は弱まる。
　なお、既存製品における市場ポジションは、その製品にまつわるアーキテクチャ知
識を受けとろうとするインセンティブにも影響する。同一の既存企業内部でも、低い
市場ポジションにある既存製品のアーキテクチャ知識よりは、高い市場ポジションに
ある既存製品のアーキテクチャ知識の方に受け手の吸収インセンティブが強く働く
(Katz and Allen, 1982; Szulanski, 1996)。その結果、高い市場ポジションにある既存製
品のアーキテクチャ知識の方が、低い市場ポジションにある既存製品のアーキテク
チャ知識より社内での伝播力は強く、同時に制約も強くなる。
　つまり、既存製品の市場ポジションによって、開発組織のタイプには調整が要求さ
れる。既存製品が高い市場ポジションに存在する場合、既存アーキテクチャ知識の制
約は強くなるため、既存部門との組織的な関係が弱く、コミュニケーションの頻度が
少ない部門を開発主体にすることが要求される。反対に、既存製品が低い市場ポジシ
ョンンに位置している場合には、組織的な関係が強い部門を開発主体にしても、既存
部門のアーキテクチャ知識は制約を与えない。一方、既存部門との組織的な関係がな
い、あるいは、コミュニケーションの頻度が少ない部門を開発主体にすると、コンポ
ーネント知識の吸収は困難になる。そのため、コンポーネント知識を吸収しようとす
る場合には、既存組織と開発主体との組織的な関係を考慮することが求められる。
　〈図3-13〉は、既存製品の市場ポジションンと戦略的なアーキテクチャの選択の
組み合わせで考えた4タイプの開発組織の条件である。
　〈図3-13〉の縦軸は、既存製品の市場ポジションンが高いか、低いかを、横軸は、
戦略的なアーキテクチャの選択で、アーキテクチャの断絶性が高いか、低いかを表し

〈図3-13〉4タイプの条件による先行研究の整理

	小	大
高	II	III IBMのPC（榊原他、1990） Quantumの3.5インチHDD (Christensen, 1997)
低	I 富士通の3.5インチMRヘッドHDD (Chesbrough&Kusunoki, 1999) SEIKOのクオーツ式ウオッチ（新宅、1994）	IV

縦軸：既存製品の市場ポジション
横軸：戦略的なアーキテクチャ選択（断絶性）

ている。

　先行研究は、主に市場ポジションによるアーキテクチャ知識の制約程度だけ（強弱）に注目して、その市場ポジションが低い場合（タイプI）と市場ポジションが高い場合（タイプIII）という2つのパターンを想定していた。つまり、アーキテクチャ知識の制約だけで既存企業の製品アーキテクチャへの対応問題を分析したという限界があるのである。

　しかし、本書では、横軸に戦略的なアーキテクチャ選択という要因を新たに取り入れて、4つのタイプに整理した。つまり、横軸を加えて新たにアーキテクチャを創造する開発組織のタイプを考えると、タイプI、タイプIIIとともに、タイプIIとタイプIVが表れるようになる。〈図3-13〉は、以上のような4つのタイプに先行研究を再解釈して、取り入れた図である。

　〈図3-13〉を見てみると、既存組織のコーディネーションによる対応を提示したChesbrough and Kusunoki (1999) と新宅 (1994) の場合は、タイプIになる。Chesbrough and Kusunoki (1999) は、富士通の3.5インチ・MR (Magneto-Resistive：磁気抵抗) ヘッド・ハードディスク・ドライブの開発を取り上げて、既存部門の再編成と再構築によるアーキテクチャの創造を主張した。

　ただし、そのMRヘッドのハードディスク・ドライブは、3.5インチ・ハードディスク・ドライブ規格の中での変化であって、アーキテクチャの断絶性は小さかった

第3章　本書のフレームワーク　67

（バリュー・ネットワークを共有）。新しい3.5インチ・ハードディスク・ドライブは、MRヘッドという新しいヘッド技術を採用した製品であったが、既存製品とユーザーを共有していて、アーキテクチャの断絶性は小さかった。なお、富士通の既存3.5インチ・ハードディスク・ドライブ事業（MRヘッド以前）は、製品市場で劣位であって、市場ポジションは低かった。

　新宅（1994）が分析したSEIKOのクオーツ式ウォッチ開発のケースも、やはり既存組織の再編成と再構築によるアーキテクチャ創造である。機械式ウォッチからクオーツ式ウォッチへの変化は、振動子の交替が中心で、新しいバリュー・ネットワークのウォッチが登場したわけではなかった。つまり、テンプという振動子（機械式ウォッチ）とクオーツ（クオーツ式ウォッチ）という振動子の差である。なお、既存の機械式ウォッチ市場は、スイスのウォッチ・メーカーに支配されており、SEIKOの既存製品における市場ポジションは低かった。そこで、SEIKOは既存部門の中に開発組織を設置して、新しいクオーツ式ウォッチの開発に成功した。

　一方、組織の分離を提示した榊原他（1990）とChristensen（1997）は、タイプⅢに当てはまる。IBMのパソコン（榊原他、1990）とQuantumの3.5インチ・ハードディスク・ドライブ（Christensen, 1997）は、高い市場ポジションによるアーキテクチャ知識の制約を意識し、なおかつ、アーキテクチャの大きな断絶性を選択して開発された製品であった。IBMの既存製品であるメインフレームは、高い市場ポジションを維持しており、IBMはアーキテクチャの大きな断絶性を選択し、パソコン開発を行った。IBMは、パソコン開発組織を既存部門から分離して、パソコンの開発と発売を任せた。それと同時にIBMは、その開発組織に、独自の販売やマーケティング・チャンネルも作らせた。

　Quantumの3.5インチ・ハードディスク・ドライブの開発も、高い市場ポジションと断絶性が大きいアーキテクチャの選択という条件のもとで行われた。その条件のもとでQuantum社は、3.5インチ・ドライブが登場した時に、Plus Development Corporationというベンチャー企業を設立、活用して製品開発に成功した。

　ただし、Chesbrough and Kusunoki（1999）、新宅（1994）と榊原他（1990）、Christensen（1997）は、製品アーキテクチャの変化という概念の使い方が異なっていた。Chesbrough and Kusunoki（1999）、新宅（1994）は、同一のバリュー・ネットワーク内部でのアーキテクチャ変化を取り上げて、Christensen（1997）などは、異なるバリュー・ネットワークを形成する現象をアーキテクチャの変化として想定していた。

〈図3-14〉本書の分析フレームワーク

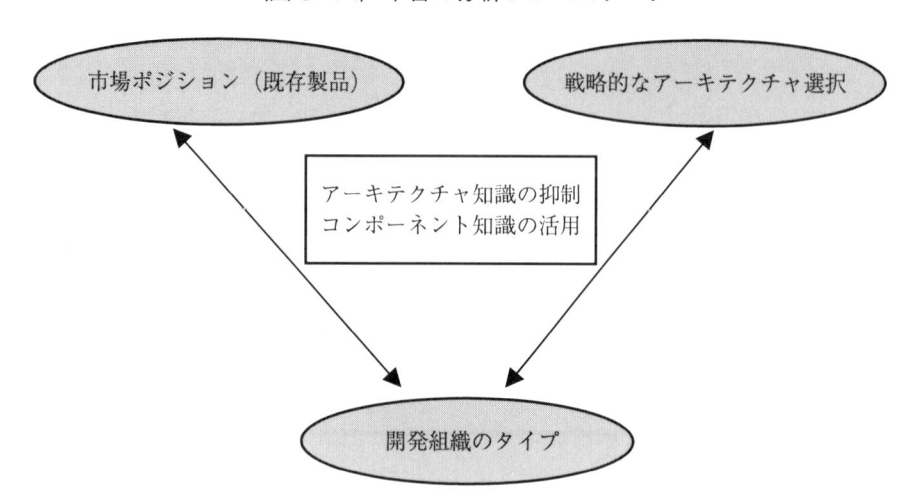

```
   市場ポジション（既存製品）        戦略的なアーキテクチャ選択

                アーキテクチャ知識の抑制
                コンポーネント知識の活用

                   開発組織のタイプ
```

　しかし、本書ではこの2種類のアーキテクチャ変化を、アーキテクチャの断絶性が大きいか、小さいかの問題として解釈した。つまり、Chesbrough and Kusunoki（1999）などはアーキテクチャの断絶性が小さい製品を対象に、Christensen（1997）などはアーキテクチャの断絶性が大きい製品を対象にして分析を行ったと整理した。次の〈図3-14〉は2つの変数と開発組織のタイプの整合性を維持しなければならないことを表している。

　〈図3-14〉のような2つの変数をもとに、次に具体的な開発組織のタイプを考えてみよう。先行研究では、タイプⅠの場合には既存部門の活用を、タイプⅢの場合には社内ベンチャーか子会社の活用を指摘していた。ただし、Christensen（1997）などの先行研究の対象企業が、複数の製品と部門で構成されている組織と解釈すると、あるいは、社内ベンチャーでも企業内の各部門からコンポーネント知識を吸収することができる（Burrows, 1982; Burgelman and Sayles, 1986）と解釈すると、社内ベンチャーと子会社は、ともに全社的プロジェクト組織の範疇に入れることができる。つまり、既存製品のアーキテクチャ知識の制約を離れて、特定のアーキテクチャを開発するという目的意識を持って作られた組織という点で、両者は同一である。

　言い換えると、社内ベンチャーと子会社は単一製品の専門企業を前提にした開発組織の提案で、全社的プロジェクト組織は、複数の異質な部門で構成されている組織という前提で提案されている点で異なる。〈図3-15〉は、このような先行研究における開発組織のタイプを整理したものである。

〈図3-15〉新しい製品アーキテクチャを創造する開発組織のタイプ

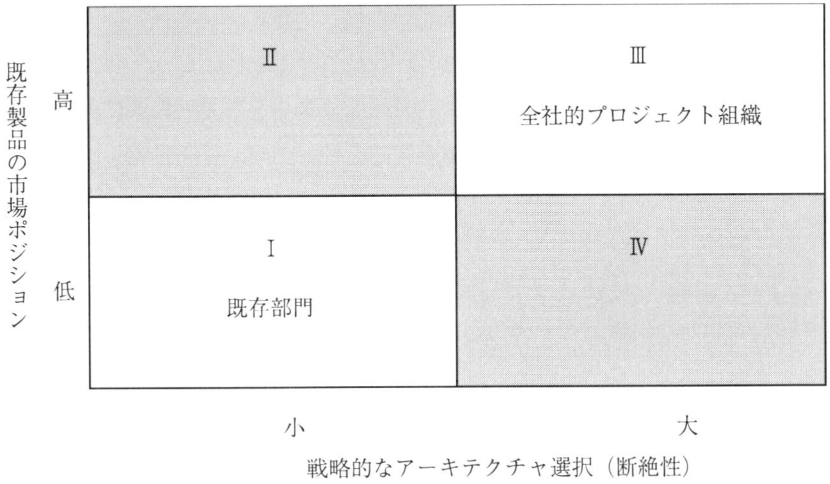

	小	大
高	II	III 全社的プロジェクト組織
低	I 既存部門	IV

縦軸：既存製品の市場ポジション
横軸：戦略的なアーキテクチャ選択（断絶性）

〈図3-15〉で、市場ポジションが高い場合には、できるだけ既存部門から離れて、開発組織を設定する方が望ましい。なぜなら既存部門から離れることによって、アーキテクチャの知識の制約から逃れられるからである。一方、戦略的なアーキテクチャの選択によって、断絶性が小さいアーキテクチャを選択する場合には、既存部門との組織的な関連性を維持したほうが望ましい。組織的な関連性を完全に切り離すと、既存製品のコンポーネント知識は獲得しにくいからである。

ただし、断絶性が小さいアーキテクチャを選択する場合でも、市場ポジションが高いと（既存アーキテクチャ知識の制約が強いため）、新しいアーキテクチャの創造そのものが抑制されてしまうので、それを回避する工夫が要求される。〈図3-15〉で、タイプIの場合には、既存部門を開発主体に、タイプIIIの場合には、全社的プロジェクト組織を開発主体に設定すると縦軸、横軸との適合性が引き出せる。

コンポーネント知識の吸収、活用は、タイプIとIIIの場合に可能になる。タイプI（既存部門）になると、バリュー・ネットワークを共有するアーキテクチャ戦略（小さい断絶性）を選択するため、製品設計の自由と新しい機能の追加が制限される。例えば、ソフトウェアを共有しようとする新しい情報機器は、既存製品との互換性があるCPUの装着など、コンポーネントの選択とコンポーネントの配置が制約される。そのため、タイプIでは、既存製品のコンポーネントをレベル・アップ、あるいは、変形させたものが多く使われ、相対的に他部門から調達するコンポーネント知識が少な

くなる。

　一方、タイプⅢ（全社的プロジェクト組織）では、バリュー・ネットワークを共有しないアーキテクチャ戦略（大きい断絶性）を選択する。そのため、タイプⅢでは製品設計と新しい機能の追加が自由になり、異質的なコンポーネント知識がより多く求められる。ただし、全社的プロジェクト組織は、全社レベルで製品開発が行われるため、社内資源を半強制的に引っ張ってきて、活用することが可能になる。

　〈図 3-15〉には、先行研究が当てはまったタイプⅠ（既存部門）とタイプⅢ（全社的プロジェクト組織）以外にもタイプⅡとⅣが表されている。しかし、タイプⅡとⅣと適合性がある開発組織のタイプに関する研究は、まだ行われていない。タイプⅡとⅣの場合、既存部門でも、全社的プロジェクト組織でもない、第三の開発組織のタイプが存在する可能性がある。例えば、特定のコンポーネントを開発、生産しているある部門が、開発主体になるケースや（既存部門を除いた）複数の部門が共同で開発組織を形成するケース、あるいは、R&D 部門が開発主体になるパターンなどが考えられる。

　本書は、次章から以上のようなフレームワークと開発組織のタイプ分類をベースに実証分析を行う。それは、タイプⅡとタイプⅣという新しい開発組織の可能性を含めた、4 タイプの開発組織による製品アーキテクチャの創造プロセスとそのパフォーマンスを比較、検討することである。次章ではラップトップの開発ケースを、第 5 章では PDA の開発ケースを取り上げて、このような可能性を分析してみる。

7. 分析企業

　本書の分析企業は、ラップトップの開発においては東芝と NEC、PDA の開発においてはシャープとカシオである。

　ラップトップの分析において、東芝と NEC を選択したのは、既存製品の市場ポジションでの対称性である。東芝は、既存製品であるデスクトップ・パソコンで低い市場ポジションを、NEC は高い市場ポジションを占めていた。なお、ラップトップの場合にドミナント・デザイン段階で既存製品と新しい製品の関係を見ると、アーキテクチャの断絶性は小さかった。その結果、東芝はタイプⅠ、NEC はタイプⅡのケースであった。

　PDA 開発ケースにおいてはシャープとカシオを取り上げた。シャープは、既存製品である電子手帳で高い市場ポジションを、カシオは低い市場ポジションを占めてい

〈図3-16〉本書における分析企業の選択

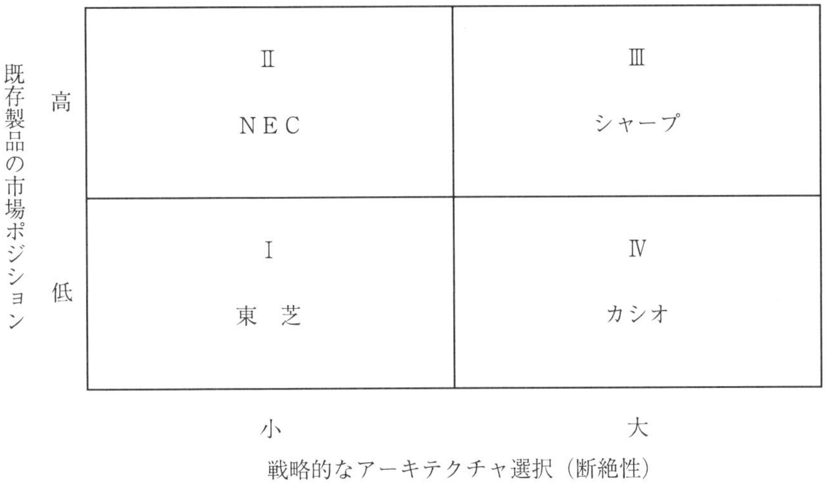

	小	大
高	Ⅱ NEC	Ⅲ シャープ
低	Ⅰ 東芝	Ⅳ カシオ

縦軸：既存製品の市場ポジション
横軸：戦略的なアーキテクチャ選択（断絶性）

た。なお、ドミナント・デザイン段階で既存製品と新しい製品の関係を見ると、PDAのアーキテクチャの断絶性が大きかった。そのため、シャープはタイプⅢ、カシオはタイプⅣのケースであった。このような2製品、4社の選択を図で示すと、次の〈図3-16〉のようになる。

　もちろん、〈図3-16〉のような企業配置は、ラップトップとPDAのドミナント・デザイン段階で観察されたもので、製品アーキテクチャ創造の初期段階からこのような配置になっていたわけではない。例えば、ラップトップの変化の初期に、NECはシャープと同様にタイプⅢの位置に、PDAの変化初期でカシオは、東芝のようなタイプⅠに位置していた。しかし、NECとカシオは、初期製品を開発した後、市場での学習を行い、開発組織のタイプを変更して行った。その結果、各企業はドミナント・デザイン段階では〈図3-16〉のような開発組織のタイプになっていたのである。

第4章　分析Ⅰ―ラップトップにおける東芝とNECの比較・分析

1. はじめに

　本章では、パソコン・アーキテクチャの変化を取り上げ、既存企業である東芝とNECの開発組織マネジメントを比較、分析する。東芝とNECにおける戦略的なアーキテクチャ選択と既存製品の競争ポジションは、次のようであった。

　第1に、東芝はアーキテクチャの小さな断絶性を、NECは大きな断絶性を選択して、初のラップトップ開発に取り組んだ。東芝のラップトップは、デスクトップとユーザー及びソフトウェアを共有しようとした製品であった。一方、NECは、アーキテクチャの大きい断絶性を選択し、デスクトップとは異なるユーザーとソフトウェア・ネットワークの構築を通じて、別の製品カテゴリーを創造しようと試みた。しかし、NECのラップトップは、ユーザーの支持が得られず、結局、NECは、アーキテクチャの大きな断絶性から小さな断絶性に転換せざるを得なかった。

　第2に、東芝は、既存製品であるデスクトップ事業で失敗しており、競争ポジションは低かった。青梅工場では、「パソピア」に関するアーキテクチャ知識がそれほど蓄積されておらず、アーキテクチャ知識の制約は弱かった。一方、NECのデスクトップ「98」は、高い競争ポジションを占めていて、既存のアーキテクチャ知識の制約は強かった。

　本章の議論は、次のように展開される。2節では、東芝のケースを3節ではNECのケースをそれぞれ分析する。引き続き4節では東芝とNECのケースを比較、分析して、本章で得られた理論的な含意を考える。

2. 東芝のケース分析[1]

(1) 初期条件：デスクトップ事業の失敗

　東芝は、大型コンピュータからデスクトップ・パソコンに至る歴代のコンピュータ事業で苦戦し続けていた。東芝のコンピュータ事業は、普通、大型コンピュータと言

われるメーンフレーム・コンピュータから始まる。1951年、東芝は東京大学と真空管式コンピュータ「TAC（Tokyo Automatic Computer、東京電子算盤機）」の共同開発に着手した。この国産第2号コンピュータの開発過程は試行錯誤の連続で、1956年頃になっても製品は完成されず、結局東芝は開発から撤退することになる[2]。

東芝の大型コンピュータ事業は、1971年11月、政府の産業再編成政策によって、新たな転換を迎えることとなった。政府は、国産コンピュータ・メーカーの国際競争力を高めるために、大型コンピュータ・メーカーの再編成を働きかけた。

このような政府の政策によって、NEC（60％）と東芝（40％）は、共同出資で日電東芝情報システムを設立して、「ACOSシリーズ」を開発、発売した。しかし、1978年に東芝は、小型コンピュータへの集中を理由に大型コンピュータから完全に撤退してしまう。

東芝の苦戦は、オフコンとワープロでも続いた。東芝のオフコンは、NEC、富士通に押されていたし、1978年日本初で開発したワープロも、100万円を超える高価であったので、期待したほど需要が伸びていなかった。

コンピュータ事業における東芝の不振は、デスクトップ・パソコンでも続いた。東芝が国内向けデスクトップ市場に参入したのは、1981年10月であった。パソコンによるユートピアを意味する「パソピア（Pasopia）」と名づけられた東芝のデスクトップは、他の製品の轍を踏んだかのように販売不振に陥った。東芝は、販売不振を打開するために、1982年10月に、16ビットの「パソピア16」を、1983年5月には、高速カラーグラフィックスと高級音楽機能を備えた「パソピア7」を発売したが、販売不振は変わらなかった[3]。

東芝がデスクトップ市場で苦戦を強いられた原因は、パソコンをオフコンやミニコンのような専用機アーキテクチャと解釈したところにあった。パソコンのような汎用機とオフコンのような専用機とは、次のような2点で差があった。第1に、オープン・アーキテクチャか、クローズド・アーキテクチャかのアーキテクチャ戦略の問題である。第2に、機種間の互換性の問題である。

---

(1) 本節は、『経済学研究』に掲載された魏（2001a）を大幅に修正、加筆したものである。
(2) 国産1号機は1949年開発に着手、富士フイルムによって1956年完成した「FUJIC」である。初期東芝のコンピュータに関する経験は『東芝電子計算機事業部史』（1989）と坂本（1992）を参照。
(3) 『東芝電子計算機事業部史』（1989），p.215

第4章 分析Ⅰ—ラップトップにおける東芝とNECの比較・分析 75

 専用機の場合には、クローズド・アーキテクチャをベースに、何より情報処理のスピードを重視しており、そのスピードを向上させるためには、機種間の互換性さえ犠牲にすることが多かった。また、ハードウェアとソフトウェアの開発、製品のメンテナンスに至る全てを自社で囲い込んでいた。しかし、パソコンは、機種間の互換性の維持が最も重要で、なお、オープン・アーキテクチャをベースに製品の仕様を公開してサードパーティを形成する必要があった[4]。

 例えば、IBM PCのケースを考えてみよう。IBMはあくまでもハードウェア仕様を全面公開する、オープン・アーキテクチャの戦略をとって、サードパーティによる周辺機器やソフトウェア開発に門戸を開放していた。パソコンの重要な特徴の1つはネットワーク外部性である。ネットワーク外部性とは、特定の製品を使う人が増えるほど便益が増加するという現象で、その典型的な例は電話である（Katz and Shapiro, 1985）。コンピュータでも特定のハードウェアを中心にサードパーティのネットワークが形成されると、ユーザーはネットワークが大きい製品を選択して、それによって、サードパーティのネットワークが拡大されるという好循環が繰り返される。

 しかし、東芝の戦略はIBMとは正反対のものであった。1980年代当時、東芝を初めとしたシャープ（MZシリーズ）、富士通（FMシリーズ）など大部分のメーカーは、専用機の開発経験をもとに、アーキテクチャを公開しなかった。さらに、デスクトップ機種間の互換性に拘らず、むしろハードウェアの性能改良に力を入れた[5]。東芝もアーキテクチャを公開せず、ハードウェアも、ソフトウェアも自社内で作り、機種間の互換性よりはハードウェア的なパフォーマンスを重視した。その結果、東芝のデスクトップは、サードパーティ・ネットワークと悪循環に落ちてしまった。東芝のデスクトップ事業の失敗について、佐藤正幸氏は次のように説明する。

 後でわかったんですが、IBMは本当に中核になる部分だけを作って、後はパソコン業界に任せたんです。ところが、私どもはそれを正しく評価できなかったんです。そんなことをやってどうなるのか、自分の会社の取り分が少なくなるんじゃないか

---

(4) クローズド・アーキテクチャ戦略とオープン・アーキテクチャ戦略の差については、藤本他（2000）と国領（1999）を参照。
(5) 『日本マーケットシェア事典』（1993）。東芝のようなハードウェア中心思考は、当時松下などの家電メーカーにも見られる問題であった。彼らはパソコン産業も製造業であると考え、いい性能の製品を安く作るというモノ作りの精神に徹底したが、それはパソコン世界では通じなかったのである。

ぐらいしか考えていなかった。あまり評価しない内に、どんどんシェアが大きくなってしまった。あっという間に80%です。ところが、「パソピア」はまったく東芝のオリジナルで、外からだれもインタフェースが理解できない。むしろそれが作戦だったんです。ハードウェアからソフトウェアまで自分たちがすべてを供給しますということです。それが誤りだった。それで「パソピア」は、あまり成功しなかったわけです[6]。

つまり、東芝は、クローズド・アーキテクチャ戦略をベースに、製品間の互換性も犠牲にすることが多かったオフコンのようにパソコンを認識して、開発を行ったのである。この点に関して富田（1994）は「「PC-9801」を追って東芝の「パソピア」は当初からMS-DOSで動かすことを想定した意欲的なマシンで、機能的にも高い水準を達成しながら、低めの価格に抑えられていた。だが先行する8ビット機のソフト資産が乏しかった上に、MS-DOS上で使うGW-BASIC用に変換するという手続きをとってもなお、全ての8ビットの資産を利用することができなかった点は「パソピア16」の足を引っ張った」（252ページ）と指摘している。その結果、東芝のデスクトップ事業は失敗して、1984年を境に市場から撤退せざるを得なかった。

以上のような東芝のコンピュータ事業をまとめたのが、〈図4-1〉である。〈図4-1〉は東芝とNECのコンピュータ事業全体を比較したものである。

〈図4-1〉をみると、大型コンピュータ分野で、東芝は撤退しているので売上がゼロになっている。オフコンは、NECの半分ほどに留まっている。デスクトップ・パソコンでは少し売上があるが、これは端末機に過ぎない。なお、コンピュータの部品であるハードディスク・ドライブでもNECは圧倒的な優位を示している。

つまり、全体的にみて、東芝は、多様なコンピュータを開発、販売した経験は保有しているものの、その製品の殆どは撤退か、苦戦している製品であった[7]。特に、既存製品であるデスクトップは、初期段階で失敗して、市場から撤退しつつあった。

---

(6) 東芝・インタビュー，No.1
(7) この比較は、あくまで完成品としてのコンピュータを対象にしていることに注意しなければならない。例えば、LSI、液晶、実装技術などのコンポーネントと要素技術は完成品とは別の形で存続できるからである。東芝は1983年前後にしてOA機器の小型化の重要な要素技術であるLSI技術の開発に取り込んでいたし、液晶はNECより早い段階で商品化していた。

第4章 分析I—ラップトップにおける東芝とNECの比較・分析　77

〈図4-1〉東芝とNECのコンピュータ事業比較

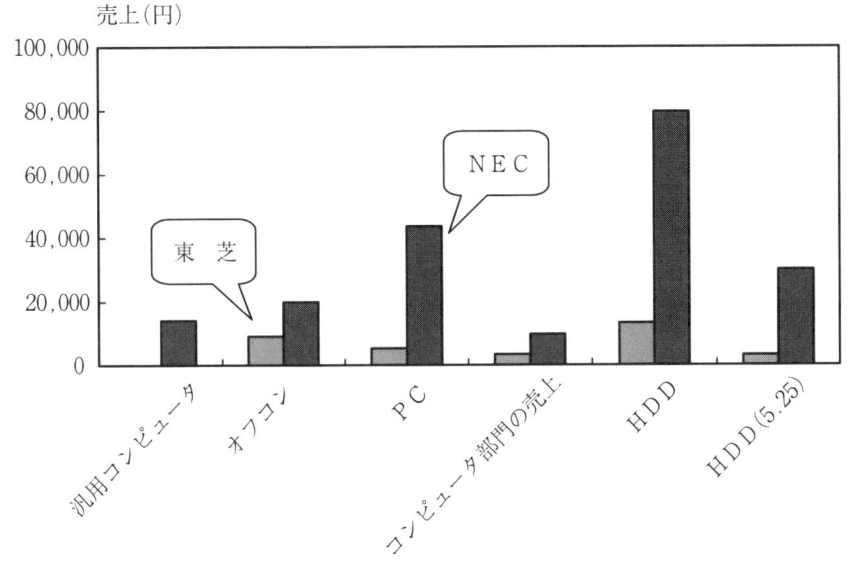

〈出所〉『日本マーケット・シェア事典』(1985、1986)
〈凡例〉1985年を基準にしている。ただし、コンピュータ部門の売上は1986年が基準である。
単位は汎用コンピュータ（百万円）、オフコン（台）、ＰＣ（10台）、コンピュータ部門の売上（億円）、ＨＤＤ全体（百万円）、5.25インチＨＤＤ（百万円）

(2) ラップトップの開発：アーキテクチャの低い断絶性を選択

　東芝の中でコンピュータ関連製品全体を担当していたのは、青梅工場であった。青梅工場は、情報システム事業本部傘下の工場であった。1978年、撤退した大型コンピュータを初め、ミニコン、オフコン、ワープロ、デスクトップに至る全種類のコンピュータがこの工場で開発、生産された。
　青梅工場の機能の中で特異なのは、製品開発の機能であった。青梅工場は、事業部や研究所が開発した製品を委託生産する役割だけではなく、自らが積極的に新しい製品を開発する役割を果たしていた。通常事業部に属している工場は、製品開発の機能がなく、委託された製品の生産機能だけを保有しているケースが多い。しかし、青梅工場は、情報システム事業本部傘下にありながらも、複数の事業部と対等の関係で取引をしていた[8]。
　青梅工場は、1984年からラップトップの開発を始めた。デスクトップ事業で失敗

した後もなお、青梅工場のエンジニアは、引き続き将来性を秘めたコンピュータ事業を模索していた。彼らは、日本国内とアメリカの大学や研究所などを歩き渡り、小型・軽量のパソコンに対する潜在的な需要があることを確認した。

ラップトップに対するニッチ市場は確認されたものの、事業部と本社はラップトップ開発を承認しなかった。それは、度重なるコンピュータ関連事業の失敗で青梅工場に対する不信感が強かったからである。溝口哲也氏はその困難を次のように説明している。

最初にラップトップを開発した時には裏でやりました。当時はですね、アンダー・ザ・テーブル（under the table）といいました。ラップトップの開発費を本社の技師長にお願いしたんですが、こういう製品を開発するから出してくれといったら、そんな製品出しても売れるわけがないと断られました。まだ世の中に存在しないですからね。ラップトップの開発費は、その後2年間使えなかったんです。それで、仕方なく別のプロジェクトでお金を節約して、それでラップトップの開発費用を当てました。当時某社から大変な受注をしたんです。車にはコンピュータで制御するエンジン・コントローラーといものがあるんでしょう。それを利用して飛行機のジェット・エンジンをコントロールして、いかに燃料を最小限にするかのことでした。これを開発しながら、何とか開発費を設けておきました[9]。

このようにラップトップ開発は、事業部と本社から正式に承認が得られず、青梅工場だけで開発に挑むようになった。ラップトップの開発組織は、青梅工場のOA機器部に所属して、その中の装置3課という名前で新設された。

1985年4月に、東芝が、初めて発売したラップトップは、「T-1100」というヨーロッパ市場向けの製品であった[10]。初めてラップトップを出荷したのがヨーロッパであったのは、そこにコンピュータの販売組織が残っていたからであった。その時はデスクトップが日本市場につづきアメリカ市場でも失敗した後であり、青梅工場はア

---

(8) 東芝・インタビュー，No. 5, 6
(9) 東芝・インタビュー，No. 6
(10) このラップトップの将来についても東芝内部では懐疑論が少なくなかった。東芝の田中宣幸氏は世界的にヒットした「T-3100」の商品企画をする時、現地法人のマーケティング担当者の研修を行ったことがあったが、その時の予測は月800台に過ぎなかったと紹介した。しかし、実際の販売は月一万台を超えたという。

メリカ市場へのラップトップ導入を躊躇していた。

「T-1100」は重量が3.9kgで、液晶ディスプレイと3.5インチ・フロッピーディスク・ドライブが付いており、情報の携帯機能を重視した「IBM PC」互換ラップトップであった。しかし、東芝は「T-1100」の発売後まもなく、この製品の改良に着手するようになる。「T-1100」は、液晶ディスプレイであったため見にくく、さらに、普及が始まった「IBM PC AT」並みの情報処理能力を実現するためには、ハードディスク・ドライブが必要であった。

「T-1100」の限界を踏まえ、東芝が新しく開発に取り込んだ製品が1986年1月に発売した「T-3100」であった。「T-3100」の開発期間は8ヵ月であった。「T-1100」の発売が1985年4月だから、「T-3100」の開発着手は「T-1100」の発売直後になる。次の〈表4-1〉を見てみよう。

〈表4-1〉で「T-3100」は、10MBのハードディスク・ドライブとプラズマ・ディスプレイを装着して、CPUはIntelの80286を使用した。しかし、情報処理能力を上げた代わりに、重量は6.8kgに大幅に増えてしまった[11]。

以上のような東芝のラップトップで特異なのは、製品アーキテクチャの中にデスクトップのコンポーネントをそのまま、あるいは、変形して取り入れたことである。このコンポーネントは、CPUとハードディスク・ドライブである。

まずCPUを考えてみよう。1990年代には、ノート型用のCPUが開発されており、最近ではアメリカのトランスメタ社によって「クルーソー（Crusoe）」という超節電CPUも開発されている。ラップトップ専用のCPUとなると、消費電力の抑制だけではなく、発熱の抑制とメーンボード設計においても面積の余裕が出てくる[12]。しかし、ラップトップの初期段階では専用のCPUは存在しなかった。デスクトップ用のCPUは、処理速度は速いが、回路が多く、ラップトップの空間に収まらない。なお、高熱

---

(11) 東芝は高性能のIntel 80286 CPUとプラズマの採用、固定ハードディスク・ドライブなどをラップトップに取り入れる作業に苦労したという。一方、ここで興味深いのは同じくアメリカ向けにIBM互換機ラップトップを生産していたNECが、「J-3100」のような情報処理能力重視のラップトップに移動しなかった点である。NECは完全に同じ販売条件のアメリカ市場で、特に「T-3100」がユーザーの支持を得ていることを見ながらも、そのような仕様の製品に移動しなかった。

(12) トランスメタ社の「クルーソー（Crusoe）」の開発に関しては、『日経ビジネス』（2000年10月30日号）、「省エネCPU「クルーソー」でノートパソコン大変身」を参照。

第 4 章　分析 I —ラップトップにおける東芝と NEC の比較・分析

〈表 4-1〉「T-1100」と「T-3100」の仕様比較

仕様	T-1100	T-3100
IBM 互換機	PC	PC AT
CPU	80C88	80286
最大メモリ	512KB	2.6MB
ディスプレイ	液晶	プラズマ
FDD (3.5)	1	1
HDD	なし	10M
重量	3.9kg	6.8kg
発売地域	ヨーロッパ	欧米
発売時期	1985 年 4 月	1986 年 1 月

〈出所〉『東芝電子計算機事業部 30 年史』(1989) とインタビューより作成

が発生して CPU と周辺回路が燃えてしまう恐れもあった。それにも関わらず、東芝は IBM PC との互換性と情報処理能力を維持するため、「T-1100」には 80C88 CPU を、「T-3100」には 80286 というデスクトップ用 CPU をそのまま装着した。

　次に、東芝は「T-3100」で、ハードディスク・ドライブを取り入れた。当時、ハードディスクは、デスクトップにも装着されはじめたばかりであった。ハードディスク・ドライブは、5.25 のインチでラップトップには大きすぎ、また、小さな衝撃にも壊れやすい製品であった。そのため、ラップトップへの装着は、開発組織のエンジニアの中でも強い反対があった。

　その反対者の 1 人であった佐藤正幸氏は「スタッフのなかでも反対する者が多かったです。これまでハードディスクをつくっていたときは、少しでもショックを与えてはいけないということでやったんです。それを箱に積むということですね。もう常識以前だと考えていましたね[13]」と言っている。

　青梅工場のラップトップ開発組織は、社内のハードディスク・ドライブの担当部門からも協力が得られず、JVC（日本ビクター）と共同でハードディスクの開発に着手した。結局、ハードディスクにアブソバーという衝撃吸収用ゴムを付けて、振動の問題を解決し、ラップトップに挿入するようになる[14]。

　つまり、東芝は、デスクトップ・アーキテクチャの中で、命令の実行機能とデスク

---

(13) 三輪 (1990 年), p.99
(14) 東芝・インタビュー，No. 4, 6

トップ用CPU、情報の長期保存機能とハードディスク・ドライブという2つの機能とコンポーネントの対応関係をそのままラップトップに取り入れたのである。それは、デスクトップ並みの情報処理能力を維持するために選択をおこなった結果であった。

東芝のラップトップ開発組織は、デスクトップと同様に青梅工場内部に位置していた。なお、開発エンジニアもやはりデスクトップ開発経験を持っている人が殆どであった。そこで、彼らは、完全に新しいカテゴリーの製品ではあるが、代わりに情報処理能力は劣るラップトップよりは、パソコンのカテゴリーに留まりながら、情報処理能力はそれほど劣らないラップトップを選択した。東芝のラップトップは、アーキテクチャの小さな断絶性が選択されたのである。

このようにアーキテクチャの小さい断絶性が選択された「T-3100」は、欧米ユーザーの強い支持を得た。その結果、当初は月5千台の販売を予測していたが、実際には予測の4倍を超える、月2万台まで増産するようになった。

(3) ラップトップの開発組織によるコンポーネント知識の吸収

青梅工場は、ラップトップの開発に要求される重要な要素技術とコンポーネント技術を保有していなかった。そのため、このような要素技術とコンポーネント技術は、青梅工場の外部から調達しなければならなかった。以下では社内からの技術とノウハウの獲得を中心に分析する。

社内からの技術とノウハウの獲得は、移転経路によって、2つの流れに分けられる。第1の経路は、パーソナル・ワープロを開発する中で、工場内部に蓄積した技術である。LSI技術や高密度実装技術がそれである。第2の経路は、ラップトップの開発のために、新たに他部門から吸収した技術で、LCD技術や高密度実装技術などがそれである。次の〈図4-2〉は、この2つの経路を表している。高密度実装技術のように、2つの経路からそれぞれ移転した技術もある。

〈図4-2〉には、情報システム研究所と半導体事業本部からLSI技術が、生産技術本部から高密度実装と表面実装製造装置が、パーソナル・ワープロ「TOSWORS JW-1」に移転されていること（第1の経路）、また、半導体事業本部からLSI技術、生産技術本部から高密度実装技術、LCD事業本部からLCDとドライバー技術が移転されていることが示されている。

ここでは、以上のような技術の中で、高密度実装とLSI技術を中心に技術移転と蓄積プロセスを分析してみる。

82　第4章　分析Ⅰ—ラップトップにおける東芝とNECの比較・分析

〈図4-2〉コンポーネント知識の吸収と活用

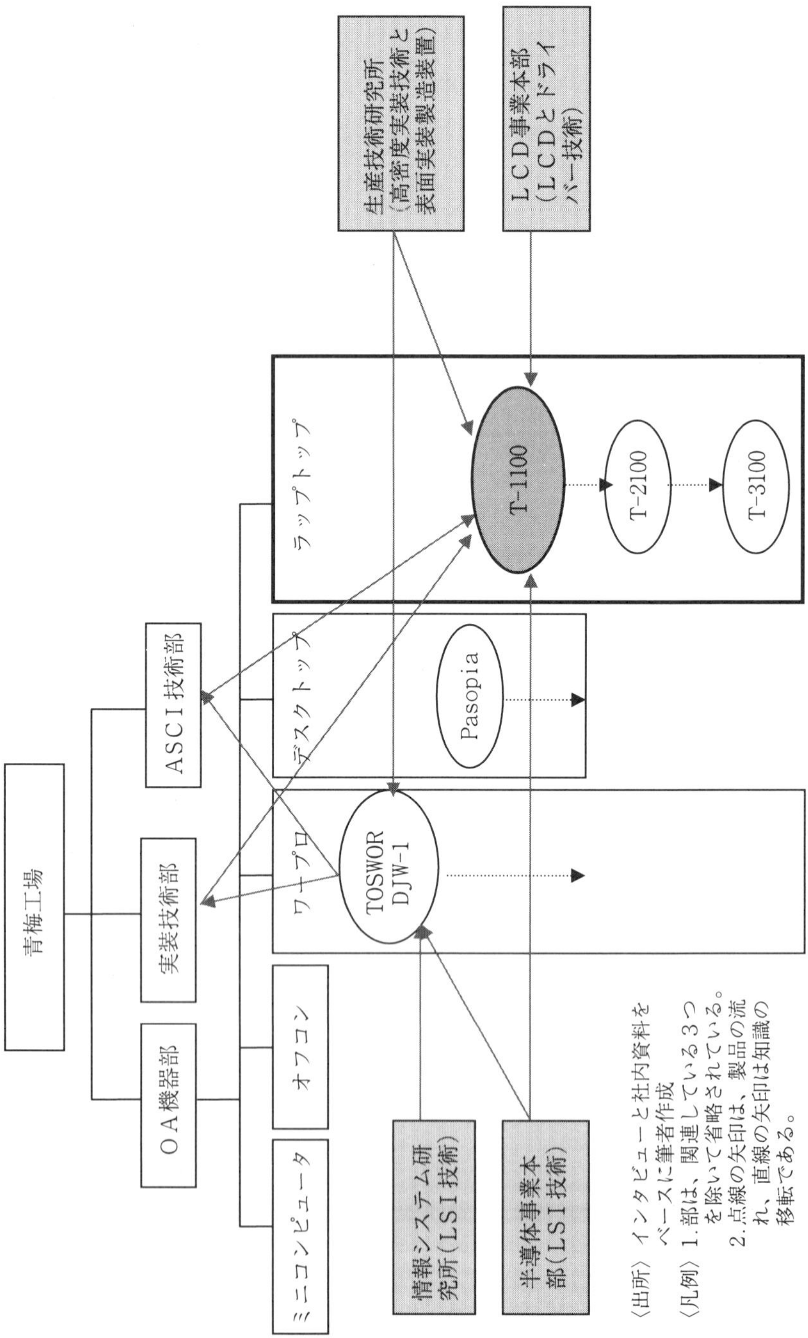

〈出所〉インタビューと社内資料をベースに筆者作成
〈凡例〉1. 部所は、関連している3つを除いて省略されている。
2. 点線の矢印は、製品の流れ、直線の矢印は知識の移転である。

1980年代初期、青梅工場は、成長が期待される新しいカテゴリーのコンピュータを模索するなかで、特に小型OA機器の可能性に注目していた。そこで、青梅工場は、OA機器の小型・軽量化に必要な要素技術の蓄積に取り組むようになる。代表的な要素技術としては、LSI技術と高密度実装技術が取り上げられる。LSI技術は、複数のチップを1個にまとめるために重要な技術で、高密度実装技術は狭い空間に多数のチップを埋め込むために必要な技術である。両方とも製品の小型・軽量化に欠かせない核心技術である[15]。この要素技術の開発について東芝の田中宣幸氏は次のように語っている。

> 結局今までの技術の中で、何ができるのかということで、ポータブルに特化しようという戦略を立てました。大体決めたのが2年くらい前（1982年）だったと思います。具体的な商品の開発に取り掛かったのが1984年です。1983年の頃からポータブルに対するいろんな要素技術の開発、LSI、液晶、3.5インチ・フロッピーディスク・ドライブなどに取り組んでたんです。具体的な商品のイメージはまだわいてこなかったんですけど[16]。

青梅工場は、1979年9月に、日本初のワープロ「TOSWORD JW-10」を発売したが、期待したほど売れなかった。「JW-10」は、事務用のデスクと一体化した製品で、重量が220kg、価格は630万円にもなり、限られた企業ユーザーしか使わない機械であった。

青梅工場は、ユーザー層を一気に拡大するため、半導体事業本部及び、総合研究所内の情報システム研究所から、256KBマスクROMや64KBd-RAMなどのLSI技術を、また、生産技術研究所から高密度実装技術を受け入れ、パーソナル・ワープロの開発に着手するようになる。

その結果生まれた製品が、1982年12月発売された、日本初のパーソナル・ワープロ「TOSWORD JW-1」である。「TOSWORD JW-10」と「TOSWORD JW-1」を比較してみると、4年間で体積は20分の1に、重量は15分の1に、また、価格は10

---

(15) 実装技術といっても、その構成技術は多様である。例えば、LSI技術、チップのハウジング技術、塗料とか素材技術などが実装技術を構成している。特定の企業がこの実装技術の全分野に優れることは難しいと言われている（富士通インタビュー，No. 1）。

(16) 東芝インタビュー，No. 2

分の1にまで下がっていた[17]。

以上のように青梅工場は、パーソナル・ワープロを開発しながら、徐々に高密度実装とLSI技術を蓄積していった。この技術蓄積の結果、青梅工場内で誕生した組織が、実装技術部とASIC技術部である。1984年青梅工場では実装技術部が新設され、そこには高密度実装技術が、さらにASIC技術部が新設され、そこにはLSI技術が集約された。この実装技術部とASIC技術部が、ラップトップの開発において高密度実装とLSI開発を担うようになったのである。

しかしながら、青梅工場内部にあるLSIと高密度実装の技術だけでラップトップを開発するのは困難であった。ラップトップは、ワープロよりもう一段階高いレベルの実装とLSI技術を要求したからである。例えば、ラップトップ開発のため、半導体事業本部は、その当時、製造していた1個当り2千個のチップを乗せたLSIから、1万個のチップを乗せたLSIを開発しなければならなかった[18]。

その上で、ディスプレイもCRTから液晶に変わり、新たなLCD技術が要求された。そこで、ラップトップ開発組織は、もう一度他部門から関連技術を吸収するようになる。この点に関して、田中宣幸氏は次のように述べている。

> 当時のIntel系の石（半導体）というのは、すなわち、IntelのCPU及び、周辺チップはNチャンネルのMOSだったんです。省電力のCMOSはなかったんです。そこで、CPUは我々のところで作れなかったものですから、IntelのCPUを使うしかなかったが、周辺のチップは我々のところでやりました。CMOS版を開発したわけです。軽薄短小のための実装とLSIは、工場内に実装技術部とASIC技術部に蓄積されていたものがありまして、それと半導体事業本部の支援を受け入れて、青梅工場でやりました[19]。

なお、高密度実装のための生産設備であるマウンティン・マシンも、生産技術研究所で開発され、ラップトップ開発組織に納められた。

> （実装のための）製造機械も、ろくなものがなかったんです。当時VTRだったんですかね。ちょっとしたものが民生機器に使っていましたが、それはせいぜい表面

---

(17) 『東芝レビュー』(1983), p.714
(18) 詳しいことは、Harvard Business School (1994) 参照
(19) 東芝・インタビュー, No. 2

実装を数個貼り付ければいいという程度の設備だったんです。我々が必要としたのは、B4 の半分くらいの大きさの基盤に全面表面実装する方法ですから、これが作れる製造設備がないんです。我々がこれを開発するのは難しいから、製造設備の開発を依頼しました。我が社の場合には、生産技術研究所というところがあります。あそこにこういうものを作ってもらいたいと言いました。多ピンの LSI を表面実装する機械です[20]。

以上のような田中宣幸氏の話を整理すると、青梅工場は、省電力のためのCMOS・LSI 技術とそれをボードに乗せるための高密度実装技術や製造装置を受け入れ、ラップトップの開発に利用したと言える。

(4) 日本市場へのラップトップ導入:「J-3100」の開発と発売

東芝は、欧米ユーザーの反応を確認した後、ラップトップの日本国内市場への導入を計画した。しかし、ラップトップの日本市場導入にも困難があった。海外ユーザーからは支持を得たものの、まだラップトップ市場が立ち上がっていなかった日本で、それも NEC のデスクトップ「98」がデファクト・スタンダードになっていた日本市場で、IBM 互換のラップトップが売れるか否かは不明であった。

さらに、IBM 互換機種に日本語を表示させるための技術的な困難もあった。そこで、東芝は、「T-3100」に絞って、日本市場に導入することを決める。この点に関して東芝の田中宣幸氏はこのように語っている。

日本のパソコン市場は NEC にだんとつで引き離されて、全く太刀打ちできない状態でした。そのような状態で日本市場に、たくさんのモデルを導入するなんて力がないんです。だから、やはり一番評価の高い「T-3100」だけを投入したのです。ただ「T-3100」は、日本語版に切り替えるという開発作業が必要です。日本語もサポートするという。だからそれだけの余力もないし、開発にも余力がありませんし、販売の方にも力がなかったんです。それで、一番効率のいい、一番評価の高い、「T-3100」に絞りました。NEC さんはその当時ジャイアントだったから、たくさんのモデルで競争できなかった、それだけです。また、日本語の表示ですが、IBMのアーキテクチャの中にはですね、日本語機能をサポートするのがないです。それ

---

(20) 東芝・インタビュー, No. 2

で、いろいろ工夫した結果、漢字を ROM に入れました。ROM を使わなくて、RAM の中にグラフィックスでもってテキストを作ることは可能でしたが、そうしますとスピードが遅いんです。NEC さんのマシンはその ROM を持っているのです。それは NEC「98」の独自アーキテクチャですから、テキストを表示させる時に、圧倒的に向こうの方が速いわけです。従って、その世界標準の規格に、プラス・アルファということで ROM 機能を持たせたのです。それは「J-3100」独自のグラフィックスで表示する機能で、独自の規格です。社内で「J-3100」のハードウェアからいろんなソフトウェアも開発しまして、NEC さんのマシンと等々対抗できるようなグラフィックスの機能を開発しました[21]。

このような理由で、1986 年 10 月、東芝は日本市場に「T-3100」を改良した「J-3100」1 機種だけを、NEC のデスクトップに近い情報処理能力重視の市場セグメントに導入した。

同時期に発売された「J-3100」と NEC の「98LT」を比較すると、両者は同じクロックの CPU を搭載しているものの、東芝は IBM のデスクトップである PC AT 並の情報処理能力を強調して、重いプラズマ・ディスプレイと 10MB のハードディスクを装着した。しかし NEC は軽くて安い、液晶ディスプレイを使い、ハードディスク・ドライブを装備しなかった。

東芝の「J-3100」と NEC の「98LT」を製品アーキテクチャのレベルで比較すると、次の〈図 4-3〉のようになる。

まず東芝「J-3100」の製品アーキテクチャを見ると、製品全体の情報処理能力を重視していることが特徴である。ここで、情報処理能力とは、情報の入力、情報の処理、情報の出力、情報の保存を含んだ機能の合計である。東芝は、高い情報処理能力を具現するために、情報の出力機能の実現にはプラズマ・ディスプレイを使用、命令の実行機能の実現には、デスクトップと同一の CPU をそのまま装着している。なお、情報の長期保存機能を実現するためには、前述したような相当な困難を経て、小型ハードディスク・ドライブを開発、装着している。しかし、その代わりに情報の携帯機能は弱化していて、重量の大幅な増加を招いた。

一方、NEC「98LT」の製品アーキテクチャを見ると、何より情報の携帯機能を重視していることが特徴である。NEC は、高い情報の携帯機能を具現する過程で、情

---

(21) 東芝・インタビュー, No. 2

第4章　分析Ⅰ―ラップトップにおける東芝とNECの比較・分析　87

〈図4-3〉東芝「J-3100」とNEC「98LT」の製品アーキテクチャ比較

〈東芝「J-3100」の製品アーキテクチャ〉

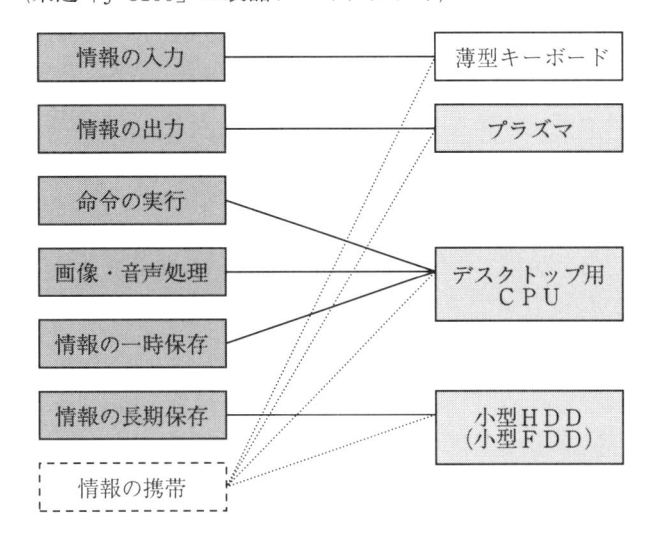

| 情報の入力 ― 薄型キーボード |
| 情報の出力 ― プラズマ |
| 命令の実行 |
| 画像・音声処理 ― デスクトップ用CPU |
| 情報の一時保存 |
| 情報の長期保存 ― 小型HDD（小型FDD） |
| 情報の携帯 |

〈NEC「98LT」の製品アーキテクチャ〉

| 情報の入力 ― 薄型キーボード |
| 情報の出力 ---- LCD |
| 命令の実行 |
| 画像・音声処理 ― ラップトップ用CPU |
| 情報の一時保存 |
| 情報の長期保存 ---- 小型FDD |
| 情報の携帯 |

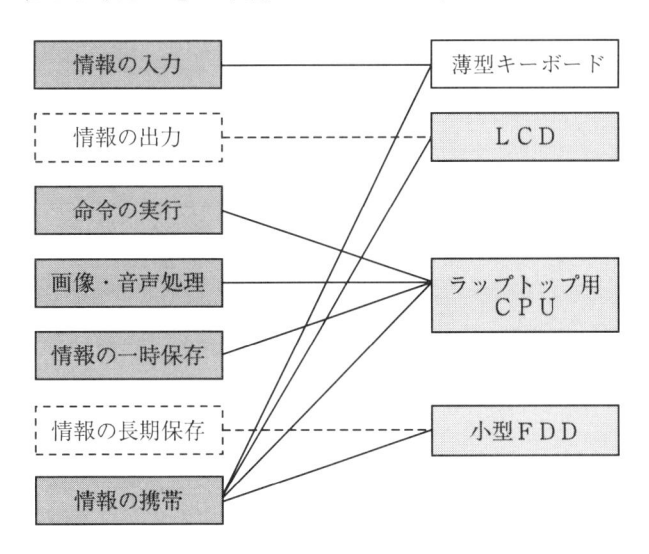

〈凡例〉点線は相対的な機能の弱化を意味している

報処理能力が犠牲になり、情報の出力機能の実現には軽いLCDディスプレイが採用され、命令の実行機能の実現には独自開発のラップトップ用CPU、「V50」を装着した。なお、情報の長期保存機能は弱化されており、小型ハードディスク・ドライブが装着されていない。

つまり、東芝のラップトップは、アーキテクチャの小さい断絶性を選択して、NECのラップトップは、アーキテクチャの大きい断絶性を選択した結果であった。

このように機能とコンポーネントの対応関係が異なる東芝とNECのラップトップは、既存製品であるデスクトップとの関係設定が異なることとなった。

〈図4-4〉を見ると、東芝がデスクトップに近いセグメントにラップトップを投入したのとは対照的に、NECはデスクトップからできるだけ遠く離れようとする特徴を見せている。言い替えれば、東芝は、現在のデスクトップ・ユーザーに近い市場セグメントに、NECは、まだ確認されていない潜在的なユーザーを狙ってラップトップを発売したともいえるだろう。

東芝が、アーキテクチャの小さい断絶性を選択してラップトップを開発した背景には、日本のラップトップ市場と顧客ニーズに対する判断もあった。1980年代半ばに、主なパソコン・ユーザーは、企業であった[22]。この企業ユーザーが、どのようなラ

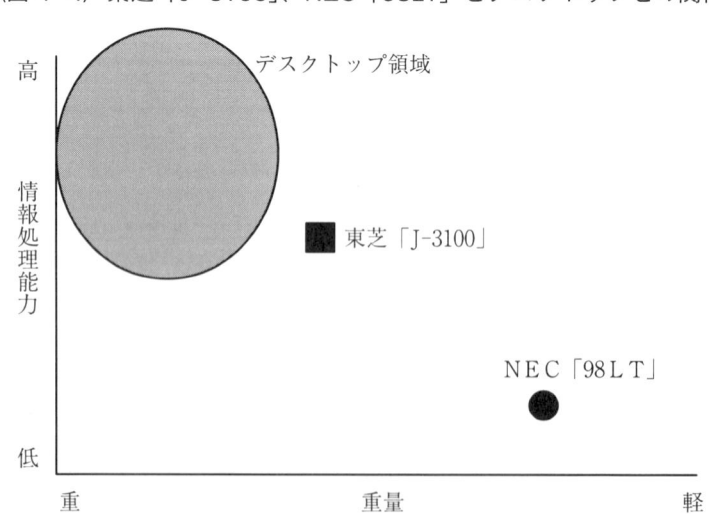

〈図4-4〉東芝「J-3100」、NEC「98LT」とデスクトップとの関係

[縦軸: 情報処理能力（高/低）、横軸: 重量（重/軽）。デスクトップ領域（大きな楕円、高・重側）、東芝「J-3100」（中央付近）、NEC「98LT」（低・軽側）]

---

(22) 例えば、〈表3-1〉に出ている企業の多くは、主に企業向けのラップトップを想定している。

ップトップを要求していたかについて東芝は、次のように考えていた。

> 日本は土地代が高いですから、狭いオフィス・スペースにデスクトップは邪魔です。それで、AC駆動でもいいからポータブルがいいという要求がでます。アメリカはそれが違って、外でも使いたいという需要があって、だからバッテリ駆動という需要があるのです。日本は今と当時が違うと思います。当時はですね、日本のパソコンというのは、まだそんなに普及していなかったから、普及はごく一部だったのです。それで外でバッテリ駆動のラップトップを使いたいユーザーは、まだ極わずかだったのです。それで重要なのはデスクトップの性能を削らないままのラップトップでした[23]。

東芝のこの戦略には、デスクトップとラップトップの将来に対する判断もあった。東芝は、いずれ日本も長い目で見たら、パソコンが普及して、必ずラップトップの方にシフトしてくると判断していた。すなわち、将来ラップトップでデスクトップを置き換えられると判断して、2000年頃にはラップトップが主流になると考えていた。この置き換えを、東芝は、デスクトップ・リフレッシュメントと名づけていた。

(5) 製品進化の段階：ユーザーの要求による機能構成の変更

1986年10月、「J-3100」の発売後、東芝は約1年3ヵ月にわたり、4種類のラップトップを次々と発売した。次の〈表4-2〉は、この4種類のラップトップの仕様である。

CPUクロックを8MHzから10MHzに、ハードディスクの容量を10MBから20MBに増やした「J-3100GT」、情報処理能力を落とし、価格を大幅に下げた「J-3100SL」、最高能力の「J-3100SGT」とその下位機種の「J-3100GX」がその製品である。〈図4-5〉は、4種類の製品トラジェクトリーである。〈図4-5〉の縦軸にある情報処理能力の代理変数は、CPU、ハードディスク・ドライブ、ディスプレイなど広義の情報処理能力を構成するコンポーネントの価格を回帰分析から推定し、その合計値で表したものである[24]。

〈図4-5〉で興味深いのは1987年10月に発売された「J-3100SL」である。「J-

---

[23] 東芝・インタビュー, No. 6
[24] 推定の結果はAppendix Iを参照

〈表 4-2〉東芝の 4 種類のラップトップ仕様

仕様	J-3100GT	J-3100SL	J-3100SGT	J-3100GX
CPU	80286	80C86	80386	80286
クロック	8MHz	10MHz	16MHz	12MHz
RAM	640KB	640KB	2MB	1MB
ディスプレイ	プラズマ2階調	STN液晶2階調	プラズマ4階調	プラズマ4階調
表示ドット	640 × 400	640 × 400	640 × 400	640 × 400
FDD	3.5FDD × 1	3.5FDD × 1	3.5FDD × 1	3.5FDD × 1
HDD	20M	10M	40M	40M
バッテリ	なし	ある	なし	なし
重量(kg)	6.8	5.5	6.8	8.5
価格(円)	698,000	398,000	948,000	848,000
発売時期	1987年7月	1987年10月	1987年12月	1988年1月

〈出所〉『日経パソコン』（1988年1年4日号）より作成

3100SL」を除くと、東芝のラップトップは完全に高い情報処理能力の重視という一貫性が見られる。東芝のラップトップの中で唯一バッテリが入っており、見にくい液晶を使った製品で、5.5kg と最も軽い製品が「J-3100SL」であった。その製品は、4種類のラップトップの中で最も NEC の「98LT」アーキテクチャに近いものでもある。

東芝が「J-3100SL」を発売した理由は、次のような2つである。

第1に、製品市場の探索である。この段階は、東芝が高い情報処理能力を重視した製品以外に、情報の携帯機能を重視した製品も探索していた時期であった。「J-3100」がユーザーの支持を得たというものの、それがドミナント・デザインの定着を意味することではなかった。まだ多様な機能の組み合わせの製品が共存して、競争していたからである。

第2に、NEC のラップトップとの競争である。「J-3100」と「98LT」は同じく企業向け製品であったので、互いに競争せざるをえない製品であった。その事実は、東芝のラップトップが NEC のデスクトップに対抗した製品だったにも拘わらず、開発された「J-3100SL」2種類の仕様が他のラップトップとは異なる点で分かる。〈表4-3〉は、2つの製品の仕様を比較したものである。

「J-3100SL」と NEC「98LT」は、ともに液晶ディスプレイと1台のフロッピーディスク・ドライブを装着している。ただし、「J-3100SL」は、ハードディスク・ドライブがあり、情報処理能力の面では、「98LT」より少し上である。なお、「J-3100SL」002モデルは29万8千円で4.9kg、モデル011は39万8千円で5.5kgである。

第4章 分析Ⅰ―ラップトップにおける東芝とNECの比較・分析　*91*

〈図4-5〉東芝の製品トラジェクトリー（1986年〜1987年）

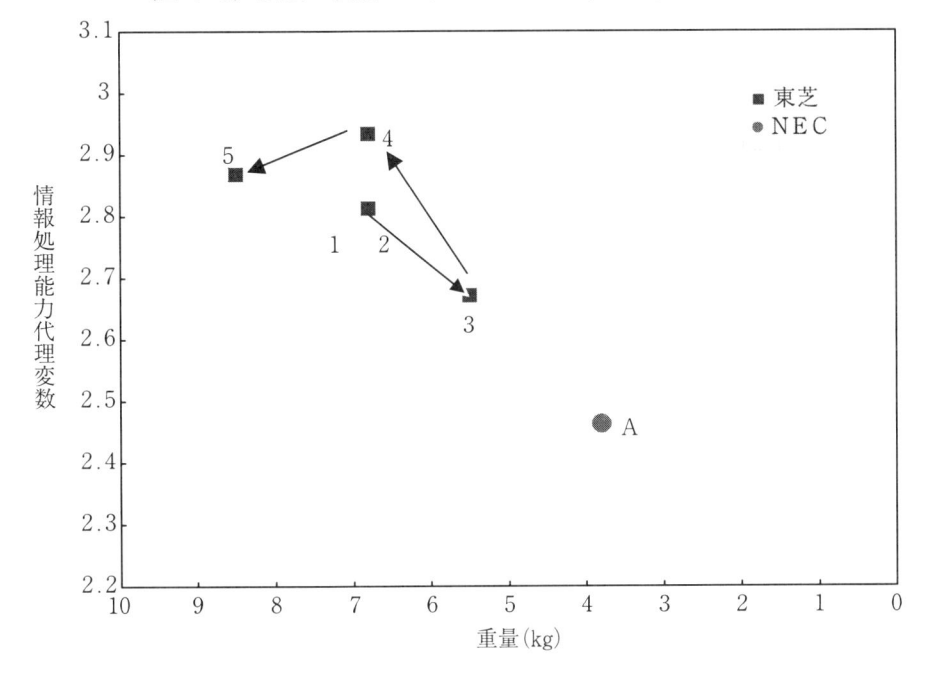

（縦軸：情報処理能力代理変数　横軸：重量(kg)）

〈凡例〉製品1と製品2は重なって表示されている。
　　　 製品2（J-3100GT）は製品1（J-3100）を機能アップした製品である。

製造記号	発売時期	製品名(東芝)	製品名(NEC)
1	1986年10月	J-3100	
A	1986年10月		98LT
2	1987年7月	J-3100GT	
3	1987年10月	J-3100SL	
4	1987年12月	J-3100SGT	
5	1988年1月	J-3100GX	

　これらの製品はNEC「98LT」の2種類、モデル11の23万8千円、モデル21の28万8千円とそれほど変わらない。東芝の「J-3100SL」002モデルとNEC「98LT」21モデルの価格は、ほぼ同一である。

　つまり、海外向けのラップトップを日本市場に導入するためには再設計作業が必要であるし、マーケティングなどの力を集中するため、1986年「J-3100」だけを発売した東芝が、「J-3100SL」を開発したのは「98LT」のセグメントを探索するためであったと言えるだろう。

〈表 4-3〉東芝「J-3100SL」と NEC「98LT」の仕様比較

仕様	J-3100SL	98LT
CPU	80C86	V50
クロック	10MHz	8MHz
RAM	640KB	384KB
ディスプレイ	STN 液晶 2 階調	液晶
表示ドット	640 × 400	640 × 400
FDD	3.5FDD × 1	3.5FDD × 1
HDD	10MHDD	なし
バッテリ	ある	ある
重量（kg）	5.5（model 011 は 4.9）	3.8
値段（円）	398,000（モデル 011）	238,000（モデル 11）
	298,000（モデル 002）	288,000（モデル 22）
発売時期	1987 年 10 月	1986 年 10 月

〈出所〉『日経パソコン』(1988 年 1 年 4 日号) より作成

　東芝は「J-3100SL」の発売後、情報処理能力重視の製品に再び戻り、「J-3100SGT」と「J-3100GX」を開発する。東芝が高い情報処理能力の製品に戻ったのは、NEC の「98LT」と「J-3100」に対するユーザーの評価からであった。1987 年の東芝 51%、NEC19% のマーケット・シェアは、ユーザーが東芝の高い情報処理能力を持つラップトップを支持することを確認させるものであった。

　一方、1988 年 10 月、NEC は、「9801-LS」を開発して、本格的に情報処理能力重視のラップトップ・セグメントに参入してきた。ユーザーは、ラップトップにおけるアーキテクチャの小さな断絶性を支持したという事実は、その時までには他のラップトップ・メーカーにも認知されており、その市場セグメントで競争が展開されはじめていた。そこで、東芝は新しい戦略構築の必要性に追われた。

　東芝は、1986 年ラップトップ発売以来、ラップトップ市場でシェア 1 位を維持してきた。しかし、1988 年になると、NEC を初めとするラップトップ・メーカーの追撃の中で、東芝のシェアは下がりつつあった。1987 年から 1988 年にかけて、NEC は 19% から 25% に、EPSON が 3.8% から 14.4% にマーケット・シェアが上がったが、東芝は逆に 51% から 31% に下がっていた[25]。

　東芝のシェアが下がった原因は、異なる市場セグメントから同一の市場セグメント

---

(25) 『日本マーケットシェア辞典』(1988, 1989)

第4章　分析I──ラップトップにおける東芝とNECの比較・分析　*93*

に競争の場が移動したことにあった。〈図4-6〉を見てみよう。

〈図4-6〉を見ると、1987年までには、情報の携帯機能重視と情報処理能力の重視という2つのセグメントに分離されていた競争の場が、1988年頃から情報処理能力の重視セグメントに収斂していることが分かる。例えば、NECの場合に、最初に製

〈図4-6〉東芝の製品トラジェクトリー（1988年～1989年）

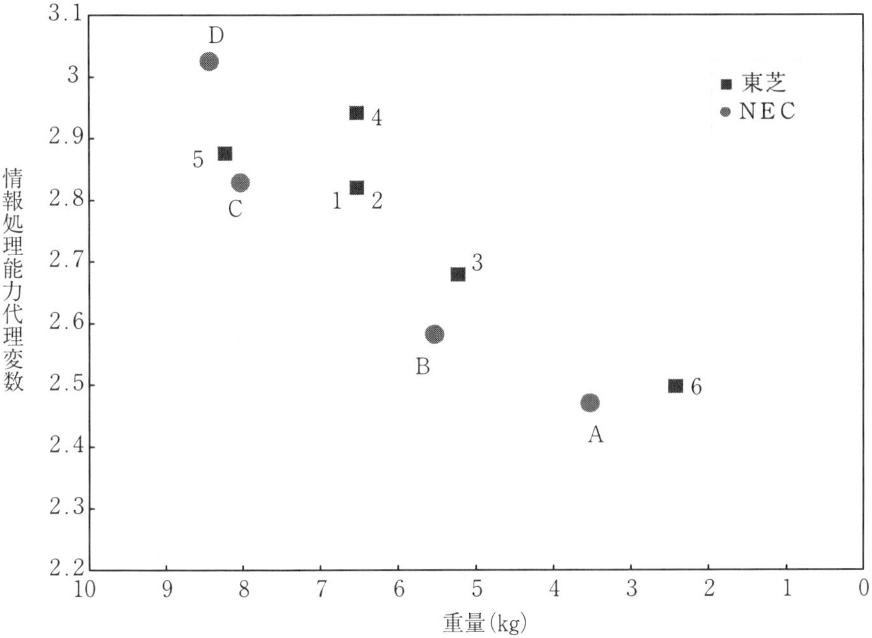

〈凡例〉製品1と製品2は重なって表示されている。
　　　　製品2（J-3100GT）は製品1（J-3100）を機能アップした製品である。

製造記号	発売時期	製品名（東芝）	製品名（NEC）
1	1986年10月	J-3100	
A	1986年10月		98LT
2	1987年7月	J-3100GT	
3	1987年10月	J-3100SL	
4	1987年12月	J-3100SGT	
5	1988年1月	J-3100GX	
B	1988年2月		9801LV
C	1988年10月		9801LS
D	1989年3月		9801LX
6	1989年6月	Dynabook	

品Aで低価格の情報の携帯機能重視のセグメントに参入したが、製品Bを経て、製品C、Dからは、情報処理能力の重視セグメントに移動している。「98LT」で、アーキテクチャの大きな断絶性を選択したNECは、アーキテクチャの小さな断絶性に転換していた。

情報処理能力の重視という同じ製品戦略をベースに、NECと競争することは、競争優位の源泉が、製品機能のパフォーマンスから生産コストに移動することを意味した。すなわち、競争の中心がプロダクト・イノベーションからプロセス・イノベーションに移動することである。その可能性を裏付けているのが〈図4-7〉と〈図4-8〉、また〈図4-9〉と〈図4-10〉である。

〈図4-7〉と〈図4-8〉を見ると、東芝は右下がりの直線に近い製品分布で、NECは下向き曲線の製品分布であることが分かる。これはNECが積極的なコスト削減と価格下げ戦略を取った可能性を示唆している。

この事実がもっと明確に観察できる図が〈図4-9〉と〈図4-10〉である。この2つの図は、縦軸にLog価格を、横軸に重量をとって、回帰分析したものである[26]。両図の一直線は回帰直線で、〈図4-9〉はNEC製品の傾きが東芝の製品より緩慢であることを示している。それは同じ価格では東芝の製品が軽い、なお、同じ重量ではNECのLog価格が安いということを意味する。例えば、8kgの座標を取ってみると、東芝は5.95Log価格になるが、NECは5.8Log価格に留まる。しかし、同じ価格では反対の結果が出て、同じ5.6Log価格で東芝は5.3kg、NECは6kgになる。

この分析結果はまず、NECが東芝と競争するために低い価格を設定した可能性を支持している。もちろんNECの価格設定は累積生産による学習効果とも言えるが、生産台数でNECより東芝が多かった1988年までを前提にすると、その可能性は低い。それよりも、NECのこの価格設定は東芝の同一機種を念頭に置いた結果だと認識する方が自然である。東芝のラップトップより一年以上遅れて発売していたNECは、東芝のラップトップの販売価格が下がりつつあることを計算して価格を設定した。

それにも関わらず、同じ価格で東芝の製品がNECより軽いという事実は、東芝の方が情報処理能力の製品に強かったことを示唆している。東芝の場合、最初から情報処理能力(アーキテクチャの小さい断絶性)を中心に機能を構成したが、NECは最初の情報の携帯機能(アーキテクチャの大きい断絶性)から急速に情報処理能力重視にシ

---

(26) 推定結果は、Appendix II参照

第4章 分析Ⅰ―ラップトップにおける東芝とNECの比較・分析　95

〈図4-7〉東芝のラップトップ分布

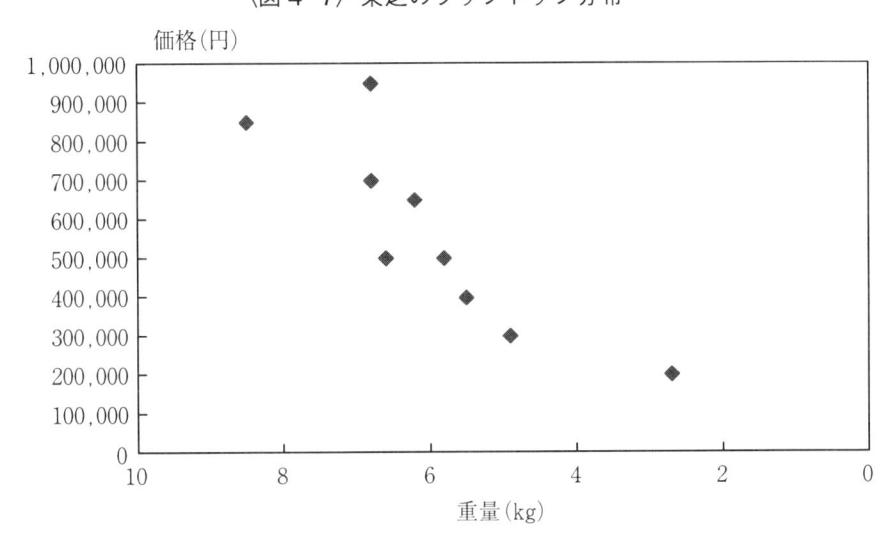

〈注〉11種類のラップトップを対象に表示

〈図4-8〉NECのラップトップ分布

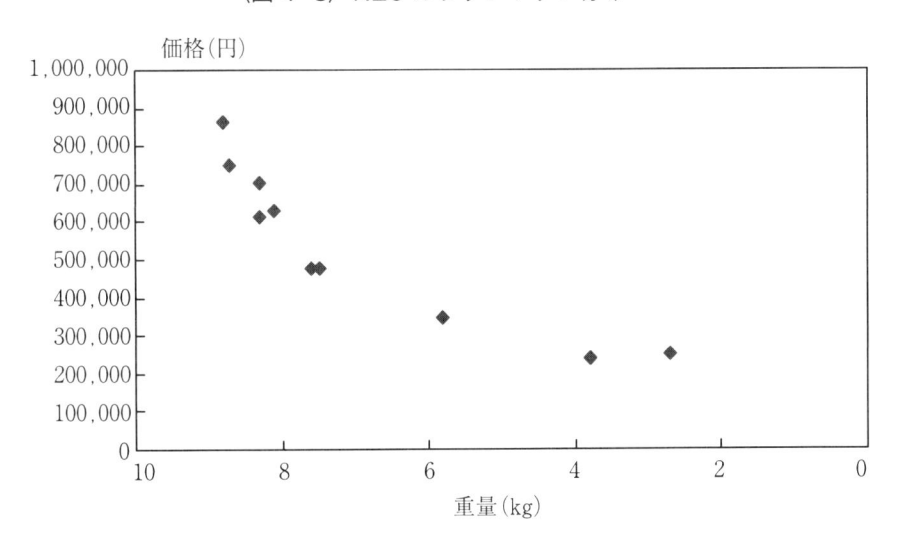

〈注〉11種類のラップトップを対象に表示

96　第4章　分析Ⅰ―ラップトップにおける東芝とNECの比較・分析

〈図4-9〉東芝のラップトップに対する回帰分析

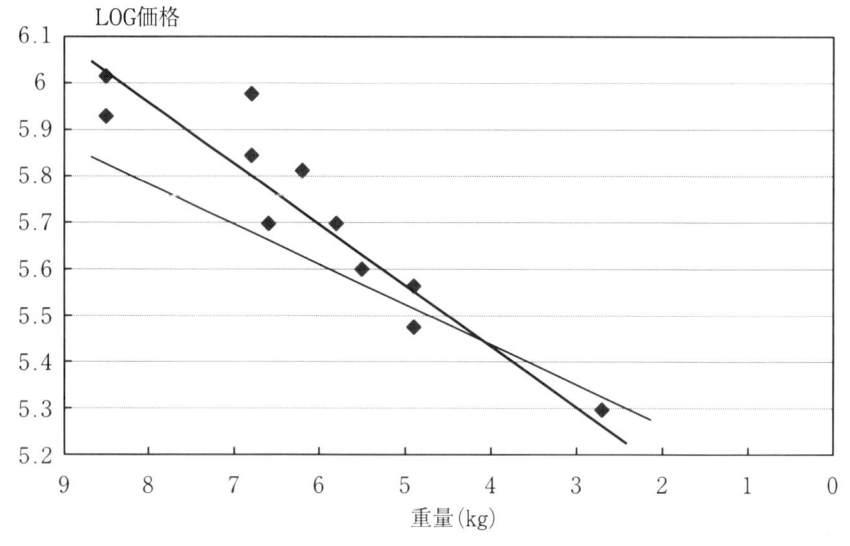

〈注〉回帰分析の結果はAppendixⅡの表参照

〈図4-10〉NECのラップトップに対する回帰分析

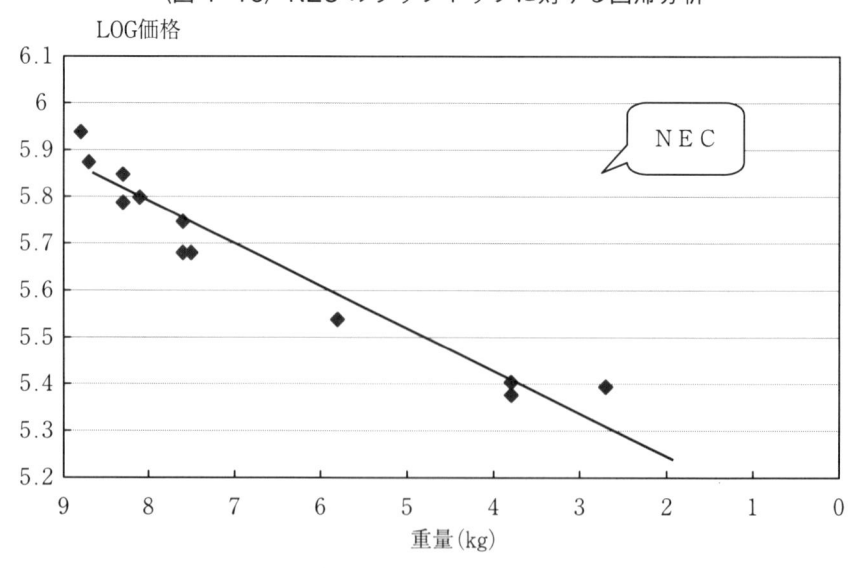

〈注〉回帰分析の結果はAppendixⅡの表参照

フトした結果だと考えられる。言い替えれば、NECが戦略的なアーキテクチャ選択を変えた途端、それに相応しい要素技術とコンポーネント技術の獲得に困難が生じたのである。

しかし、東芝がこのような競争局面で有利になるとは限らない。ラップトップの中心機能が情報の携帯機能から情報処理能力重視のセグメントに移った途端に、軽量性の重要性は弱まるからである。例えば、情報の携帯機能重視のラップトップにおいて、2kgと3kgの差は大きいと言えるが、情報処理能力重視のラップトップでの6kgと7kgの差はそれほど重要ではない。つまり、情報処理能力重視のラップトップになると、2kg以上の差が出ない限り重量は決定的な問題にはならない。

以上のような状況で、東芝が選択可能な戦略は2つであった。第1の戦略は、一層高い情報処理能力を追求して、デスクトップ並みの能力を持つカラー・ラップトップを開発することである。デスクトップ並みのカラー画面を装着し得なかったラップトップは、まだデスクトップと同等の情報処理能力を保有していなかった。

第2の戦略は、情報処理能力の追求で相対的に犠牲になっていた情報の携帯機能重視、低価格のセグメントを開拓することである。

ここで、〈図4-6〉の東芝は情報処理能力の重視から情報の携帯機能重視のラップトップ戦略に転換する。東芝の田中宣幸氏はこの背景を次のように説明している。

「J-3100」を出してから、特に国内で見ると、ある程度東芝の戦略が当たって、ラップトップ市場は得られました。ところで、NECもポータブルの分野が有望だから、どんどん製品を出してきました。あそこは力があります、金とパワーが。この時、多分ノート型も出してくるんでしょうと思いました。かなり技術はほとんど似通ってきてましたね。あの頃、NECもノートを開発したらしいです。問題は、一番大きな壁は技術的な問題です。コンパクトにするための技術的な壁です。一つは機能を削られないことで、もう一つはコストだったのです。コストが安くて、性能がよくて、コンパクトにするというのは誰氏も思うのです。それで、多分コンペティターもその頃は同じことを考えたと思いますけど、やはり一番違ったのは、ある程度の機能を持って、国内で198,000円という価格設定をしたのが、多分一番意義があったと思うのです。当時のポータブルというのは30万円前後でしたから、20万円を切った価格で売ったのが衝撃だったと思います。多分NECさんがびっくりしたのは技術ではなくて、価格ですよ。19,8000円という値づけをするために相当

苦労したんですから[27]。

つまり、東芝は、情報処理能力の重視セグメントで激しい競争が展開されていて、製品の差別化が難しくなった状況で、言いかえれば、初期の優位がなくなりつつある状況から脱却するために、情報の携帯機能重視のラップトップという新しい市場セグメントを狙ったと言える。ただし、NECの「98LT」と異なる点は、情報の携帯機能を重視しながらも、アーキテクチャの小さい断絶性を維持したことである。東芝は、新しいカテゴリーのラップトップを創造しようとはしなかった。

以上のような戦略のもとで、1988年6月東芝はノート型ラップトップである、「Dynabook」の開発をはじめ、6ヵ月後の1988年末には本格的な製品設計に着手した。

(6) ノート型パソコンの開発：ドミナント・デザインの確立

東芝の開発組織はノート型パソコンに対する潜在的なニーズは知っていたものの、その製品を開発するためには、2つの種類の知識を吸収する必要があった。

第1の知識は、ノート型パソコンを開発するためのコンポーネント技術である。コンポーネント技術の問題を解決するため、東芝は、〈図4-11〉のように、再び他部門の技術を吸収した。工場内の実装技術部とASIC技術部の活用とともに、生産技術研究所からさらなる高密度実装技術を、半導体事業本部からLSI技術を再吸収したのである。

第2は、情報の携帯機能を追求するために、どこまで情報処理能力を制限するかに対するノウハウである。例えば、1989年5月に発売されたEPSONのノート型ラップトップ「286Note executive」は、徹底的に携帯機能を追及して、フロッピーディスク・ドライブの代わりにICカードを使い、OSはROM化した。しかし、それによって「286Note executive」は、デスクトップ用ソフトウェアがそのままでは使えない（ICカードの購入が必要）、つまり、デスクトップとのデータ交換が難しい問題を抱えてしまった。当時デスクトップ用ソフトウェアの媒体としては、フロッピーディスク・ドライブが使われていて、ICカードは稀だったからである。

東芝のノート型パソコン開発組織は、ノート型パソコンにおける情報の携帯機能と情報処理能力との機能配分に関するノウハウを、1985年6月に、青梅工場で発売したパーソナル・ワープロ、「ルポJW-R10」の開発組織から吸収した。1980年代初め

---

[27] 東芝・インタビュー, No. 2

第4章 分析Ⅰ―ラップトップにおける東芝とNECの比較・分析 99

〈図4-11〉ノート型パソコンの開発におけるコンポーネント知識の吸収

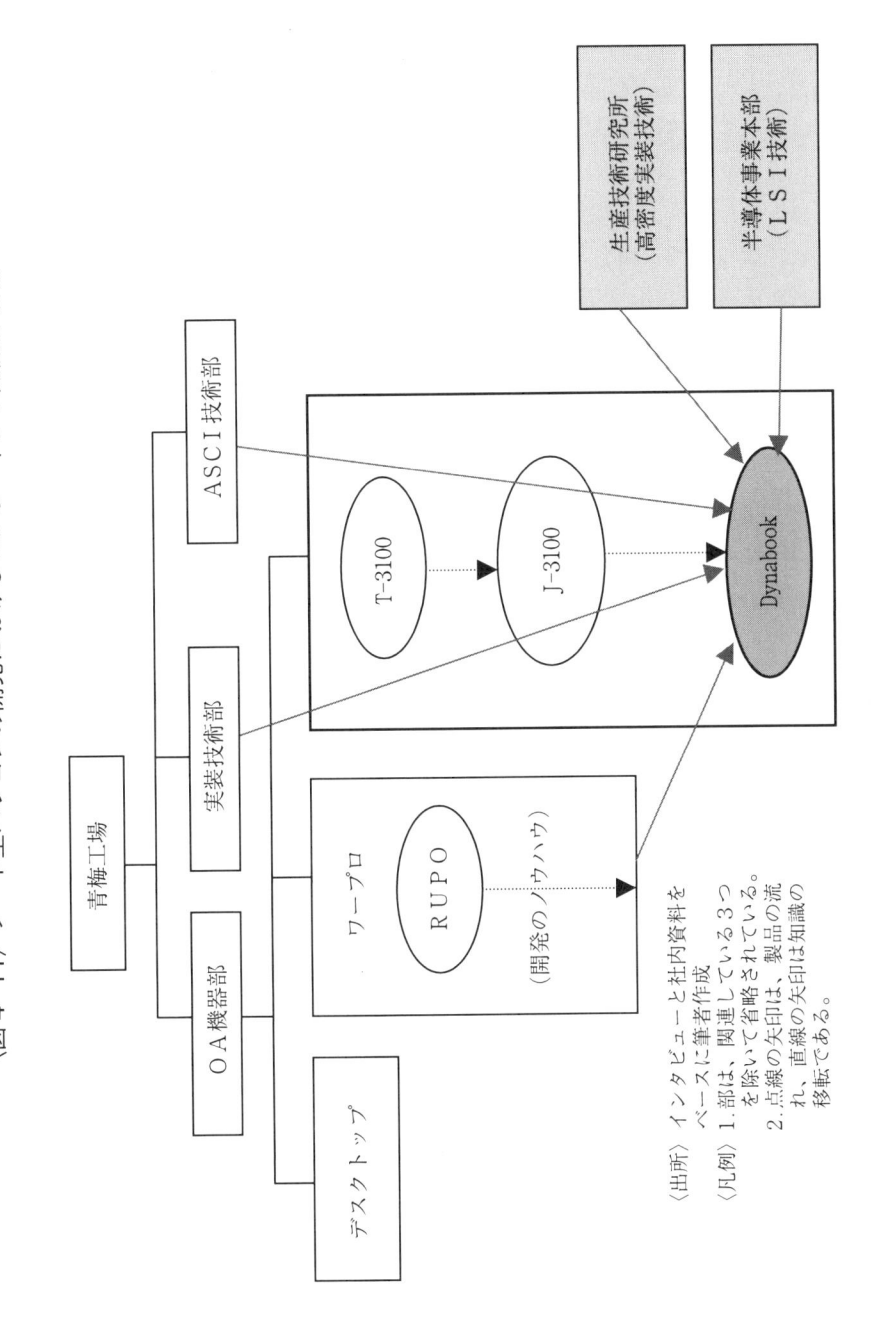

〈出所〉インタビューと社内資料をベースに筆者作成
〈凡例〉1. 一部は、関連して省略されている3つを除いて省略されている。
2. 点線の矢印は、製品の流れ、直線の矢印は知識の移転である。

に、東芝が小型 OA 機器開発を目指して、輸出用ラップトップ「T-1100」とほぼ同時期に開発された製品が、パーソナル・ワープロ「ルポ JW-R10」であった。

1982 年 10 月、パーソナル・ワープロ「TOSWORD JW-1」は 59 万 8 千円の価格で発売され、その後、後継機の開発に伴い、価格は 29 万 8 千万円まで下がっていた。しかし、それでも一般のユーザーがワープロを購入するには高い価格であった。そこで、青梅工場のワープロ部門は、この一般ユーザー層の拡大を狙って、携帯型ワープロ「ルポ JW-R10」を開発した。「ルポ JW-R10」は当初販売計画の 3 倍以上になる、4 万 3 千台が売れる青梅工場初の大ヒット商品になった。「ルポ JW-R10」の開発責任者であった溝口哲也氏は次のように述べている。

> (ワープロで言うと) キヤノンさんが「ワードボーイ」というのを 14 万 8 千円で出しました。富士通さんも出しました。そこで、うちは 10 万を切る所がプライス・スポットだと、直感的に感じたんです。大衆はこのプライス・スポットにはまった製品には絶対に動きます。まだ、スペックも何もない段階で、プライス・スポットだけを決めたんです。というのは秋葉原のある販売店の社長から VTR は 20 万円を切ったら、もっと売れるだろうに、と言われましたね。VTR が 20 万円なら、ワープロを 20 数万円で出しても売れるはずがない。それに、当時のサラリーマンが自分でボーナスを使える額は 10 万円までだといわれていましたからね。それなら、10 万円を切ってやろうということで。後は DTC (design to cost) で、いかにその価格が実現できるような原価を出すかです。また、「ワードボーイ」などは「今日は (こんにちは)」と打っても入らないんです。「いま」を入れて、いろいろ単語変換して、「ひ」を入れてまた変換し、「は」といれて初めて「今日は」になる。しかし、我々は元々文節変換でやっていました。そして、大衆向けに出すためには面白い形でやらなければならないと思いました。音譜なんかも作れるとか、将棋、棋譜ですね。文字の形も、斜体とか白抜きとか全部入れたんです。これはもともと「TOSWORD」で技術開発を全部やってましたから、それを「ルポ」に導入しただけです[28]。

つまり、「ルポ JW-R10」は、9 万 8 千円という低価格にも関わらず、24 ドットの印刷、文節変換、多様な印字機能などの高機能を保有していた。当時他社のワープロ

---

(28) 東芝・インタビュー, No. 6

が16ドット印刷で、単漢字転換しかできないレベルであったにも関わらず、20万円前後の価格であったことを考えると、「ルポJW-R10」のコスト・パフォーマンスは高かったと言える。東芝は、この「ルポJW-R10」の発売で、1986年にマーケットシェア1位に上がった後、1989年まで引き続きNECより上位の地位に留まっていた（〈図4-12〉参照）。

このように東芝が、「ルポJW-R10」を開発、販売しながら学習したのは、高機能・低価格という製品戦略である。「ルポJW-R10」は、できるだけ高い情報処理性能を維持しながら、価格と重量を最大限下げた製品であった。

このような「ルポJW-R10」の開発と成功の経験は、製品開発に参加した菅正雄氏など一部のエンジニアと溝口哲也氏を通じて、「Dynabook」の開発組織に移転されていた。

青梅工場は、「ルポJW-R10」の経験をベースにして、「Dynabook」を開発する時に、最低機能を維持するため、様々な工夫をした。例えば、フロッピーディスク・ドライブの問題がある。前述した通り、2枚のデスクトップ用ソフトウェアを使うためには、2台のフロッピーディスク・ドライブを装備しなければならない。しかし、情報の携帯機能の追求と2台のフロッピーディスク・ドライブの装備とを両立させるのは、困難であった。

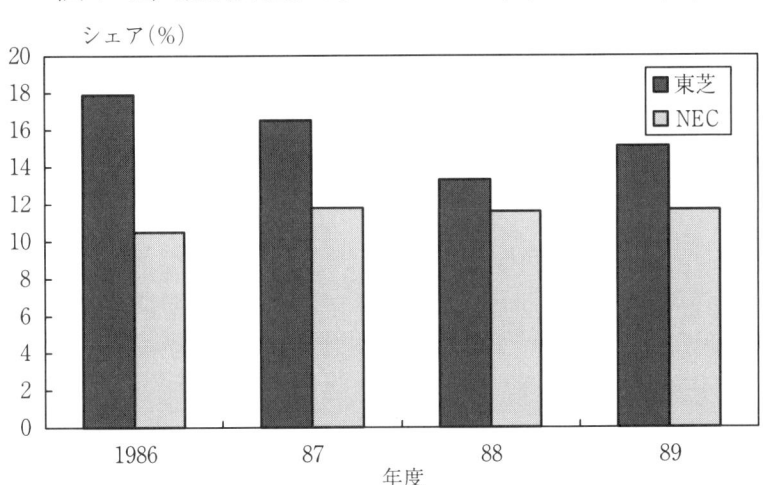

〈図4-12〉東芝とNECのワープロ・マーケット・シェア比較

〈出所〉日本産業新聞（1990）『ザ・シェア91』

そこで、工夫したのが、896KB の RAM ドライブである。本体にはフロッピーディスク・ドライブ1台を残して、この RAM ドライブをもう一台のフロッピーディスク・ドライブのように使える工夫をしたのである。この RAM ドライブに執着した理由に関して、菅正雄氏は次のように説明する。

> 元々「J-3100SL」はフロッピーディスク・ドライブが2つありました。その頃2機のフロッピーディスク・ドライブでどういう使い型をしていたかというと、片方には辞書がありますね。カナ漢字変換のための辞書がある。一太郎のものがあります。それからもう一つは、文書を作ったり、フォントのソフトです。それで、どうしても2つのフロッピーが要るという場合が多かったんです。それから辞書がどれくらい必要かと、辞書に対してどのくらいアクセスするかを調べたんです。それが RAM ではできないかと、これを考えて作ったものが RAM ドライブです。すなわち、一つしかフロッピーがない時に、どういうふうにすればいいかという問題で、最後には ROM に辞書を入れて、その辞書を RAM に取り込むことです。それで完全にデスクトップと互換が取れるということで、フロッピー1台のものを発売したんです。もちろん、RAM は電源を切ると、記憶が消える問題はありましたが、RAM はバッテリでバックアップしているからですね。一週間くらいは大丈夫だと思いました。今ならフラッシュ・メモリーがあるから、電源を切っても大丈夫ですけどね。当時はそういうものはないからです[29]。

このような RAM ドライブを装着した結果、「Dynabook」は、まるで2台のフロッピーディスク・ドライブが動くようになり、デスクトップのアプリケーション・ソフトがそのまま使えるようになった。その結果、「Dynabook」は19万8千円という低価格を維持しながらも、デスクトップやラップトップとの互換性を維持するのに成功した。

「Dynabook」は、ノート型ラップトップのドミナント・デザインを確立した。A4サイズの大きさで、重量は3kg前後、ディスプレイとキーボードが完全一体化したラップトップがドミナント・デザインになったのである。「Dynabook」の後、NEC から同様の仕様の「98ノート」が発売され、それ以降は、競争の中心がノート型パソコンに移動するようになった。

---

(29) 東芝・インタビュー, No. 7

3. NECのケース分析[30]

(1) 初期条件：デスクトップ事業の成功による市場支配

　NECは、大型コンピュータからデスクトップに至るコンピュータ事業で、比較的成功してきた。NECは、1960年代に真空管コンピュータからトランジスター・コンピュータに移行した時期に、トランジスターを使った大型コンピュータの開発で先行した。NECが発売した「NEAC-2201」などの大型コンピュータは、IBM互換機に押されたものの、10％ほどのマーケット・シェアを維持していた[31]。

　NECが大成功を収めたのは、何よりもデスクトップ分野であった。1980年代半ばになると、NECのデスクトップは、日本国内でデファクト・スタンダードの地位を占めつつあった。NECのデスクトップ事業は、1976年電子デバイス事業グループがマイコン・トレーニング・キットである「TK-80」を発売することによって始められた。発売初期では、ただ半導体を売るための組み立て品に過ぎなかった「TK-80」は、予想外にユーザーの強い支持を得た。NECはこの勢いに乗り、1979年5月、日本初の8ビット・パソコン「PC-8000」を発売することとなった[32]。

　この8ビットと次の16ビットのパソコン市場が成長するとともに、NECでは3つの部門がこの事業に参入するようになった。1983年時点で、電子デバイス事業グループが8ビットの「PC-8000」、コンピュータ全般を担当していた情報処理事業グループが16ビットの「98」、家電部門であったNECホームエレクトロニクスが家庭向けの「PC-6000」を各々開発、発売していた。

　この3種類のデスクトップは、開発した部門が異なるにも関わらず、互換性を維持していた。「PC-8000」、「98」、「PC-6000」という3つのパソコンは、同一のアプリケーション・ソフトウェア及び、それを使って作成されたデータが作動できるようにハードウェアが設計された。

　このようなNECの行動は、当時の他のパソコン・メーカーと異質なものであった。1980年代半ばまで、日本のパソコン・メーカーの中で機種間の完全互換を維持しようと努力していた企業は、NECしかなかった。例えば、シャープが1987年3月に

---

(30) 本節は、魏（2001b）を大幅に修正、加筆したものである。
(31) 坂本（1992），p.57
(32) NEC「PC-8000」誕生の過程については富田（1994）参照

発表した「X68000」は、高いレベルの AV 機能を保有していたし、1989 年に発売された富士通の「FM-TOWNS」は、当時先進的であった CD-ROM やグラフィカルな OS を搭載していた。しかし、このような機種の高い機能的なパフォーマンスは、以前の機種との全面的な互換性の実現を犠牲にしたことで可能になった（高松，2000）。

　シャープと富士通のパソコンのような部分互換では、設計と新しい技術導入に関する自由度が高まる代わりに、ユーザーの不便を招く。しかし、それにもかかわらずシャープ、富士通、東芝など大部分の企業は、互換性の確保は部分的に留め、むしろハードウェアの改良に力を入れた。このような状況の中で NEC 情報処理事業グループは、それとは反対にハードウェアの改良を制限してもソフトウェアの互換性を保つ戦略で一貫していた。NEC 以外のメーカーは、NEC がデスクトップ市場で優位を占めて初めて、互換性維持の重要性を学んだのである[33]（富田，1994; 榊原他，1989; NEC 技報，1989）。

　しかしながら、他方で 3 つの部門がラップトップ事業に参入していた NEC では、部門間の過当競争と対立の弊害が深刻であった。そのため、NEC では 1983 年末から 1985 年頃にかけて担当部門の整理、集中が行われた[34]。電子デバイス事業グループは、パソコン事業から徐々に撤退し、その資源は NEC ホームエレクトロニクスに移管され、そこが「PC-6000」と「PC-8000」を担当することになった。その一方、当時もっとも成長が期待された 16 ビット・パソコンは、情報処理事業グループの「98」だけに限定され、パソコン事業は実質的に情報処理事業グループへ集中して行

---

[33] また、NEC は、16 ビットで仕様を公開しなかった東芝や三菱電機とは異なり、発売以前に仕様を公開し、サードパティを形成、成功に至った経験もあった。『NEC 技報』（1989 年 12 号）も「PC-98 シリーズの機種間におけるアーキテクチャの維持持続」を成功要因として取り上げている。

[34] 「日経産業新聞」（1990 年 10 月 29 日）にはその整理プロセスが具体的に紹介されている。

[35] NEC の 16 ビットパソコン発売は早い方ではなかった。当時の製品開発に関わった NEC の早水潔氏は次のように話している。『発売直後、新聞などのマスコミでは話題になりましたが、業界からの反応は鈍いものでした。国内では既に松下電気さんや三菱さんが 16 ビットパソコンを発売していましたし、NEC はむしろ後発のメーカーだったのです。今でこそビジネスパソコンといえば、「PC-9801」と言われていますが、その頃は「今頃なぜ遅れて発売したの？」という雰囲気でした。』（『日本電気』(1992), p.139）

〈図4-13〉NECのラップトップ開発における3つのプロセス

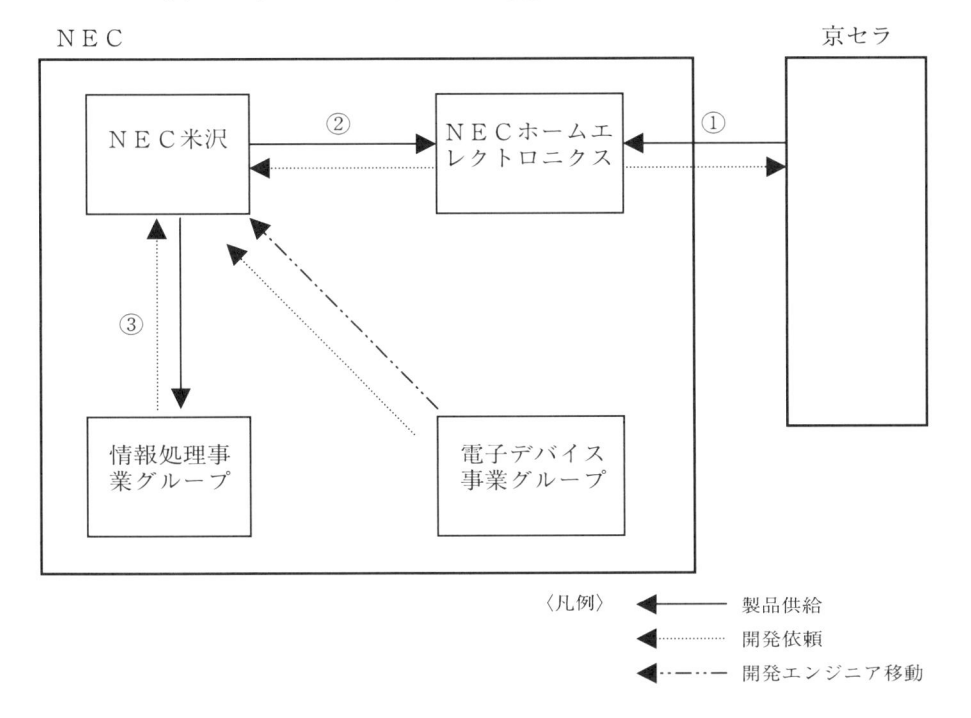

〈凡例〉
　← 製品供給
　← 開発依頼
　← 開発エンジニア移動

ったのである[35]。

(2) ラップトップ開発の3つのプロセス

　NECにおけるラップトップの開発は、3つのプロセスに分かれる。〈図4-13〉を見てみよう。

　第1のプロセスは、〈図4-13〉で①と表示されている部分である。この段階で、NEC最初のラップトップ「PC-8201」は、京セラによって開発され、NECホームエレクトロニクスによって主にアメリカ市場で発売された。

　第2のプロセスは、〈図4-13〉で②と表示されている部分である。この段階では「PC-8400」と「PC-8500」がNEC米沢によって開発され、NECホームエレクトロニクスによって、アメリカ市場向けに発売された。

　第3のプロセスは、〈図4-13〉で③と表示されている部分である。国内向けのラップトップ「98LT」、「9801-LV」などがNEC米沢によって開発され、NEC情報処理事業グループによって発売された。以下ではこの3つのプロセスを具体的に見てみ

よう。

　NEC が最初に発売したラップトップは、「PC-8201」であった（〈写真 3-2〉を参照）[36]。「PC-8201」は、1983 年、京セラの OEM で製造され、日本国内では NEC ホームエレクトロニクスを通じて「PC-8201」という製品名で、アメリカではタンディを通じて「Tandy Model 100」という製品名で発売された (関口、2000)。

　次の〈表 4-4〉に記されているように「PC-8201」は、重量が 1.7kg、A4 サイズの大きさで、8 ビット CPU の 80C85 と横 40 字×縦 8 行の LCD ディスプレイを搭載していた。なお、ワープロや通信ソフトウェアも内蔵されて、Ni-Cd 電池では 17 時間駆動可能な製品であった。「PC-8201」は、情報の携帯機能を重視した製品である。

　第 2 のプロセスで、NEC が開発、発売したのは、「PC-8400」と「PC-8500」であった。「PC-8400」は、1984 年 4 月に開発され、同年 10 月アメリカへ輸出を開始した製品である[37]。これらのラップトップは、NEC 電子デバイス事業グループから依頼され、NEC 米沢が開発を行った製品であった。ラップトップ「PC-8400」は、電子デバイス事業グループによって開発が依頼されたが、パソコン事業を巡る NEC の組織再編成によって、その担当は、ホームエレクトロニクスに移ることになる。

　「PC-8400」と「PC-8500」は、海外向け製品で、アメリカで形成されはじめたラップトップ市場を狙った製品であった[38]。この「PC-8400」の仕様は〈表 4-4〉のとおりである。「PC-8400」は 2.1kg で、CP/M の OS、PD70008C の CPU、画面には LCD ディスプレイを使用した、A4 サイズのラップトップであった。「PC-8400」は「PC-8200」と同様に情報の携帯機能を重視したうえ、モデムを内臓して通信が可能になったという特徴を持っている。

　ここで、製品発売時期だけを見ると、NEC は東芝に遅れを取ったとは言えない。東芝の最初のラップトップ「T-1100」は 1985 年 4 月に、NEC の「PC-8401」は 1984 年 4 月に発売された。しかも、NEC の「PC-8201」は「PC-8401」より早い

---

(36) 日本国内で最初のラップトップは、1982 年、エプソンが発売した「HC-20」である。これは液晶ディスプレイも小さく、内蔵ソフトも BASIC のみであった。詳しくは『日経パソコン』(1985 年 9 月 16 日号) 参照。

(37) 詳しくは『コンピュータ用語辞典』(1996 年) と『日経パソコン』(1985 年 9 月 16 日号) を参照。

(38) その当時のラップトップはハンドヘルドとも呼ばれた。このハンドヘルド・パソコンは重量や外観で多様な形に発展したが、1 つの共通点は可搬性であった。

〈表4-4〉「PC-8201」と「PC-8400」の仕様比較

仕様	PC-8400	PC-8201
CPU	PD70008C	80C85
ROM	96KB	64KB
RAM	64KB（最大96KB）	16KB（最大64KB）
液晶ディスプレイ	480 × 128（80字×16行）	240 × 64（40字×8行）
モデム	内蔵	内蔵
寸法（mm）	300 × 216 × 54	300 × 215 × 35
重量（kg）	2.1	1.7

〈出所〉『日経エレクトロニクス』（1984年12年3日号）p.104より作成

1983年に発売されていたことから、ラップトップの発売そのものは、東芝より一年半以上早かったと言える。

　ただし、第1のプロセスで「PC-8201」は、京セラからOEMで供給されており、ラップトップの開発に必要な技術がNECの組織内部に蓄積されたものではない。しかし、第2のプロセスでは、NECの内部でラップトップの開発と発売が行われた。そのため、ラップトップの関連技術とノウハウがNEC米沢に蓄積されるようになる。ラップトップ関連技術は、情報処理事業グループと組織的な関係がないNEC米沢によって行われた。以下では、NEC米沢による技術蓄積のプロセスを整理してみる。

　NEC米沢は、1944年、東北金属米沢製作所という工場からスタートした。この工場は、1983年、NECの出資を受けることによってNEC米沢という名前に変わる。NEC米沢は、買収された当初は通信事業グループの所属になっていた。そのため、NEC米沢は、コンピュータ機器製造の経験がなかったが、電話交換機の内部に入れるマイコンの製造は行っていた。NEC米沢の組織的な特異性について柴田孝氏は次のように説明している。

　NECに買収された後、所属がいろいろ変わりましたが、所属していた事業部の製品は、NEC米沢の売り上げの中で約30％しか占めていなかったんです。多い時には、20以上のNEC事業部と付き合った時もありました。事業部が直接製品を生産する時に、少しずつ分けてもらってNEC米沢で生産したのです。他のNEC工場は、全部各部門がそれぞれ目的を持って作った工場です。しかし、NEC米沢は、そういうわけではなく、もともとあった会社に資本を100％入れて、買収した工場で、買収した後、「じゃー、この会社をどうしようか」といろいろ考えられていました。

その点で、NEC 米沢は親がいなかったという表現が正しいかもしれません。そのお陰で、NEC 米沢には、他の NEC 工場とは違って、製品開発機能もそのまま残るようになりました[39]。

つまり、NEC 米沢は、特定の製品を生産するために、NEC の各部門が意図的に作った工場ではなく、もともと製品開発機能を持っている外部の工場を買収したケースであった。そのため、NEC 米沢は特定の部門に属していながらも、比較的自由に他部門との取引が可能で、独自の製品開発も行っていた。

なお、NEC 米沢は情報処理事業グループを初めとする他部門との人事交流を行っていなかった。それで、NEC 米沢がラップトップ開発を模索する時点で、組織内部にコンピュータに関する経験を持っていたエンジニアは神尾潔氏しかいなかった。神尾潔氏は 1974 年から 3 年間、府中の情報処理事業グループに出向して、大型コンピュータ「ACOS」用のソフトウェア開発に参加した経験があった。

NEC 米沢が開発した最初のパソコンは、「Classmate」という小型のラップトップであった。この製品は、NEC ホームエレクトロニクスからの非公式な依頼によって、1983 年秋に完成された。しかし、「Classmate」は、発売までは行かず、試作品に留まった。その後、1984 年 4 月に、NEC 米沢は、電子デバイス事業グループの依頼によって独自規格の「PC-8400」の開発に取り組むようになる。

NEC 米沢がラップトップ・パソコンの開発に着手した背景に関して、NEC 米沢の柴田孝氏は次のように語る。

NEC 米沢は、他の NEC 工場とは違って、いろいろな部門と取引ができる背景を生かして、NEC にいろいろ製品を提案していこうと思いました。当時は、「PC-8000」から「98」に移る段階で、パソコンは非常に凄い勢いを示していました。それで、我々は、パソコンの周辺に狙いを付けて、開発していたんです。例えば、小さなプロッターをやろうということがありました。当時のプロッターは、非常に大きなものでした。イメージ・スキャナーも非常に大きな箱でした。小さくするためには、LSI とか、今問題になっている電波の問題とか、構造設計とかあります。そこにフォーカスしていたわけです。それがラップトップ・パソコンの技術として流れていくんです。ゲートアレイが出始めた時期に、NEC のゲートアレイの 3 分の

---

[39] NEC・インタビュー, No. 6

1をここで開発した時期もありました[40]。

以上のような柴田氏の説明から考えると、NEC米沢は、保有していた技術の連続線上でラップトップの開発に着手したと言える。NEC米沢は、資源活用を模索する中でパソコン分野の将来性に着目し、ラップトップというニッチ市場を狙って、「PC-8400」の開発を受け入れたのである。

その一方、ラップトップに必要な技術全てを単独で蓄積することが困難であったNEC米沢は、「PC-8400」の開発の際に、電子デバイス事業グループから関連技術を吸収した（〈図4-14〉参照）。NEC米沢にはパソコンに対する製造経験がなかったため、当時デスクトップ「PC-8000」シリーズを生産していた電子デバイス事業グループからエンジニア5人が移動して、その作業を支援したのである。電子デバイス事業グループから派遣されたエンジニアは、設計のまとめ役をはじめ、開発テーマ別の

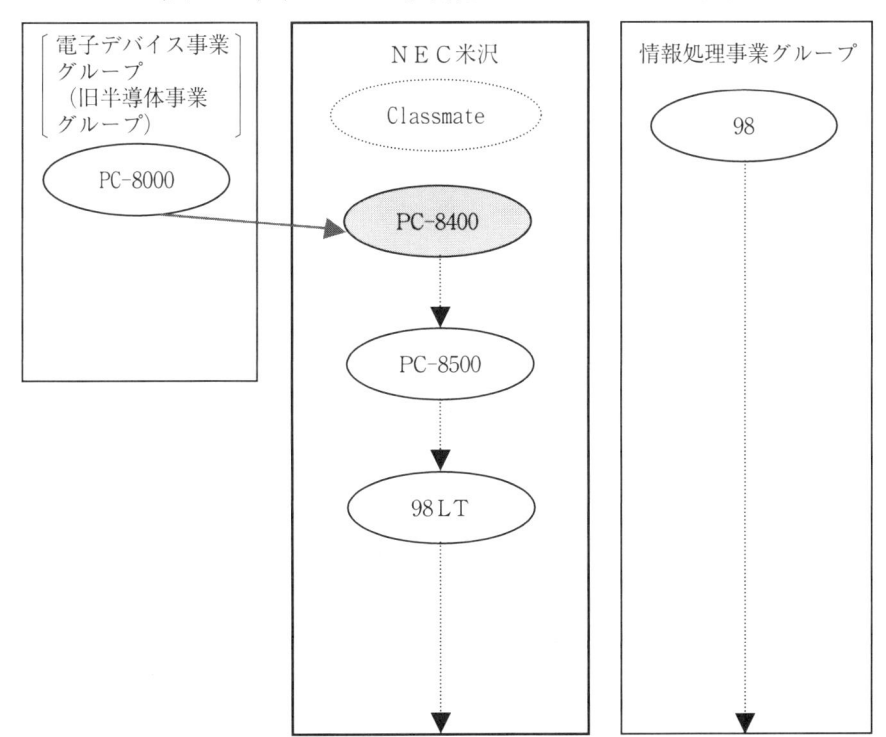

〈図4-14〉「PC-8400」開発におけるエンジニア移動

〈凡例〉点線の矢印は製品の流れ、実線の矢印は知識の流れである

---

(40) NEC・インタビュー，No.6

技術指導、設計の分担を行った[41]。その後彼らは、パソコン部門の再編成の過程で、NECホームエレクトロニクスに移動することになる。

　他方、支援した電子デバイス事業グループにしても、ラップトップを開発、生産した経験はなかった。それなのに電子デバイス事業グループによる支援が可能であった理由について、当時電子デバイス事業グループから派遣され「PC-8400」開発に携わった平山邦夫氏は次のように語っている。

「(PC) 8400」の時、(NEC) 米沢は高い水準の高密度実装をあまりやっていなかったと思います。我々は、ビジネス・ターミナルとかの部分でああいうことをやっていました。また、半導体のトレンドとして、ゲートアレイ化になって、回路規模も小さくできるようになりました。バイポーラからCMOSにデバイスが変わり、消費電力も抑えて、筐体自体も小さくできるというトレンドがありました。それがちょうど「(PC) 8400」の時期に使えたと言えるんです[42]。

　つまり、電子デバイス事業グループには、小型化のためのデバイス技術と高密度実装の経験、設計技術があり、それがラップトップの開発に活用されたのである。その結果、NEC米沢は、情報処理事業グループとは全く別個に、「98」非互換ラップトップの開発を行うなかで、ラップトップ開発に必要な技術を蓄積していた。NEC情報処理事業グループがようやくラップトップ開発を計画した1985年10月当時、NECの中でラップトップの開発経験を保有していた組織はNEC米沢しかなかった。

(3) 情報処理事業グループのラップトップ開発抑制
　　：デスクトップ・アーキテクチャ知識の制約

　以上のような第2のプロセスで注目すべき点は、ラップトップ開発に情報処理事業グループが関わっていない点と情報処理事業グループからのコンポーネント知識の移動が行われていない点である。まず第1の点から考えてみよう。

　デスクトップにおいて日本の実質的な標準を確立した主役は、NEC情報処理事業グループである。情報処理事業グループは、その過程でデスクトップ・アーキテクチャに関する知識を蓄積していた。ここでデスクトップのアーキテクチャ知識とは、情

---

(41) NEC・インタビュー，No. 3, 4, 5
(42) NEC・インタビュー，No. 3

報処理を行うための、機能の配置とコンポーネントの対応に関する情報とノウハウである。

例えば、デスクトップ「98」には、漢字処理のスピードをあげるために、漢字がROMに組み込まれていた。この漢字ROMに入っている文字は、CRTコントローラーを経由して、ディスプレイに表れる仕組みになっていた。しかし、IBMのDOS-V機では、フロッピーディスクに挿入されている漢字フォントが、フォント・ドライブとディスプレイ・ドライブを経由して、グラフィックスVRAMで変換され、ディスプレイに表示される[43]。

このように「98」アーキテクチャは、ハードウェアの中に漢字ROMを取り入れて、デスクトップにおける命令の実行と情報の出力機能を大幅に強化したものであった。

しかし、「98」に関するデスクトップ・アーキテクチャ知識は、ラップトップという新しいアーキテクチャの登場を抑制するようになった。デスクトップ・アーキテクチャ知識の制約により、情報処理事業グループはラップトップの開発を行おうとしなかった。その理由は、ラップトップの機能的な劣位にあった。

1980年代はじめに、ラップトップという新しいパソコン・アーキテクチャが登場した。前にも述べたとおり、この当時のラップトップは、デスクトップに比べて、情報処理能力で劣る製品にすぎなかった。例えば、デスクトップは情報の出力機能の実現にカラー・ディスプレイが使用されていた。デスクトップでは、低解像度でありながらも16色カラーの表示が可能な製品が10万円前後の価格で発売されていて、デスクトップのカラー化は主流になりつつあった（『パソコン白書』, 1990）。しかし、ラップトップではまだモノクロのLCDが使用されて、階調表示もできない製品であった。従って、当時のモノクロLCDにデスクトップ「98」のカラー・ソフトを動かすのは難しかった。NECのデスクトップで使うソフトはラップトップでは利用できなかったのである。この点に関して、小澤昇氏は次のように指摘している。

　当時は階調表示ができるLCDパネルがなかったのです。これが一番大変な所でした。その当時の「98」ソフトは、カラーであれ、モノクロであれ、階調表示ができないと色のグラデーションがとれませんでした。ところが、その時のLCDパネルはグラデーションが取れなかったんです。いわゆる2色ですね、ゼロ、イチの世界のことです。その濃淡が取れなかったから「98」ソフトを使うのは困難でした[44]。

---

(43) 川崎 (1997), p.41

なお、命令の実行を担当するCPUも、ラップトップでは空間の制約によりデスクトップ用のCPUが使えなかった。ラップトップには独自の小型CPUを開発する必要があった。しかし、小型CPUは機能面でデスクトップ用CPUより劣るコンポーネントであった。専用のCPUを装着したラップトップは命令の実行機能の弱化を招くしかなかった。このようにラップトップにコンポーネント技術の制約がある状態で、デスクトップ用のアプリケーション・ソフトを動かすのは困難であった。

そこで、デスクトップ・アーキテクチャ知識は、情報処理能力で劣位であるラップトップ・アーキテクチャの登場を抑制するようになった。1984年にNEC情報処理事業グループ内部で、ラップトップが企画されたことがあった。しかし、やはり上で指摘したようにラップトップの情報処理能力が劣るという理由で、その企画は棄却されてしまった[45]。

第2の特徴は、〈図4-14〉で観察されるように、プロセス③（〈図4-13〉）以前に情報処理事業グループから他部門にコンポーネント知識が移転されなかった点である。その原因の1つは、デスクトップ事業の整理と資源の再配置プロセスで露呈した部門間の競争と葛藤である。

1983年時点でデスクトップ事業は、情報処理事業グループなど、3つの部門が分け合う形で整理が行われていたが、それはあくまで過渡的な処置に過ぎず、各部門間の対立は依然として残っていた。結局1983年末、当時の事業部長であった大内淳義氏の決断によって電子デバイス事業グループは、パソコン事業から撤退してしまった。すなわち、8ビット・パソコンはホームエレクトロニクスが、16ビット・パソコンは、情報処理事業グループが引き受けることになった[46]。

そのようにして、デスクトップ・パソコン事業の領域整理は終わったものの、パソコン・アーキテクチャの変化によって生まれる、新しい製品への参入と、その製品の統合と整理に関するルールまで確立されたわけではなかった。そうしたルールがない状態で、情報処理事業グループ以外の部門は、デスクトップと関連性が高いと思われたラップトップ事業に参入しようとしなかった。既に一回整理が終わったパソコン事

---

(44) NEC・インタビュー，No.1
(45) NEC・インタビュー，No.2
(46) この経緯については、小林広治（1989）と「日経産業新聞」（1990年10月16日から30日まで）の記事「昭和産業史」を参照

業を巡る、部門間の激しい対立が再現されるのを恐れたからである。NEC米沢と電子デバイス事業グループも、海外市場向けのラップトップは開発したものの、国内市場向けのラップトップには手を着けなかった。

このように部門間の対立が存在して、さらに、ラップトップへの参入が抑制されている状態では、情報処理事業グループと他部門の間でコンポーネント知識の移転は行われていなかった。その結果、NEC米沢は、ラップトップの関連技術を蓄積していながらも、BIOS情報などデスクトップ「98」アーキテクチャのコンポーネント知識は吸収していなかった。

(4) ラップトップ「98LT」の開発と発売：アーキテクチャの高い断絶性を選択

NECが本格的に日本国内市場を狙って、ラップトップを開発、発売したのは、1986年10月である。これが〈図4-13〉のプロセス③である。

情報処理事業グループがラップトップの開発を模索したのは、1985年秋になってからであった。1985年4月ヨーロッパで発売された東芝のラップトップ「T-1100」は、最初の一年で8000台が売れるヒット製品になった。ヨーロッパ市場では無名に近かった東芝が、PhilipsやOlivetti、IBM、NECなどのデスクトップ・メーカーと競争しながらも成功を収めたのは、ラップトップ市場の可能性と将来性を示すものであった。情報処理事業グループがラップトップ開発を決定したのは、東芝のラップトップ「T-1100」の可能性が確認された後である[47]。

情報処理事業グループは、ラップトップ市場への参入を試みた時、デスクトップとは異なるアーキテクチャとコンポーネント技術の問題に直面した。情報処理事業グループは、ラップトップの開発を計画していた1985年当時、部門内部で試作品を製作したことがあった。しかし、そのラップトップは10kgを超えるもので、到底ラップトップとは言えない製品であった。さらに、デスクトップ「98」とラップトップとの互換性の確保もIBMより一層厳しかった。

---

(47) NECとしては、階調表示ができる液晶を待つ戦略も考えられる。この戦略を採択しなかった理由に対してNECの小澤氏は「ニッチであれ、誰も他社のメーカーにその市場を上げていいなんて、ありえないです」と説明した。しかし、その当時はデスクトップも急成長段階にあり、資源をデスクトップに集中する方がいいと思われる時期であった。それにも関わらず、NECがラップトップ市場に進出したのは、東芝のラップトップの出現と欧米市場での成功を意識したからだと思われる。

例えば、IBM PC は、グラフィック制御チップとして MDA (Monochrome Display Adapter) と CGA (Color Display Adapter) という2種類のチップを装備していた。MDA はテキスト・モードのみが可能なモノクロ表示専用で、CGA はテキスト・モードとグラフィック・モードの2つのモードを備え、4色の時には 320 × 200 ドットの解像度で表示できるチップである。一方、「98」は、発表当時から 640 × 400 ドットで8色のカラー表示が可能なグラフィック制御チップ (GDC, Graphic Display Controller) を備え、カラーのグラフィックを高速で処理することが可能であった（日経バイト、1996）。

しかし、このような「98」のカラー・グラフィックの高速処理能力は、逆にモノクロ画面のラップトップとの互換性確保を IBM より一層困難にさせるものであった。情報処理事業グループが部門内部で徐々に技術を蓄積しながら、ラップトップを開発するのには相当時間がかかる可能性があった。そこで、情報処理事業グループは内部開発を諦め、ラップトップの関連技術を蓄積していた NEC 米沢にラップトップの開発を依頼することになる。この点に関して、NEC 米沢の神尾潔氏は次のように言っている。

「PC-8400」のマイナーチェンジである「PC-8500」を開発する途中で「98LT」の依頼がありました。今度、そういう製品があって、情処（情報処理）グループの 16 ビットパソコン（ラップトップ）ということです。米沢はラップトップ開発をやって、それが「PC-8400」とかですね。府中はその開発経験がないので、我々の方に依頼したらどうだろうか、という話になったわけです。その時に我々はパソコンの流れが、「PC-8400」という8ビットから 16 ビットに変わるだろうと思っていました。それで、「98」シリーズ、16 ビット・パソコンのラップトップ・タイプにうまみがあるということで、その開発依頼を受け入れて「98LT」に移ったのです[48]。

このような経緯で「98LT」の開発が始まり、その後から現在まで NEC のラップトップは、引き続き NEC 米沢が担当するようになった。ただし、NEC 米沢は、エンジニアリングを担当し、情報処理事業グループは、製品企画と販売を担当していた。これは、開発とマーケティングの組織的な分離とも言えるだろう[49]。

---

(48) NEC・インタビュー、No. 2

「98LT」企画は、1985年10月に始まり、発売は1986年10月であった。この「98LT」が想定していたユーザーに関して小澤昇氏は次のように説明する。

東芝さんのものと我々とは考え方とコンセプトが違ったと言えます。どちらかというと東芝さんのものは基本的に省スペースのデスクトップ用途を狙って、結構重いという、いわゆる一体化したデスクトップです。我々の方は3kgくらいの軽量、可搬性のところを狙いました。その時、ある程度重さ重視ですね。それからこういう需要は個人ではなく、企業関係の方に多いのではないかと考えました。その当時Cobolとか、Fortranとか、特にCobolですね。業務アプリケーションを作って、それでセールスの方に、持ち歩く方に持たせるという携帯が結構多いと考えました。そうした場合にはEDP室の方がCobolアプリケーションを作ってLT上に乗せて、セールスの方に持たせるという発想です。また値段の問題もあって、値段が高いと企業のエリート部門とか、限られたメンバーだけが買うものになります。日本の市場でそんな高いものがたくさん売れるのか、と。まず値段が安くないと難しいのではないかと判断しました。デスクトップの場合には、どちらかといえば、高機能、CAD, CAMにも使いますという性能重視のものがあります。しかし、携帯用途というのはあまり高性能ではない製品を、大衆のニーズは小型、軽量の方ですね。性能が速ければならないとかの話はあまりお客さんも言わないと思います。相対的には小型・軽量、次は低価格という順番だと思います[50]。

NECは、東芝と同様にラップトップの主な顧客が企業であると考えていた。しか

---

(49) ここで重要なポイントはNECという企業組織の特徴である。もし、この情報処理事業部を1つの企業として考えるなら、NECはラップトップを市場に出せなかったか、出しても相当遅れたかもしれない。しかし、NEC米沢という、全く別に分離された組織が存在、またその組織がラップトップ経験と技術を蓄積することによって、組織全体としてのNECは1986年「98LT」発売が可能になったのである。このようなNECのラップトップの開発プロセスは、デスクトップ誕生プロセスと一致するように見える。デスクトップも情報処理事業グループではない電子ディバイス事業グループから生まれて、情報処理事業グループに移転され、またラップトップも別部門のNEC米沢から情報処理事業グループの意思とは関係なく、技術を蓄積してきたからである。この点は情報処理事業グループという「既存部門」とNECという「既存企業」の戦略と対応を分離して考えなければならないことを意味するだろう。

(50) NEC・インタビュー, No. 1

〈表 4-5〉NEC「98LT」と東芝「J-3100」の仕様比較

仕様	98LT	J-3100
CPU	V50	80286
クロック	8MHz	8MHz
RAM	384KB	640KB
ディスプレイ	液晶	プラズマ2階調
表示ドット数	640 × 400	640 × 400
FDD	3.5FDD × 1	3.5FDD × 1
HDD	なし	10M
バッテリ	ある	なし
重量（kg）	3.8	6.8
価格（円）	238,000	698,000
発売時期	1986年10月	1986年10月

〈出所〉『日経パソコン』（1988年1年4日号）より作成

し、その企業のラップトップに対するニーズ解釈は東芝と異なっていた。東芝はオフィス内で使うラップトップを、NEC は外出先で営業マンやセールスマンが使用するラップトップを想定していた。

「98LT」は、何より情報の携帯機能を重視しているところが特徴である。〈表4-5〉に表れているように、NEC は、「98LT」の情報の携帯機能を具現する過程で、情報処理能力が犠牲になった。

〈表 4-5〉を見ると、「98LT」の RAM は 384KB でデスクトップの 640KB より小さかった。また、ディスプレイはモノクロ LCD になってしまい、情報の出力機能が弱かった。

一方、「98LT」は、デスクトップ「98」とテキスト・レベルの互換はできるものの、「98」のアプリケーション・ソフトが使えないという、基本的に別規格の製品であった。この点は、「98LT」の独自の CPU、カラー表示ができない LCD と小容量の RAM や ROM というコンポーネントで確認できる。

NEC は「98LT」の命令の実行機能を実現するために、独自開発したラップトップ用 CPU、「V50」を装着した。その点について NEC 米沢の神尾潔氏は次のように話している。

その当時、6種類くらいの IO（Input Output）があったのです。それを全部一つのチップの中に埋め込みましょうという CPU が出たのです。CPU が小さくなります

よね。そのチップを使ったらどうかという話がありました。それが V50 という CPU です。しかしながら、V30 の周辺を取り込んでやったのですから、互換ではないです。一つに全部するということで IO レジスターが合わなかったのです。そうすると、デスクトップ「98 シリーズ」で動いていたアプリケーションがそのままからないのです。互換がなくなってしまいますということで、今まで 9800 という製品名の意味が、9800 のソフトウェアが全部かかりますよという、NEC のシナリオから外れるので、9800 ではなく、「98LT」という名前で出さざるをえなかったんです[51]。

NEC で開発した V50 は、インテルの i80186 に機能を追加したマイクロ・プロセッサーで、パソコンの CPU として使われたのは「98LT」が初めてである。しかし、V50 の使用は、既存製品との CPU レベルの互換性を諦めることを意味した。

次に、LCD である。「98LT」の情報の出力機能の実現には軽い LCD ディスプレイが使用された。しかし、その LCD はまだモノクロで諧調表示ができなかったために、「98」用のカラー表示のソフトは動かなかった[52]。これは、やはりアプリケーション・ソフトとデータ・レベルの互換が困難であることを意味する。

なお、「98LT」は OS である MS-DOS を ROM に内蔵した点が新しく、アプリケーション・ソフトに OS を組み込む必要がなくなった。しかし、その結果、ROM から DOS が直接起動するようになって、「98」用のソフトは使えなくなった。RAM 容量が 364KB で、「98」の 640KB より小さくなったことも、「98」との互換が制限された要因であった[53]。

以上の事実から考えると、「98LT」は、デスクトップの延長線上の製品というよりは、製品カテゴリーを開拓しようとした別製品だったと言える。NEC は、ラップトップ用の独自ソフトの拡充を急速に進めることで、新しいサードパーティの構築を試みた。その際、デスクトップ「98」のサードパーティを利用して、新しいラップトップのサードパーティを構築しようとした。「98LT」発表と同時に公表された、サスケ、松、PC-WORD などのワープロソフト、dBASE II／III、マルチ・プランなどのデータ処理ソフト、PCOM α、Astaik II の通信ソフトなどは、サードパーティによるソフトウェア出荷計画の試みである。「98LT」の発売と同時に発表された「98LT」用

---

(51) NEC・インタビュー, No. 2
(52) 『日経パソコン』(1986 年 12 月 1 日号), p. 146
(53) 『日経パソコン』(1988 年 1 月 4 日号), p. 214

ソフトは、殆ど「98」のサードパーティによって作られたものであった。

それでは、なぜ「98LT」は、このようにアーキテクチャの大きな断絶性を追及したのだろうか。次のような2つの理由が考えられる。

第1に、「98LT」の開発主体である情報処理事業グループがNEC米沢によって牽引された点である。NEC米沢は組織的に情報処理事業グループに属さず、また、取引関係もなかった。このように組織的に離れていたために、NEC米沢は情報処理事業グループのアーキテクチャ知識からはなれて、情報の携帯機能を重視したラップトップを開発してきた。「98LT」以前の段階でNEC米沢が開発した「PC-8400」、「PC-8500」は、このような製品である。そこで、「98LT」も、NEC米沢の独自のラップトップ開発経験をベースに開発された。つまり、NEC米沢には、組織内部に情報の携帯機能を重視するラップトップ・アーキテクチャ知識が蓄積されていた。この知識の作用によって、NEC米沢はラップトップ固有の製品機能である情報の携帯機能を重視したラップトップを開発するようになったと見える。

第2に、NEC米沢にデスクトップのコンポーネント知識が移転されておらず、「98」との互換に関する情報がNEC米沢に存在していなかった点である。デスクトップ・パソコン事業の整理後、デスクトップに関連する各部門では、知識の移動が抑制されていた。そのため、「98LT」以前の段階でNEC米沢は、「98」との互換性維持に必要なBIOS情報などが移転されていなかった。なお、「98LT」以前までNEC米沢で開発したラップトップは、全部独自規格であった。そのため、NEC米沢は、「98LT」とデスクトップ「98」との互換を可能にするどのような技術も蓄積していなかった。

さらに、情報処理事業グループもコンポーネント知識の移転に消極的であった。情報処理事業グループは、Christensen (1997) などが指摘した既存企業と同様に、成長中の既存製品（デスクトップ）に余剰資源を集中投入しようとしていた。そのため、「98LT」以前の段階で情報処理事業グループからNEC米沢など他部門にコンポーネント知識が移動することはなかった。

(5) 製品進化の段階：ドミナント・デザイン確立への競争プロセス

「98LT」は、デスクトップとは異なる新しいカテゴリーの製品を目指したが、ユーザーの評価は、それほど高くなかった。NECは「98LT」を市場に送り出した後、ユーザーの反応を観察した。その反応の中で最も重要なのはマーケット・シェアであろ

う。1986年10月発売から1987年末までのラップトップのマーケット・シェアは、19%（NEC）対50.6%（東芝）であった。ユーザーは、アーキテクチャの大きな断絶性（情報の携帯機能重視）よりは、小さな断絶性（情報処理能力の重視）を支持したのである[54]。

さらに、1987年10月にはEPSONが「98」用ソフトウェアが動くラップトップ「286-L」を発表して、ユーザーの支持を得た[55]。この製品は、東芝のラップトップと同様にアーキテクチャの断絶性が小さいラップトップである。EPSONのパソコン全体のマーケット・シェアは、1987年の3.8%から「286-L」発売後の1988年には14.4%まで急上昇する。EPSONから先に「98」との部分互換ラップトップが発表されたことは、既にデスクトップのBIOS著作権問題でEPSONを提訴していたNECに、大きな危機意識をもたらした。これに関して、NEC米沢の神尾潔氏は次のように語る。

EPSONが（「98」）互換機を出して、その上で、それからはラップトップに特化していくのではないかと感じたんです。EPSONが「98」互換ラップトップを出したので、テキスト互換の「98LT」は「98」互換機とは言いにくくなったんです。これはやばいということで急遽先の製品開発を辞めて、やはり「98」互換機のラップトップということで誕生したのが「9801-LV」です[56]。

〈表4-6〉「98LT」と「9801-LV」の仕様比較

仕様	98LT	9801LV
CPU	V50	V30
クロック	8MHz	10MHz
RAM	384KB	640KB
ディスプレイ	液晶	液晶8階調
表示ドット数	640 × 400	640 × 400
FDD	3.5FDD × 1	3.5FDD × 2
HDD	なし	なし
バッテリ	ある	ある
重量(kg)	3.8	5.8
価格(円)	238,000	345,000
発売時期	1986年10月	1988年2月

〈出所〉『日経パソコン』（1988年1月4日号）より作成。

---

(54) 『日本のマーケット・シェア事典』（1998年）
(55) 当時のパソコン関連雑誌には「98」互換機の出現を歓迎していた記事が多くある。これに関しては、『日経パソコン』（1988年6月27日号）参照。

以上のような学習の結果、NECは、新しいカテゴリーの開拓を諦めて、「98」と小さい断絶性のラップトップに転換する。1988年2月NECは、製品戦略を転換して「9801-LV」を発売する。NECは「9801-LV」のCPU、RAMの容量、フロッピーディスク・ドライブの数を「98」ソフトに合わせて変更した。この事実は下の〈表4-6〉から確認できる。

〈表4-6〉の「9801-LV」の仕様の中で重要な変化は、まずディスプレイとCPUである。「98LT」では、デスクトップと同じく汎用CPUではあるが、ラップトップ用に改良を加えられたCPU、V50が採用された。しかし、「9801-LV」ではデスクトップと同一のCPU、V30を採用して、CPUレベルの互換性を確保した。LCDも8階調を確保して、カラーをモノクロの濃淡に変換する仕組みで、デスクトップ「98」のカラー・ソフトへの対応ができるようにした。さらに、RAMを384KBから640KBに増設して、フロッピーディスク・ドライブも1機から2機に増やした。それによって、「98」と同様に2枚のアプリケーション・ソフトが動くようになった。これによってNECは、ラップトップの情報処理能力の向上を計るとともに、デスクトップ「98」との互換を可能にしたのである。

一方、「9801-LV」への転換は、情報の携帯機能の相対的な犠牲を意味することでもあった。「9801-LV」の重量は5.8kgであり、「98LT」の3.8kgから2kgほど増えた。なお、その後発売される「9801-LS」以後には、ハードディスク・ドライブが内蔵されるようになり、重量は一層増えてしまう。

その当時は、コンポーネント技術の限界によって、情報処理能力を重視するラップトップ（デスクトップとの互換を重視するラップトップ）は、例外なく情報の携帯機能を犠牲にせざるを得なかった。1988年当時、情報処理能力を重視するラップトップにおける重量の下限は、NECの「9801-LV」が5.8kg、東芝の「J-3100SL」が5.5kg、EPSONの「286-L」が6.1kgであった。

NEC米沢の神尾潔氏は、以上のような製品戦略の転換を「デスクトップ・リフレッシュメント」という用語で説明した。

「9801-LS」になると、性能と「98」との互換性重視に変わります。それは（NECのラップトップ戦略）がデスクトップ・リフレッシュメントというカテゴリーに入ったと言えるんです。ラップトップを買うか、デスクトップを買うかの選択の問題

---

(56) NEC・インタビュー，No. 2

第 4 章 分析 I―ラップトップにおける東芝と NEC の比較・分析　121

になったという意味です。1 台目のマシンとしてですね。また、それからラップトップも NEC の主力製品になったことを意味します。しかし、結果的には、ラップトップも、デスクトップも販売台数が増えました[57]。

つまり、「9801-LS」以前には、ラップトップを 2 台目のパソコンとして認識した NEC が、「9801-LS」からは、デスクトップと同等な比重をおいて戦略を立てるようになったと言える。このような NEC の製品戦略の転換を計量化して表したのが〈図 4-15〉である[58]。

〈図 4-15〉を見ると、NEC は、ラップトップ A（98LT）からスタートして、B（9801-LV）を経て、C（9801-LS）、D（9801-LX）に移動している。NEC は製品 C から明確に情報の処理能力重視に、転換している。

このように、NEC は、「98LT」に対するユーザーの要求により、製品戦略を修正した。しかし、その段階ではまだラップトップのドミナント・デザインは出現していなかった。1988 年頃には、NEC が市場セグメントを移動したことによって、情報処理能力を中心に新たな競争が展開されていたが、ラップトップ市場にはもう 1 つの要求が強まっていた。それは情報の携帯機能に対する新たな要求であった。高山由氏は次のように言っている。

> これからは、1 つはカラーで、もう 1 つは手帳サイズも含めた超軽量化です。最終的にはカラーで軽量化できればいいですが、まだ技術的な問題があります[59]。

こうした市場の要求により、ラップトップ・メーカーは再び製品戦略の選択に直面した。それは、カラー・ラップトップ（情報の処理能力を一層重視）を経てノート型（情報の携帯機能を重視）へいくのか、あるいは、ノート型を経てカラー・ラップトップへ行くのかのパス選択であった。ここで、NEC は、前者を選択して、日本初のカラー・ラップトップ「9801-LX5C」を発売する。〈図 4-15〉の製品 E が「9801-LX5C」である。

1988 年当時は、2 層 STN カラー液晶が開発されたばかりで、歩留まりが悪く、価格も非常に高い状態であった。それにも関わらず、NEC は 1989 年 7 月に、748,000

---

(57) NEC インタビュー，No. 2
(58) 推定の過程は Appendix I を参照
(59) 高山由氏(当時 NEC パーソナルコンピュータ販売推進本部長)のインタビュー記事,『月刊 ASCII』(1989 年 9 月号)

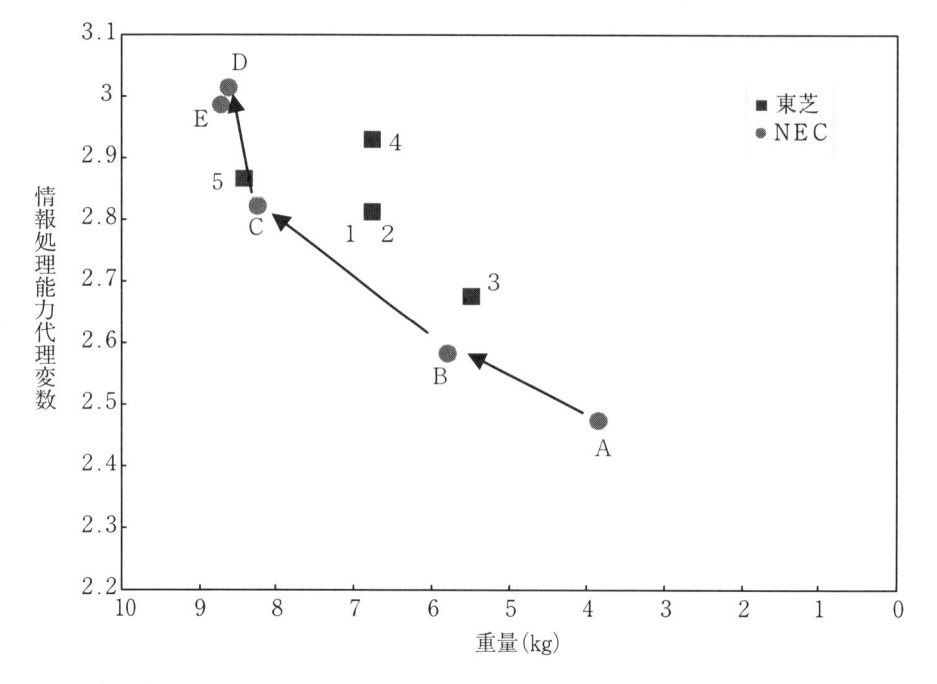

〈図4-15〉 NECの製品トラジェクトリー（1986年〜1989年）

（縦軸：情報処理能力代理変数、横軸：重量(kg)）

〈凡例〉 製品1と製品2は重なって表示されている。
　　　　製品2（J-3100GT）は製品1（J-3100）を改良した製品である。

製造記号	発売時期	製品名(東芝)	製品名(NEC)
1	1986年10月	J-3100	
A	1986年10月		98LT
2	1987年7月	J-3100GT	
3	1987年10月	J-3100SL	
4	1987年12月	J-3100SGT	
5	1988年1月	J-3100GX	
B	1988年2月		9801LV
C	1988年10月		9801LS
D	1989年3月		9801LX
E	1989年7月		9801LX5C

円というコストから換算すると相当な低価格でカラー・ラップトップの発売を敢行した。「9801-LX5C」とNECの最も高価のモノクロ液晶ラップトップとは11万円ほどの価格差しかなかった[60]。

しかし、ほぼ同じ時期に東芝は、ノート型パソコンである「Dynabook」を発売し

た。そこで、ユーザーは、NEC のカラー・ラップトップより東芝の「Dynabook」を支持した。「Dynabook」は、198,000 円という絶対的な低価格で新しく個人ユーザーの市場セグメントを開拓した。「Dynabook」は、半年で 9 万台が販売されて、同年東芝全体のラップトップ販売台数 23 万台の 40% を占めるようになった。

それでは、なぜ東芝と NEC の間ではこのような製品戦略の差が生じたのだろうか。言い換えれば、NEC が情報の処理能力を優先した理由はなんだろうか。その原因として、情報処理事業グループの過剰学習が取り上げられる。

情報処理事業グループは「98LT」を通じて、ラップトップには情報処理能力が重要であるという事実を学習した。この学習に従い、情報処理事業グループは、「9801-LV」から情報の処理能力を重視するラップトップに転換し、「9801-LX5C」まで一貫させた。

NEC 最初の国内向けラップトップである「98LT」は、NEC 米沢の主導で開発されたが、その次の「9801-LV」からは、情報処理事業グループが製品企画からエンジニアリングまで共同開発するようになった。NEC 米沢の柴田孝氏は次のように指摘している。

> 「98LT」は「98」互換機ではない装置としてスタートしたことがあって、また、府中（情報処理事業グループ）が携帯パソコンの経験が少なかったために、ハードウェアに関する我々の提案を受け入れてもらいました。しかし、「9801-LV」からは、「98」と互換性を持ったパソコンということで、府中の企画やデザイン、技術部門が本格的に開発に携わってきました[61]。

つまり、「9801-LV」からのラップトップは、情報処理事業グループが参加して、開発と発売を行ったと言える。NEC 米沢は、情報処理事業グループから「98」の BIOS などの技術情報と製品開発ノウハウを受け入れ、その情報とノウハウをラップトップの開発に活用した。NEC 米沢には、「9801-LV」以来、情報処理事業グループから派遣された課長クラスのエンジニアが常駐して、情報処理事業グループからの技術と情報の移転を促進していた[62]。このような事実は、〈図 4-16〉に示されている。

---

(60) 『月刊 ASCII』（1989 月 9 号），p.230
(61) NEC・インタビュー，No. 7, 8
(62) NEC・インタビュー，No. 7

〈図4-16〉「9801-LV」開発におけるコンポーネント知識の移動

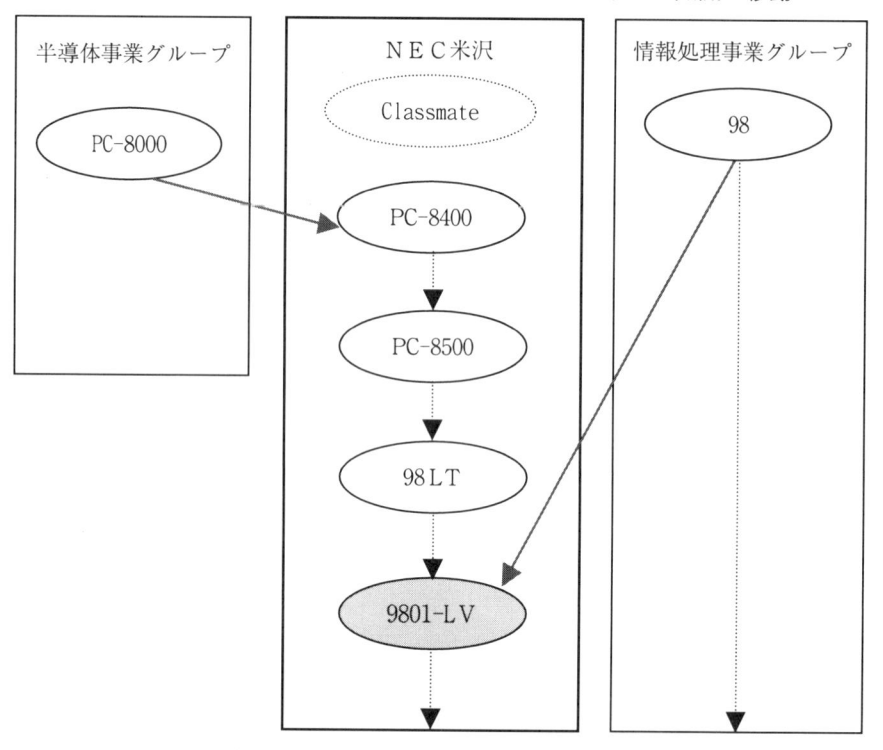

```
┌─────────────────┐ ┌─────────────────┐ ┌─────────────────┐
│ 半導体事業グループ │ │    NEC米沢      │ │情報処理事業グループ│
│                 │ │   Classmate     │ │                 │
│    PC-8000      │ │                 │ │      98         │
│       │         │ │    PC-8400      │ │                 │
│       └────────→│ │       ↓         │ │                 │
│                 │ │    PC-8500      │ │                 │
│                 │ │       ↓         │ │                 │
│                 │ │     98LT        │ │                 │
│                 │ │       ↓         │ │                 │
│                 │ │    9801-LV ←────┼─┘                 │
│                 │ │       ↓         │ │        ↓        │
└─────────────────┘ └─────────────────┘ └─────────────────┘
```

〈凡例〉点線の矢印は製品の流れ、実線の矢印は知識の流れである

〈図4-16〉のように情報処理事業グループから「98」デスクトップの設計技術と仕様が、互換ラップトップ開発に利用された。この点に関してNEC米沢の神尾氏は次のように言っている。

「98LT」を開発する時は「98」と基本設計が違うから、土台になるものがなかったんです。しかし、「9801LV」は「98」互換機ですので、デスクトップの回路が参考にできるとかそういう利点がありました。「98LT」は何もない所からV50のCPUを使って、作り上げたんですが、「98」互換機になった途端に、デスクトップがありますので、それを参考にして設計ができる所がありました[63]。

---

(63) NEC・インタビュー，No. 2

「98LT」を通じて、情報処理事業グループが学習したのは、ラップトップにおいては、アーキテクチャの小さい断絶性が重要だという点であった。その点において、デスクトップのようなカラー・ディスプレイをまだ装着し得なかったラップトップは、デスクトップ並みの情報処理能力とデスクトップとの互換性という点で限界を抱えていた。例えば、「9801-LV」は8階調で「98」のソフトが動いたが、それは、カラーの信号を異なる無彩色の濃淡にして画面に表示するだけであって、ユーザーの目がその濃淡から元のカラーを確認するのは困難であった。NECの高山由氏は、次のようにカラーの重要性を言っている。

　デスクトップ「98」の世界で一番大事だったのは「日本語」、「カラー」、「フロッピー」の3つです。「9801-LX5C」以前のラップトップには、我々が築いてきた「カラー」が抜けています[64]。

つまり、デスクトップ「98」は、「日本語」の表示能力と「カラー」のグラフィックス表示機能に優れており、さらに、「フロッピーディスク・ドライブ」を通じて、簡便に情報の保存とパソコン間の情報互換を実現してきた。

しかし、ラップトップでは、コンポーネント技術の限界によって、1988年の段階でもラップトップのカラー化は実現できないままで、優れた「98」のカラー・グラフィックス表示機能が制約されていた。そこで、情報処理事業グループは、デスクトップと完全に対等の情報処理能力を持つカラー・ラップトップを実現させようと試みたのである。言い換えれば、NECは、「98」並みの情報処理能力に執着したために、情報の携帯機能に対するユーザー・ニーズの高まりを過少評価してしまったと言える。

情報の携帯機能を中心に機能を再構成した東芝の「Dynabook」の特徴は、デスクトップとの最小限の互換性を維持した上で、徹底的な携帯機能を追求することである。例えば、「Dynabook」は2.7kgの軽量製品でありながら、ICカードではなく、フロッピーディスク・ドライブと896KBのRAMドライブを装備している。このRAMドライブは、あたかも2台目のフロッピーディスク・ドライブのように作動するため、当時デスクトップで主流になっていた2枚組のフロッピーディスクのアプリケーション・ソフトがそのまま使用可能であった。1980年代後半、一太郎などのアプリケー

---

(64)高山由氏(当時NECパーソナルコンピュータ販売推進本部長)のインタビュー記事,『月刊ASCII』(1989年9月号)

126　第4章　分析I―ラップトップにおける東芝とNECの比較・分析

〈図4-17〉NECの製品トラジェクトリー（1989年）

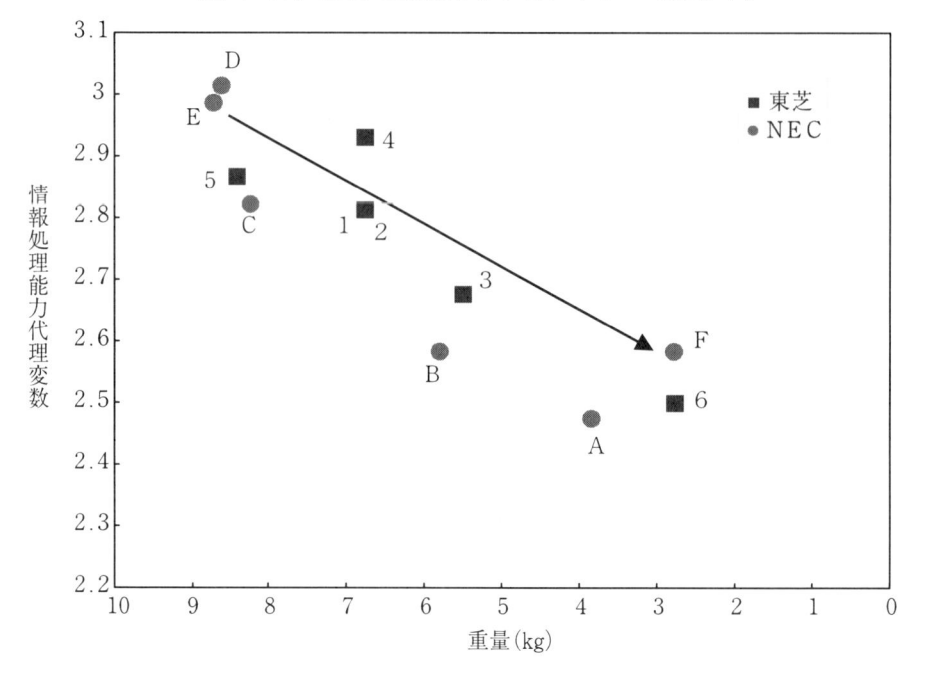

縦軸：情報処理能力代理変数
横軸：重量(kg)

凡例：■ 東芝　● NEC

〈凡例〉製品1と製品2は重なって表示されている。
　　　製品2（J-3100GT）は製品1（J-3100）を改良した製品である。

製造記号	発売時期	製品名(東芝)	製品名(NEC)
1	1986年10月	J-3100	
A	1986年10月		98LT
2	1987年7月	J-3100GT	
3	1987年10月	J-3100SL	
4	1987年12月	J-3100SGT	
5	1988年1月	J-3100GX	
B	1988年2月		9801LV
C	1988年10月		9801LS
D	1989年3月		9801LX
6	1989年6月	Dynabook	
E	1989年7月		9801LX5C
F	1989年11月		9801N

ション・ソフトが10万円を越えた価格であったために、同じアプリケーション・ソフトをデスクトップとラップトップでともに使用できることは、ユーザーにとって大きなメリットであった。

NECは、「Dynabook」を通じて市場が求めていたラップトップがノート型パソコンであることを確認し、ノート型パソコンの開発を早めることになる。このノート型パソコンの開発プロセスを小澤昇氏は、このように説明する。

一応基礎技術という意味では研究をしていました。ただノート型の場合には価額が非常に重要だろうと感じていました。小型・軽量ということと値段という両方の要素があるからです。我々は翌年（1990年）春くらいの製品化を計画していました。ただ東芝さんが「Dynabook」を発表したので、前だし戦略に切り替えました。1つのモデルを1ヵ月、2ヵ月で作れる訳にはいかないですね。少なくとも1年くらい前から考えておかないと難しいです[65]。

小澤氏の説明で考えると、NECは、ノート型に必要な要素技術の開発を行っていたから半年という短い期間で製品開発が可能であったと言える。NECが開発した「98ノート」は、2.7kgの軽量性を維持しながら、V30のCPUとBLSTN8階調液晶、RAMドライブが装着されており、デスクトップ「98」との互換が維持されていた。〈図4-17〉には製品F（98ノート）が、「Dynabook」と同様の市場セグメントで発売されていることを示している。

この「98ノート」の発売によって、NECは初めて日本市場におけるラップトップマーケット・シェアの逆転に成功する。1990年、NECは47.1%のシェアで、東芝の24.8%を乗り越えて、デスクトップと同様にラップトップ市場を制覇するようになる。

4. 東芝とNECのケース比較・分析

（1）東芝とNECのケース比較・分析

本章の2節と3節では、東芝とNECという既存企業を取り上げ、ラップトップ・アーキテクチャの創造プロセスをそれぞれ分析してみた。この分析により、次のような結果が得られた。

---

[65] NECインタビュー，No.1

戦略的なアーキテクチャ選択

東芝は、アーキテクチャの小さい断絶性を、NECは大きい断絶性を選択して、初のラップトップ開発に取り組んだ。東芝のラップトップは、デスクトップとユーザー及びソフトウェアを共有しようとした製品であった。そのアーキテクチャ戦略を実現する過程で、東芝のラップトップ「J-3100」は、デスクトップ並みの情報処理能力が重視され、デスクトップで使用されたものと同一のコンポーネント（CPUとハードディスク・ドライブ）も装着されていた。

しかし、NECは、アーキテクチャの大きい断絶性を選択した。NECは、デスクトップとは異なるユーザーとソフトウェア・ネットワークの構築を通じて、別の製品カテゴリーを創造しようとする戦略を設定した。最初のラップトップ「98LT」の場合、ラップトップ用に開発された独自のCPU「V50」を使用していて、基本的にデスクトップ「98」とソフトウェアを共有しない製品であった。しかし、NECのラップトップは、ユーザーの支持が得られなかったので、NECは、大きい断絶性から小さい断絶性にアーキテクチャ戦略を転換せざるを得なかった。

市場ポジション（既存製品）

東芝は、既存製品であるデスクトップ事業で失敗して、市場ポジションは低かった。東芝のデスクトップである「パソピア」は、市場参入の初期段階から販売不振を重ね、結局市場から撤退せざるを得なかった。そのため、青梅工場では、「パソピア」に関するアーキテクチャ知識がそれほど蓄積されておらず、アーキテクチャ知識の制約は弱かった。

一方、NECのデスクトップ「98」は、高い市場ポジションを占めていた。NECは、デスクトップ事業で成功を収め、その製品は日本市場で実質的なデファクト・スタンダードの地位を確立していた。NECは、その過程でデスクトップ「98」に関する膨大なアーキテクチャ知識を蓄積していて、その結果、アーキテクチャ知識の制約は強かった。

開発組織のタイプ

東芝のラップトップは、デスクトップを担当していた青梅工場で開発、生産された。青梅工場では、既存アーキテクチャ知識の制約が弱かったため、ラップトップの開発は妨害されなかった。

一方、NECのラップトップは、別部門である通信事業本部所属のNEC米沢によって開発が行われた。デスクトップの担当部門である情報処理事業グループでは、アーキテクチャ知識の制約により、ラップトップという新しいアーキテクチャの開発が妨害された。ラップトップは、デスクトップより情報処理能力が劣ったので、その製品の開発が拒まれたのである。

以上のような東芝とNECの開発組織のタイプを比較してみると、次の〈図4-18〉のようになる。

〈図4-18〉で東芝は、戦略的なアーキテクチャ選択で小さい断絶性を選び、既存製品の市場ポジションは低かったため、タイプIのような既存部門の活用がフィットすると思われた。実際に東芝では、既存部門である青梅工場がラップトップの開発主体になっていて、タイプIであった。東芝では、戦略的なアーキテクチャ選択と既存製品の市場ポジションという2変数の組み合わせと開発組織のタイプの間で適合性があった。

一方、NECは戦略的なアーキテクチャ選択で大きい断絶性を選び、既存製品の市場ポジションは高かった。しかし、NECでは、別部門が製品開発の主体になっており、タイプⅢの開発組織のタイプとは適合性がなかった。戦略的なアーキテクチャ選択と既存製品の市場ポジションを考えれば、NECでは、全社的プロジェクト組織を

〈図4-18〉初期製品の開発段階におけるラップトップ開発組織のタイプ
（東芝とNEC）

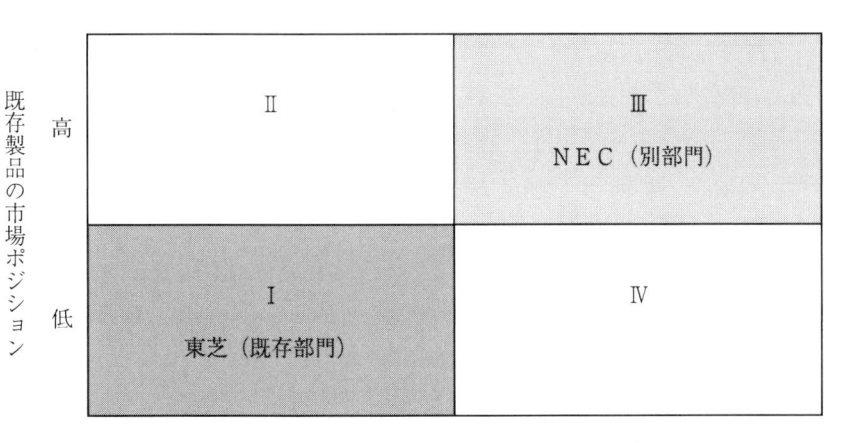

既存製品の市場ポジション		戦略的なアーキテクチャ選択（断絶性）	
		小	大
高		Ⅱ	Ⅲ NEC（別部門）
低		Ⅰ 東芝（既存部門）	Ⅳ

活用した方が望ましかった。

　このような戦略的なアーキテクチャ選択と既存製品の市場ポジションという2変数と開発組織のタイプ間の不適合によって、NECでは次のような問題が発生するようになった。

　第1に、既存部門のアーキテクチャ知識が別部門（NEC米沢など）に影響を与えて、国内向けラップトップの開発を抑制していたことである。全社的プロジェクト組織は、本社直轄になり、部門より上位に位置する。従って、部門が全社的プロジェクト組織の製品開発を抑制することは難しい。しかし、同じ部門レベルになると、既存部門は別部門の製品開発に影響を与えることが可能である。

　NECでは、デスクトップを巡る激しい内部競争を経て、パソコン事業領域の整理が行われた。しかし、その後、情報処理事業グループ以外の部門は、デスクトップと関連性が高いと思われたラップトップ事業へ参入しようとしなかった。デスクトップと比べて機能的なパフォーマンスが劣る、しかも、企業内資源の分散を招きやすいラップトップの登場を抑制しようとする情報処理事業グループとの対立を恐れたからである。その結果、1986年に情報処理事業グループがラップトップ「98LT」を企画するまで、他の部門による国内市場向けのラップトップ開発と発売は抑制された。NEC米沢も海外市場向けのラップトップは開発したものの、のちになるまで国内市場向けのラップトップは開発しなかった。このようなアーキテクチャ知識の制約を考慮すると、開発組織のタイプは、別部門よりは全社的プロジェクト組織の方が適合した。

　第2に、ラップトップ開発組織による、既存部門（情報処理事業グループ）のコンポーネント知識の活用が困難になったことである。既存製品の市場ポジションが高くなると、既存部門では、既存製品に資源を集中しようとするインセンティブが働きやすい（Utterback, 1994; Levinthal, 1991; Prahalad and Hamel, 1990）。そのため、NEC米沢のように、組織的な関係も、取引関係もない別部門が、既存部門が抱えているコンポーネント知識を引き出すのは難しくなる。このような理由で、NEC米沢は、「9801-LV」の以前段階で情報処理事業グループからデスクトップ「98」のBIOSなどの技術情報を吸収して、「98」とバリュー・ネットワークを共有するラップトップを開発することはなかった。

　以上のような2つの問題を解決するために、NECが取るべき選択は、タイプⅢで全社的プロジェクト組織を形成するか、あるいは、戦略的なアーキテクチャ選択を変えて、タイプⅡを選択するかであった。

〈図4-19〉製品進化の段階における開発組織のタイプ変更（東芝とNEC）

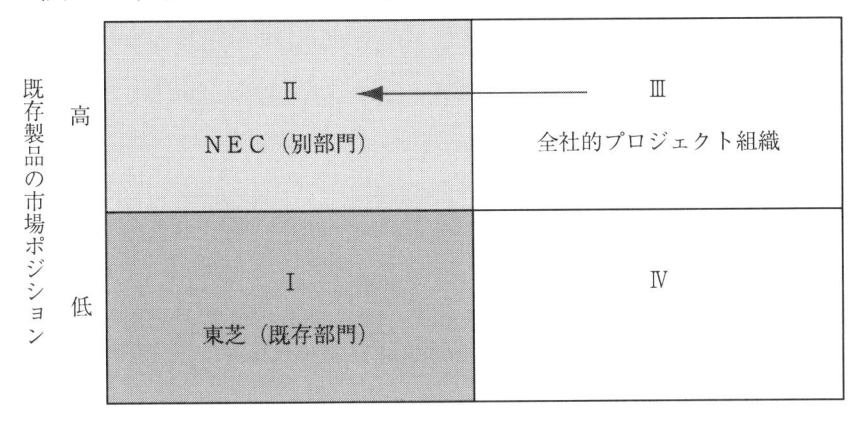

	小	大
高	Ⅱ ＮＥＣ（別部門）	Ⅲ 全社的プロジェクト組織
低	Ⅰ 東芝（既存部門）	Ⅳ

既存製品の市場ポジション（縦軸）
戦略的なアーキテクチャ選択（断絶性）（横軸）

※タイプⅢからタイプⅡへの矢印あり

　ここで、NECはユーザーの反応によって、戦略的なアーキテクチャ選択を変えて、アーキテクチャの大きい断絶性から小さい断絶性に転換する。4節のNECのケースで示したように、NECは、アーキテクチャの大きい断絶性の「98LT」から小さい断絶性の「9801-LV」に転換した。この「9801-LV」の開発において開発組織のタイプは、次の〈図4-19〉のように移動する。

　〈図4-19〉でNECは、タイプⅢからタイプⅡに移動していることが分かる。NECはタイプⅡに移動しても、同じくNEC米沢を活用していた。しかし、NEC米沢と情報処理事業グループとの組織的な関係は変化していた。3節のNECのケースで記述したように、NEC米沢の柴田孝氏の、「「9801-LV」からは、「98」と互換性を持ったパソコンということで、府中（情報処理事業グループ）の企画やデザイン、技術部門が本格的に開発に携わってきました[66]」という説明は、その事実を裏付けている。

　柴田孝氏の説明では次のような2点が確認できる。第1は、NEC米沢と情報処理事業グループとは、組織的な関係が緊密になった点である。第2は、情報処理事業グループからデスクトップ「98」関連の技術とノウハウが移転され始めた点である。つまり、NEC米沢と情報処理事業グループの組織的な関係の変化により、情報処理事

---

(66) NEC・インタビュー，No. 7, 8

業グループのコンポーネント知識の移転が円滑に行われるようになった。その後、ラップトップのドミナント・デザインである「98ノート」が開発された後の1991年、NEC米沢は、情報処理事業グループの傘下工場に移った。

(2) 戦略的なアーキテクチャ選択

以上のような東芝とNECのケースで注目されるのは、戦略的なアーキテクチャ選択の差である。東芝は、アーキテクチャの小さい断絶性を追求して、NECは、アーキテクチャの大きい断絶性を追求した。

Christensen and Bower (1996) と Christensen (1997) などの先行研究に従うと、バリュー・ネットワークを共有するアーキテクチャ戦略を立てた東芝は、失敗して、新しいバリュー・ネットワークの構築を目指したNECは、成功するはずであった。しかし、実際のラップトップ市場では、NECの製品より東芝の製品にユーザーの支持が強く、結局NECは製品戦略を転換せざるを得なかった。

第3章で叙述したようにChristensen (1997)、榊原他 (1989) などの分析対象は、断絶性が大きいアーキテクチャ変化であった。そのため、Christensen (1997) などは、企業の戦略的なアーキテクチャ選択という変数は所与条件として、既存アーキテクチャ知識の制約だけを注目していた。例えば、榊原他 (1989) が取り上げたIBM PCは、メーンフレームと完全に別のカテゴリーの製品であり、ユーザー、あるいは、ソフトウェアの共有はなかった。また、Christensen and Bower (1996)、Christensen (1997) のハードディスク・ドライブも、規格別にユーザーの断絶性がある製品という特徴が指摘できる。言い替えれば、IBM PCとハードディスク・ドライブは、既存製品と製品アーキテクチャの変化後の製品とのバリュー・ネットワークを共有しない共通点を持っている。

しかし、デスクトップからラップトップへの変化は、新旧製品間で断絶性が小さい製品変化であった。ラップトップはデスクトップから変化したとはいえ、パソコンのバリュー・ネットワークに留まっている。ラップトップは依然としてソフトウェアやユーザーの面でデスクトップとの繋がりが強く残っている。そのため、デスクトップとソフトウェアとデータが共有できるラップトップは、ユーザーの便益を大幅に増加させる。反対に、ソフトウェアとデータが共有できないラップトップは、ユーザーの便益を減少させる。ラップトップが登場した1980年代の半ばには、一太郎などワープロ・ソフトが10万円を越えるなど、アプリケーション・ソフトは高い価格で販売

第4章　分析Ⅰ—ラップトップにおける東芝とNECの比較・分析　*133*

されていた。

　このようなラップトップの性格を認識していた東芝は、次のような製品戦略を考えていた。

> 当時1986年とかはですね。IBMは成功していましたからね。ソフトがアメリカでもいっぱい出ていますよ。日本も必ずそういうふうになると。どんどんソフトがあふれてくると、そのソフトが、IBM互換のソフトが出てくるということで、（IBMパソコンとの互換に）すごく拘ったんです。将来これをビジネス・チャンスとして捕まえるためには、ノートブック、あるいは、ラップトップにする必要はあるだろうけど、同じアーキテクチャにしておかないとしょっちゅう変更になります。変更ばかりしていると、お客さんはせっかくソフトとか、自分達がデータを作っても、全部捨てなきゃいけないですね。そんなことはだめだろうと。だから同じシングル・アーキテクチャの上にやっていこうと思いました[67]。

　このようなラップトップの小さな断絶性に対する認識は、次のようなNECの認識と明確に対比されるものであった。

> その当時CobolとかFortranとか、特にCobolですね。業務アプリケーションを作って、それでセールスの方に、持ち歩く方に持たせるという携帯への需要が結構多いと考えました。そうした場合にはEDP室の方がCobolアプリケーションを作って「98LT」上に乗せて、セールスの方に持たせるという発想です[68]。

　NECのラップトップは、企業ユーザーが専用のハードウェア（ラップトップ）に専用のアプリケーション・ソフトを移植することを想定していて、汎用機としてのパソコンとは異なる製品であった。NECのラップトップは、パソコンのカテゴリーを離れて、新しい情報機器の導入を試みた製品である。しかし、その製品戦略は巧く行かず、途中でNECは東芝のようにアーキテクチャの小さい断絶性を選択する製品戦略に転換したのである。

　このようにアーキテクチャの小さい断絶性で考えると、ラップトップは、Chesbrough and Kusunoki（1999）が分析した富士通の3.5インチ・MRヘッド・ハ

---

(67)　東芝・インタビュー，No. 7
(68)　NEC・インタビュー，No. 1

ードディスク・ドライブ開発に近いと思われる。東芝も、富士通のように既存部門内にプロジェクト組織を設置して、製品開発を行った。

ただし、Chesbrough and Kusunoki（1999）が提示した既存部門内の開発組織は、NECのように既存製品で高い市場ポジションを占めている企業には、適用しにくい。NECのケースで分析したように、既存製品で高い市場ポジションを占めていると、アーキテクチャ知識の制約は強くなる。その結果、既存部門内では新しいアーキテクチャの開発が妨害されやすいのである。

市場ポジションが高い場合には、既存部門の外部に開発組織を設置することが必要になる。しかし、その開発組織は、既存部門と組織的な関係を絶つのではなく、関係を維持することが要求される。その開発組織は、製品開発においては、自律性を維持しながら、既存部門のコンポーネント知識を活用しなければならない。特に新しい製品が成長過程に入った段階では、既存製品も含めた製品ライン全体とマーケティング上の戦略的整合性を維持することも不可欠である。このような開発組織は、既存部門内ではなく、既存部門の外部に存在するという点で、Burgelman（1986）とFast（1979）のマイクロ・ニュー・ベンチャー（MNV、Micro New Venture）に近い組織形態である。つまり、部門レベルのベンチャー組織とも言えるかもしれない。

以上のように本書では、戦略的なアーキテクチャ選択という要因を取り入れて、Christensen（1997）などの先行研究とは異なる分析結果を導いた。この分析結果は、戦略的なアーキテクチャ選択によって、開発組織のマネジメントは異なるべきということを示唆している。新しい製品の開発組織は、既存部門の活用だけ、あるいは、既存部門からの無条件分離ではなく、既存製品とのバリュー・ネットワークの共有可能性とユーザーの便益を判断した上で、そのタイプを決定しなければならないだろう。

第5章　分析Ⅱ―PDAにおけるシャープとカシオの比較・分析

1. はじめに

　第4章で分析したラップトップは、アーキテクチャの断絶性が小さい製品であった。続いて本章では、アーキテクチャの断絶性が大きい情報端末機を取り上げる。そのため、本章では電子手帳からPDAへの製品アーキテクチャの変化を分析対象にして、既存企業であるシャープとカシオの組織マネジメントを比較、分析する。この2社の分析によって、次のような2点が明らかになった。

　第1に、シャープは、全社的なプロジェクト組織を活用してPDA開発を行った。シャープは、既存製品である電子手帳市場で高い競争ポジションを占めていて、戦略的なアーキテクチャ選択では大きな断絶性を選んでPDAを開発した。一方、カシオは、2つの部門がPDAの開発に関わっていた。既存部門と研究開発本部（別部門）によるPDA開発である。カシオの既存部門は、電子手帳事業で相対的に低い競争ポジションを占めていて、戦略的なアーキテクチャ選択では、小さな断絶性を選んでPDAの開発を行った。しかし、そのPDAはユーザーの支持が得られず、研究開発本部（別部門）が戦略的なアーキテクチャ選択を変更して、大きな断絶性のもとで再びPDA開発を行った。

　第2に、カシオが初のPDA開発において、アーキテクチャの小さな断絶性を選択した理由は、組織構造にあった。カシオの場合には、各部門別に担当製品が振り分けられていて、製品領域を巡る競争は抑制されていた。このような組織構造においてカシオの既存部門は、既存製品のラインアップを強化しようとするインセンティブを持つようになり、アーキテクチャの小さい断絶性を選択するに至った。つまり、カシオの組織構造は、戦略的なアーキテクチャ選択を制限する逆機能がある。

　本章の議論は、次のように展開される。2節では、シャープのケースを分析し、3節ではカシオのケースを分析する。その後、4節ではシャープとカシオのケースを比較、分析して、2社の組織マネジメントの差を説明する。

2. シャープのケース分析

(1) 初期条件：電子手帳事業の成功

シャープは1912年、創業者早川徳次氏によって設立された。シャープの最初の事業は、早川徳次氏が開発した「エバー・シャープ・ペンシル」というシャープ・ペンシルであった。その後、シャープは、企業家精神と技術革新をモットーに、鉱石ラジオ（1925年）、白黒テレビ（1953年）、電子レンジ（1962年）など数多くの国産初製品を開発、発売した。その結果、1992年には、シャープは、家電製品、情報システム機器、電子デバイスなどのコンポーネントと完成品を開発、生産する大企業に成長することとなった。1992年基準でシャープの連結純売上高は1兆5,180億円、利益390億円で、従業員数は、41,000人（内約20,000人は海外）に達している。

シャープを現在のような大企業に成長させた製品の一つは、電卓である。1960年代と1970年代を通じて、電卓産業は激しい競争を展開していた。1966年の電卓市場には、シャープ、東芝、三洋電機、リコー、ブラザー工業が競争しており、その後もソニー、ゼネラル、精工舎、松下通信工業などエレクトロニクス系企業が次々と参入て、1970年にはその企業数が23社まで増えていた。このような熾烈な競争の中で、企業の激しい淘汰が起こり、1970年代後半になると、電卓市場はシャープとカシオが支配する寡占市場になる（新宅、1994）。1985年の電卓市場を見ると、シャープが38％、カシオが43％のマーケット・シェアで、両社を合わせると81％まで達していた。

一方、成長を続けていた電卓市場は、1985年を境に停滞し始める。1985年1,674億円であった市場規模は、1986年になると969億円まで縮小していた[1]。このような状況で危機意識を強めていたシャープが開発した新しい製品が、電子手帳である。電子手帳の開発を企画立案した本田敏男氏は次のように言っている。

一言で言えば、当時の成熟化した電卓市場に対する危機感が全てです。1984年から1985年にかけて国内総出荷台数は、2000万台を越えて、市場は飽和状態になりました。また、欧米輸出市場でも安値攻勢のNIES製品が大量に押し寄せていて、過去常に新しい電卓市場を切り開いてきた当社にとっても大変な脅威でした[2]。

---

(1) 機械統計年報（1986, 1987）
(2) 『プレジデント』（1988年12月号），p.127

第5章　分析Ⅱ―PDAにおけるシャープとカシオの比較・分析　*137*

つまり、電卓市場はコスト競争が激しい成熟市場になっていて、新しい製品の開発が求められていた。そこで、1985年7月8名の「A1107プロジェクト」メンバーによって電子手帳の開発が始まった。1987年に発売された電子手帳「PA-7000」は、ICカードを挿入することで多様なソフトが使え、また、漢字表示が可能な製品であった。このICカード型電子手帳は、市場で大成功を収めた。1989年、350万台規模の電子手帳市場で、シャープは201万台で57.4%（カシオが133万台で38%）のマーケット・シェアを占めていた。なかでもICカード型の電子手帳では、シャープが70%以上の圧倒的なマーケット・シェアを占めていた[3]。その後、シャープの電子手帳は、機能の向上を重ね、1988年10月には販売管理や技術計算ができる高機能製品である「PA-8500」も発売された。

しかし、1990年を境にこの電子手帳市場も停滞し始める。白石奈緒樹氏はその状況を「そのうちに国内の電子手帳が「次はどうなるんだ」という時期にさしかかってきました。何でもそうですけど、下り坂になってから考えていたのでは遅いですからね[4]」と言っている。電子手帳と電卓を合わせた統計を見てみると、1990年1,800万台に達した電子手帳と電卓市場は、1991年には1,750万台に、1992年には1,630万台に減少している[5]。PDAはこのような電子手帳事業の停滞を乗り越えるために開発された製品である。

(2) シャープの組織構造の特徴

シャープは、LCD、LSI、家電製品など各製品とコンポーネントを担当している複数の事業部で構成されている大企業である。Chandler (1962、1990) は、現代企業の特徴の一つとして事業部構造を説明しながら、事業部とは、自立的に事業の運営を営むマネジャーが存在して、特定の地域、あるいは、特定の製品に関する生産、流通を担当している単位と定義した。シャープの事業部が、「特定の製品に対して自立的な生産と販売を行う」という点では一般的な事業部組織と変わらない。

ただし、シャープでは、典型的な事業部組織と異なる点が2つ存在していた。第1に、部門間の高い人的資源の流動性で、第2に、激しい部門間競争である。

---

[3] 『日本マーケットシェア事典』(1991)
[4] http://cnet/sphere.ne.jp/Newsmaker　白石奈緒樹氏は、携帯システム事業部CVI5005プロジェクトチーム副参事 (1999年9現在)
[5] 日本事務機械工業会 (1995), p.17

第1に、部門間の高い人的資源の流動性を見てみよう。この高い人的資源の流動性を表す象徴的な制度として、シャープ特有の緊急プロジェクト制度が取り上げられる。緊急プロジェクトとは、革新性が高い技術や製品、あるいは技術が複数の部門にわたり、1つの部門では解決しにくい製品や技術の開発に使われる制度である。半年から3年ほどの開発期間が設けられている緊急プロジェクトは、R&D関連緊急プロジェクト、生産関連緊急プロジェクト、経理・人事関連緊急プロジェクトに分類される。

緊急プロジェクトは、1973年当時社長であった佐伯旭氏が提案した制度である。1973年に発売した液晶表示電卓「EL-805」を開発する時に、「734プロジェクト」という名前の緊急プロジェクトが始まり、1977年には、それを制度化して存続させてきた[6]。

緊急プロジェクトは、事業部からテーマと担当するプロジェクト・リーダーをセットにして、毎月1回技術本部が主宰する総合技術会議に提案、そこから選択される。緊急プロジェクト設置の判断基準は、「当社独自技術に基づく非価格競争製品で、経営の根幹となる重要な商品、設備の開発、完成計画において特に緊急を必要とするもの」である[7]。プロジェクト・リーダーは中堅エンジニアから選ぶが、提案した事業部長が務める統括責任者とプロジェクト・リーダーは、総合技術会議で決まった開発スケジュールに責任を負わなければならない。緊急プロジェクトに選ばれると、その開発組織は社長直轄の組織になり、リーダーには、独自の予算（社長の一般管理費から支出）と共に、原則として、どの部門からも必要とされる人材や機材を、事業部の枠を超えて引き抜くことができる強力な権限が与えられている。

このようにシャープの緊急プロジェクトは、各部門が蓄積している資源を強制的に流動化して、各部門が互いに利用可能にするところに特徴がある。

第2に、激しい部門間競争である。シャープでは、どの部門でも新しいカテゴリーの製品を開発することが可能で、場合によっては複数の部門が同一製品を巡って激しく競合することさえあった。

例えば、デスクトップ・パソコンを巡る部門間競争は1つの典型的な事例である。1978年「MZ-80K」という個人のホビー向けのパソコンが電子部品事業本部傘下の部品事業部によって開発、発売された。「MZ-80K」は、個人ユーザーを中心に支持

---

(6) シャープの緊急プロジェクトに関する詳しい説明は、新宅・網倉（1998）と河合（1996）を参照。

(7) 『プレジデント』（1988），p.127

を集めて、シリーズ化されることになった。それとは別に、1980年、産業機器事業本部電卓事業部から「PC-3000」というパソコンが事務処理用に発売された。この2種類のパソコンは、互換性がなく、1981年の「MZ80-B」という製品以降は企業ユーザーも「MZシリーズ」を購入し始めたため、カニバリゼーションを起こすようになった。

　1982年にシャープの経営陣は、このような社内部門間の競合関係を整理して、産業機器事業本部にパソコン・セクションを新設することで、パソコン関連事業を一本化した。しかし、今回は電子機器事業本部のテレビ事業部からパソコンとテレビを一体化した「パソコン・テレビX1」という製品が発売された。家庭用として企画された「パソコン・テレビX1」は、30万台を越える成功商品になったが、反対に既存のシャープのパソコンは販売不振に陥ってしまった（新宅・網倉，1998；関口、2000）。

　このようなシャープの激しい部門間競争は、場合によってはプロダクト・イノベーションを引き起こす原動力になるが、企業レベルの組織統制力を失うと、組織全体が混乱に落ちる可能性もある。

(3) PDAの開発：アーキテクチャの大きな断絶性を選択

　第3章で記述したように1980年代半ばから行われた、パソコン通信、ISDNなどの通信インフラの整備は、情報の送受信機能に対するユーザー・ニーズを高めていた。このような状況を背景に、当時、電子手帳市場の停滞に危機意識を感じていたパーソナル情報機器事業部は、情報の送受信機能を取り入れたPDA開発を計画した。パーソナル情報機器事業部は、その企画を本社の総合技術会議に提案した。この点に関して、羽田勇氏は次のように言っている。

> 当時、Nifty ServeやCompuserveなどのパソコン通信が普及していたが、インターネットはまだ普及していませんでした。このような状況で、今後は通信が必要で、対応すべきとの判断をしていました。通信ツールを取り入れた製品を開発しようとしたんです[8]。

　既存の電子手帳を担当していたパーソナル情報機器事業部は、緊急プロジェクトを審査する総合技術会議にPDA開発に関する企画を提出して、承認を得た。その結果、

---

(8) シャープ・インタビュー，No. 5

PDA の開発組織は、既存のパーソナル情報機器事業部から分離されて、社長直轄組織として活動を始めることになった。これがシャープ最初の PDA である、「PV-F1」を開発した緊急プロジェクトである。

「PV-F1」の緊急プロジェクトは、上村進氏がリーダーで、初期メンバーはパーソナル情報機器事業部所属の 8 人のエンジニアであった。この「PV-F1」の開発組織では、PDA 仕様を具体化していくプロセスで、アーキテクチャの大きな断絶性を選択することになった。「PV-F1」の開発組織は、電子手帳のバリュー・ネットワークとは異なる新しいバリュー・ネットワークを形成する戦略を立てたのである。

「PV-F1」の開発組織がアーキテクチャの大きな断絶性を選択したと判断できる根拠は、従来電子手帳で使用された IC カードの切り捨てがある。「PV-F1」は基本仕様の中で電子手帳用の IC カードが使えない設計になっていた。〈図 5-1〉を見てみよう。

〈図 5-1〉を見ると、電子手帳「PA-9500」には、2 種類の IC カードが活用できる構造になっていた（円の内部）。「PA-9500」は、その直前の電子手帳から大きく設計を変更しており、IC カードの仕様も変わったが、IC カードの互換性は維持していた。つまり、「PA-9500」用の IC カードと従来の IC カードをともに電子手帳の筐体の左側に挿入して、アプリケーション・ソフトやデータの貯蔵に使える構造であった。

しかし、「PV-F1」では、電子手帳の IC カードが活用できるインターフェースとキーボードをなくした。ただし、電子手帳の IC カードを使うことを強く望むユーザ

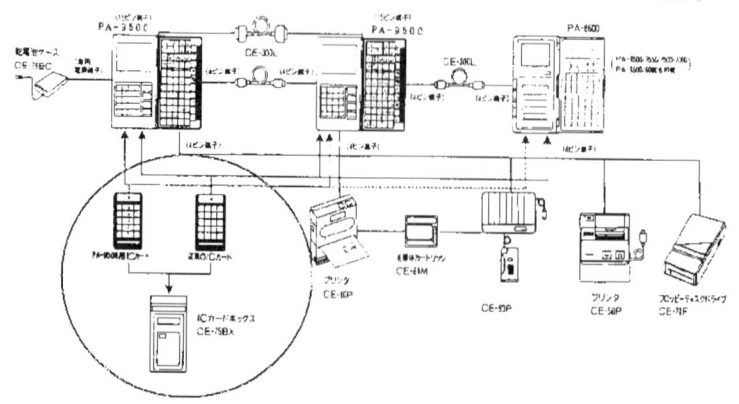

〈図 5-1〉シャープの電子手帳「PA-9500」の IC カード活用

〈出所〉「シャープ技報」（1991 年 6 月），p.69

ーのためには、接続ポートをオプションで発売していた。その結果、従来の電子手帳用のICカードの中で28種類は使えるようになった。しかし、その場合でもICカードの挿入部が透明ではないため、ICカードの上でキーを打つことはできず、パネルに表示されるICカードのイメージ・データを全て「PV-F1」のROMに格納する方法をとった[9]。

このように「PV-F1」の開発組織は、実質的に電子手帳のバリュー・ネットワークから離れて、新しいバリュー・ネットワークの構築を目指すようになった。電子手帳用のICカードとの互換性を絶つ戦略に対して、鈴木隆氏は、次のように説明する。

「PV-F1」を開発する時には、2種類のICカードの系統がありました。1系統は初代電子手帳からのICカードの流れで、もう1つの系統は、「PA-9500」からのICカードの流れです。「PA-9500」は2種類のICカードのアーキテクチャが動くようになっていたんです。インターフェースのピン数は一緒で、ICカードの構造が違います。「PA-9500」からペンが使えるからです。ペンと連携したICカードみたいですね。この2種類のICカードをそのまま抱えていくと進化の幅が制約され、ジャンプできないおそれがありました。それで究極から考えると1つは完全に切ってもいいのではないかと思いました。切るというのはお客さんが買い替えたくなるような、用は切られて腹が立つのではなく、こんだけすごい商品だったら俺買い替えるというような所まで商品レベルを高めれば、納得するのではないかということです。それで1つのICカードを捨てたわけです。ただ一番重要なことはお客さんが苦労して入れたもの、データですね。それを切ると、怒りますから、それを有効に使えるというのは重要な条件でした。データは買い替えでもそのまま使えるような形にしました[10]。

つまり、「PV-F1」の開発組織は、アーキテクチャの大きな断絶性を追及して、一方では電子手帳用のアプリケーション・ソフトは切り捨てながらも、他方でユーザーのデータは保護しようとしたと言える。

また、「PV-F1」はOSレベルの断絶もあった。シャープでは、「PV-F1」の開発からOSとアプリケーション・ソフトの分離が行われるようになった。「PV-F1」の

---

[9]「シャープ技報」(1992年11月), p.74
[10] シャープ・インタビュー, No.1

OS及び、アプリケーション・ソフトウェアの開発に関わった生駒隆夫氏と羽田勇氏は、次のように説明している。

> 電卓から初歩的なやりがたでずっとソフトウェアを開発してきました。昔の電卓とか、ワープロはソフトの規模が小さかったもんですから OS とアプリケーションを混ぜて書いても動くものができるし、安くて、非常に使いやすいものが作れたんです。しかし、ソフトの規模がだんだん大きくなると、このようなやり方は通用しなくなりつつありました。やはり新しい開発技術が必要だと口だけでは何度も言ったんですが、なかなかそれが現場に浸透し難かったんです。例えば、オブジェクト志向（ソフトウェアをモジュールに分割して開発する方法）になると、パフォーマンスが悪くなるところがあります。工数は減るけれども、速く動かないし、ハードウェア性能とメモリがたくさん要る、コストもあがります。「PV-F1」になって本格的に新しいやり方でソフトを開発しようとする試みがありました（生駒隆夫氏）[11]。

> 電子手帳は画面が小さいですね。「PV-F1」は相対的に大きいです。「PV-F1」はペンで操作する時に、ウィンドウズのような感じで作ったので、複数のアプリケーションが起動できるとか、ある程度 OS を意識しはじめたという特徴がありました。OS がないとアプリケーションもできないという問題を意識して、同時に開発するようになったので、まず OS を作らないといけない状態で、他方ではアプリケーションの開発をするようになったんです。両方を同時にやると、アプリケーションを開発する途中で OS のバグが出てくるので、アプリケーションの開発を止めて、OS のバグの見直しをすぐやらないといけないという問題はありました。電子手帳の OS は、ウィンドウズみたいな発想もなかったし、複数のアプリケーションを開くという考え方もなかったんです。通信に対してもリアル・タイムで動かないといけないという意識もなかったんです。そういうのを初めて意識した製品が、「PV-F1」です（羽田勇氏）[12]。

「PV-F1」では、ポケット・ウィンドウという OS の新規開発が行われた。「PV-F1」は、ペン入力であったため、外部記憶装置なしでシステム全体が ROM に収まるように、低消費電力とウィンドウズ機能、レジューム機能を実現する OS とアプリ

---

(11) シャープ・インタビュー，No. 3
(12) シャープ・インタビュー，No. 2

ケーション・ソフトが要求された。「PV-F1」は、複数の情報閲覧やデータのコピーが簡単にできるように設計されていた。スケジュール機能を表示している画面に、電卓や時計などの重複表示が可能で、画面の右に機能切り替えキーを配置して、このキー・タッチで簡単に以前の表示状態に戻るようなレジューム機能が付いてした。

以上のようなPDAを開発するため、「PV-F1」の開発プロジェクトは、社内の他事業部と研究所からエンジニアを引き抜いて、開発を行った。「PV-F1」の開発に要求される技術の中には、他部門が抱えているケースが多かったからである。〈図5-2〉は、この開発組織が社内のどの部門から、エンジニアを引き抜いて活用したかを表している。

〈図5-2〉を見てみると、「PV-F1」の開発組織は社長直轄になっていることが分かる。開発組織は、パーソナル情報機器事業部の8人のエンジニアが初期メンバーになっていた。

ここで、赤外線通信技術は、PDA機器間の無線通信を行うために必要な技術であるが、この技術は技術本部から獲得した。ペンでディスプレイに文字を書いて認識する手書き文字認識技術は、情報システム技術研究所から、スキャナー技術[13]は通信オーディオ研究所から、なお、LCD技術はLCD研究所からそれぞれ吸収、活用した製品である[14]。以下では具体的に各技術の吸収過程を見てみよう。

「PV-F1」と電子手帳との違いは、情報の送受信機能にある。「PV-F1」は赤外線通信を導入して、機器間及び、パソコンとの間で情報の発受信が可能になった[15]。この赤外線通信を導入したきっかけに対して、当時「PV-F1」から製品企画を担当した、名井哲夫氏は次のように語る。

　個人から発信する情報をどのように周りの人に繋いでいくのかのことが、我々に与えられた重要な仕事だと思いました。ワープロで作成した情報を周りの人に伝えるようなことを、この草の芽的な「PV-F1」で始めましょうということです。その時には、光だけに割り切りました。例えば、その使い型としてデジタル・サインというものがありました。スタローンとか、落合選手とかのサインを画面に書いて

---

(13)「PV-F1」自体にはスキャナー機能がないが、周辺機器として名刺読取機を並行開発した。この名刺読取機の中にスキャナー機能があった。
(14) シャープ・インタビュー, No. 5, No. 6
(15) シャープ・インタビュー, No. 2

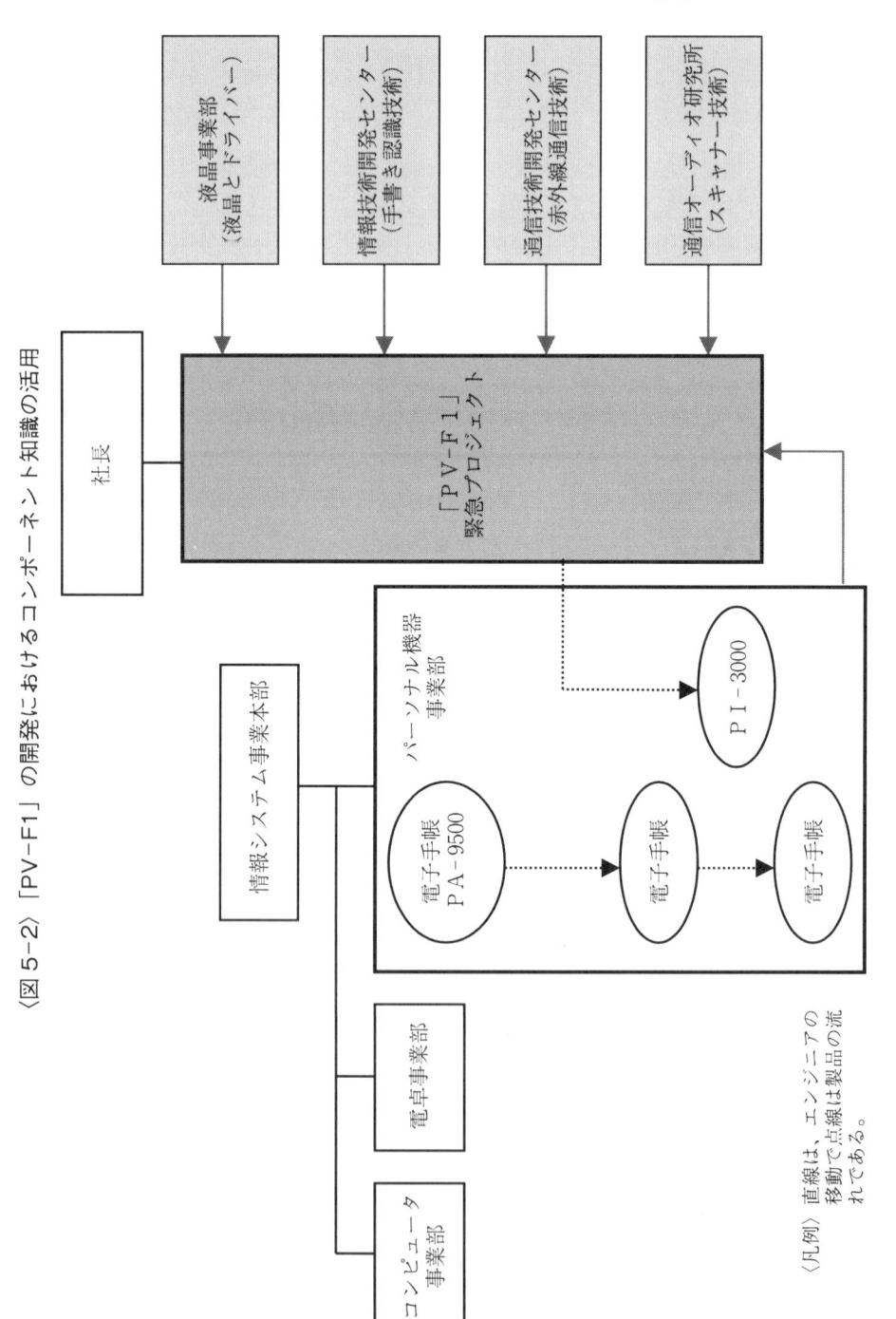

144　第5章　分析Ⅱ──PDAにおけるシャープとカシオの比較・分析

〈図5-2〉「PV-F1」の開発におけるコンポーネント知識の活用

- 液晶事業部（液晶とドライバー）
- 情報技術開発センター（手書き認識技術）
- 通信技術開発センター（赤外線通信技術）
- 通信オーディオ研究所（スキャナー技術）

社長 ── 「PV-F1」緊急プロジェクト

情報システム事業本部
- パーソナル機器事業部
  - PI-3000
  - 電子手帳 PA-9500 → 電子手帳 → 電子手帳
- 電卓事業部
- コンピュータ事業部

〈凡例〉直線は、エンジニアの移動で点線は製品の流れである。

第5章 分析Ⅱ―PDAにおけるシャープとカシオの比較・分析

もらって、ぴーぴーと向こうに送るんです。これが一瞬にぱーと広がっていきます。サインはコピーしたら本物ではないが、デジタルだから皆のものが本物です。これが光ネットワークです。ところが、光一本を外に出してみたら、プリンタでも、プリンタのプロトコルで打てば、ケーブルで繋がらなくても印刷できるのではないかとか、パソコンでも、受け口のインターフェースを作って上げれば、「PV-F1」からでもパソコンのメール・システムに入れるのではないかとか、いろいろな意見がありました。だから、最初に「PV-F1」をやった時には、相手の機器に独自の口を設けてあげたら、何とか繋げるのではないかということで、光を入れたんです[16]。

つまり、「PV-F1」の開発組織は、情報を送受信する技術選択の初めの一歩として、まずPDA機器間及び、PDAとパソコン間の情報の送受信を選択し、赤外線通信を取り入れたのである。赤外線通信を通じて、ユーザー同士のスケジュールや名刺交換を可能にするという発想である。

次に、手書き認識技術の移転プロセスを見てみよう。この技術は電子ペンでディスプレイ上に漢字やアルファベットなどの文字を書くと、自動的に文字に転換される技術である。この技術を初めて開発したのは、シャープの情報システム技術研究所であった。この認識技術は、1992年1月、まずワープロ「ペン書院、WV-S202」に活用された。このワープロはA5サイズで、ノート型ワープロの中で初めてペンによる手書き入力が可能な製品であった。このワープロへの応用過程で手書き認識の認識率が向上し、画面が小さな携帯用機器にも搭載が可能なレベルにまで改良された。その段階で、情報システム技術研究所の斗谷充宏氏と岩橋弘幸氏の2人のエンジニアが「PV-F1」の開発プロジェクトに参加して、「PV-F1」にその技術を移植したのである。

このように他部門に散在する技術を活用するため、緊急プロジェクトは2重の組織構造になっていた。緊急プロジェクトには、公式メンバーと非公式メンバーが混在して、非公式メンバーはプロジェクトの進捗状況によって増減される。羽田勇氏はこの構造を次のように説明する。

　緊プロ（緊急プロジェクトの略称）の公式メンバーだけで商品化できるわけではないです。緊プロの公式メンバーが、先行してどんな製品を作ったらいいかとか、要素技術の開発をどうすればいいかとかを分析した後で、緊プロのメンバーと技術のメ

---

[16] シャープ・インタビュー，No.1

ンバー（緊プロの公式メンバーではない）が、一緒になって商品化します。開発の方針が決まって、実際に開発する時には分担しながら開発するという形ですね。私は技術の面を追ったんですが、最後まで公式メンバーではなかったんです。緊プロは、公式メンバーと外でサポートする非公式メンバーという2重構造になっていたと言えるかもしれません。私はソフトウェアの開発全般を担当していたが、チームの中には緊プロの公式メンバーもありました[17]。

　ここで、非公式メンバーは、多くの場合、自分の部署を離れるのではなく、緊急プロジェクトの開発作業を遂行する。なぜなら、所属部署にそのまま残って開発作業を追行すると、所属部署の関連するエンジニアの助力が得られるが、緊急プロジェクト組織に移動してしまうと、このような協力が得にくいからである。

　以上のような事実は、「PV-F1」緊プロの初期メンバーとタスク構成からでも分かる。〈表5-1〉をみてみよう。

　〈表5-1〉を見ると、「PV-F1」のプロジェクト・リーダーである上村進氏は、プロジェクト全体の運営と管理をしていて、その他のメンバーは、各タスクの企画業務を担当している。つまり、プロジェクト・メンバー1人1人が緊急プロジェクトとプロジェクトの外でサポートするエンジニアとを仲介、調整する役割を果している。

　シャープは、「PV-F1」の開発修了後、その製品を既存電子手帳の担当部門であるパーソナル情報機器事業部に戻した。「PV-F1」は、パーソナル情報機器事業部の販売やマーケティング・チャンネルを利用して、1992年7月に発売される。

〈表5-1〉「PV-F1」緊急プロジェクトのメンバー構成と役割分担

名　前	緊急プロジェクトへ移動前の所属	担　当　仕　事
上村　進	パーソナル機器事業部第1技術部	チーフ
小西　雅之	パーソナル機器事業部企画部	基本構想企画
向井　忠晴	パーソナル機器事業部第1技術部	周辺機器技術企画
多田　伸	パーソナル機器事業部第1技術部	微細加工技術企画
志野　勝英	パーソナル機器事業部第1技術部	液晶関連技術企画
白石奈緒樹	パーソナル機器事業部第2技術部	基本ソフト企画
奥田　勝規	パーソナル機器事業部第2技術部	アプリケーションソフト企画
田中　康晴	パーソナル機器事業部第2技術部	周辺機器ソフト企画

〈出所〉社内資料をベースに筆者作成

---

(17) シャープインタビュー，No. 5

(4) PDA 進化の段階：ユーザーの反応を吸収するプロセス

　シャープの初 PDA である「PV-F1」に対するユーザーの評価は、それほど高くなかった。「PV-F1」は、特に価格と重量に問題があった。「PV-F1」は、価格が128,000円で、4万円前後の電子手帳と比べると、3倍以上高かった。
　また、重量が370gで、200g前後の電子手帳と比べると、やはり2倍ほど重かった。このような価格と重量の増加は、赤外線通信の搭載と、情報の送受信機能の搭載がもたらした結果であったが、ユーザーの支持を集めるまでには至らなかった。
　そこで、パーソナル情報機器事業部は、事業部内部に開発組織を設置して、「PV-F1」をもう1度作り直す作業を行った。その作業は、製品コンセプトはそのままで、ハードウェア的なバージョン・アップが目的であった。例えば、その当時掲げられた開発目標に「3つの2倍」と「3つの2分の1」があった。「3つの2倍」とは、光メールや辞書などの機能アップやディスプレイ表示のスピード・アップ、操作性アップを意味しており、「3つの2分の1」とは、サイズ（77％）と重量（68％）の削減、消費電力（単4本から単2本で同じ性能）の削減、価格（128,000円から65,000円に）の削減であった。
　その結果、開発された製品が「PI-3000」で、普通「ザウルス」と呼ばれるシリーズの最初の製品であった。1993年10月に、発売された「PI-3000」は、「PV-F1」と比較すると、重量が370gから250gに、使用電池は4本から2本に減って、価格は12万8千円から6万5千円に下がっていた。「PI-3000」は、発売後6ヵ月で20万台が売れて、新しいPDA市場の開拓に成功した[18]。
　「PI-3000」の成功によって、シャープはPDA市場の可能性を確認し、その製品を既存のパーソナル情報機器事業部から分離して、新たに携帯システム事業部を創設、移転した。携帯システム事業部は、「PI-3000」の次の製品である「PI-4000FX」から担当するようになった。
　さらに、シャープは「PV-F1」に赤外線通信を取り入れ、同じPDA機器間及び、PDAとパソコンとの間でデータ交換を可能にした。それ以来、シャープは市場を通じてユーザーの反応を確認しながら、次々と情報の送受信機能を取り入れた。1994年にISDN用公衆電話が登場したことに合わせて、FAX送受信機能を組み込んだ

---

(18) 『プレジデント』(1996年7月号), p.150

148 第5章 分析Ⅱ—PDAにおけるシャープとカシオの比較・分析

PDA、「PI-4000FX」が発売されたのは、その例である。シャープがインクリメンタルに通信ツールを追加したのは、情報の送受信機能が、他の機能とは異なり、社会的な通信インフラが整えられていないと使えないからであった。名井哲夫氏は、「PI-4000FX」にFAX送受信ツールを搭載した過程を、次のように述べている。

　　通信ツールを搭載しようとする計画は、最初からありました。ただ市場を見ながら、通信ツールを導入するタイミングを考えていました。「ザウルス」で一番気を付けたのは三歩先を進むとユーザーから離れてしまう、それで一歩先を歩むということです。半年単位で商品を出したのはその理由です。「PI-4000FX」当時、FAXとパソコン通信ツールを載せた製品の同時発売も可能でした。FAX機能を載せた「PI-4000FX」は、6月頃、パソコン通信を載せた次の「PI-5000」が年末です。両方を同時に出すことができたのですが、だけど当時パソコン通信はまだマニアックな通信手段であって、日本語で「通信をする」というような表現でいう通信媒体はまだ「ザウルス」のツールではないと思いました。「FAXを通信する」とはいいませんね。「電話する」、「FAXする」でしょう。あいうものを「ザウルス」に取り込んでいくという戦略で、「ザウルス」のユーザーをだんだんアップ・グレードする時に、少なくともそのタイミングではFAXは皆のものになったということで「ザウルス」にFAXをいれました。そうすると、通信のことでお客さんがこれをつかってワン・ランク・レベルアップされますね。その後でパソコン通信をやって行こうと、その時パソコン通信は会得しているから、次に半歩とか、1歩の成長は充分できると、お客様の目線というか、目線をずっと合せながら、その目線で進んでいくという考え方です。この目線がずれるとまずいので、同じ目線で見た時にはパソコン通信はまだ高い所にあると思ったわけです。その後のインターネット機能も同じやり方で入れたんです[19]。

つまり、シャープは、通信インフラの普及状況とユーザーの使用程度を確認しながら、PDAを進化させたと言える。次の〈図5-3〉は、シャープが発売した「PV-F1」から「PI-5000」まで4つのPDAの製品トラジェクトリーを表した図である。

〈図5-3〉は、縦軸6点、横軸5点尺度で、PDAにおける情報の携帯機能と情報の送受信機能を計ったものである。縦軸は、情報の携帯機能で、PDAのハードウェ

---

(19) シャープインタビュー，No.1

〈図 5-3〉 PDA の製品トラジェクトリー（1992 年 7 月～1995 年 5 月）

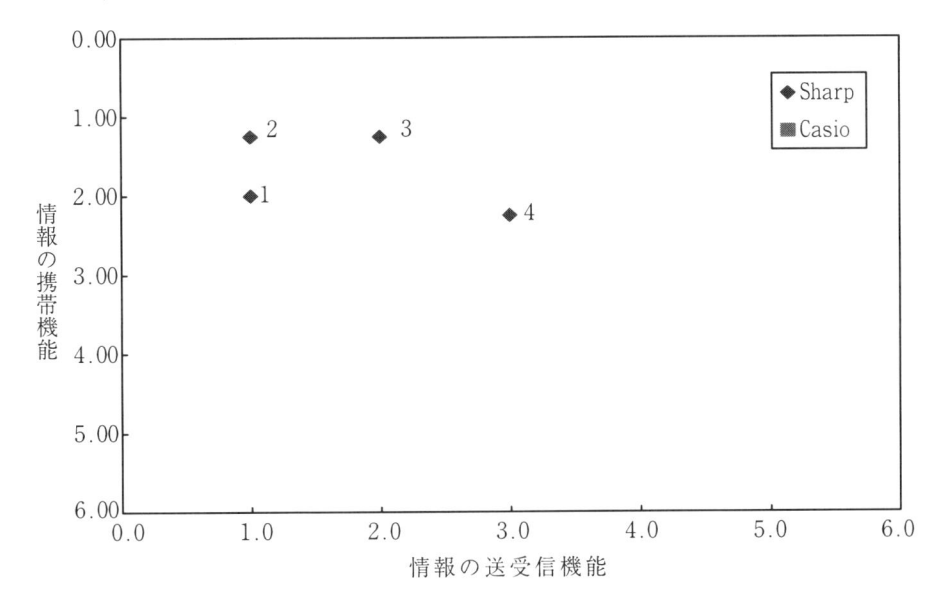

[グラフ：縦軸「情報の携帯機能」(0.00～6.00)、横軸「情報の送受信機能」(0.0～6.0)。凡例 ◆Sharp ■Casio。プロット点：1 (1.0, 2.00)、2 (1.0, 1.25)、3 (2.0, 1.25)、4 (3.0, 2.25)]

製品番号	発売時期	製品名	企業名
1	1992年7月	PV-F1	シャープ
2	1993年10月	PI-3000	シャープ
3	1994年5月	PI-4000FX	シャープ
4	1994年11月	PI-5000FX	シャープ

ア仕様を計って表している。情報の携帯機能は、PDA のディスプレイ、CPU、RAM など各コンポーネント別の機能的なパフォーマンス・レベルを点数で評価して、それを合計したものである。この方法は、情報の携帯機能が優れるほどコンポーネントの機能的パフォーマンスが低く、情報の携帯機能が弱いほどコンポーネントの機能的なパフォーマンス高いトレードオフ関係を利用したものである。横軸は、搭載した通信ツールの種類を計って、情報の送受信機能を測定している（Appendix Ⅲを参照）。

〈図 5-3〉を見てみると、製品 1（PV-F1）から製品 2（PI-3000）に移動するプロセスで、情報の携帯機能が向上していることが指摘できる。これは前述したように、「PV-F1」に通信ツールを取り入れる過程で、相対的に犠牲になった携帯機能が向上するプロセスである。製品 3 と製品 4 になると、シャープは情報の送受信機能に対するユーザーの支持を確信して、次々と通信ツールを取り入れている。「PI-4000FX」

(製品 3) には FAX 送受信ツールを搭載した後に、「PI-5000FX」(製品 4) には、NIFTY Serve を利用したパソコン接続ツールを PDA に内蔵するようになる。

このようなシャープの PDA は、市場で成功を収め、「PI-3000」から「PI-5000FX」まででは累計で 40 万台の販売になり、シャープの PDA は国内市場の 70% 以上を占めるようになった[20]。

シャープは、以上のような成功を背景に〈図 5-4〉の「PI-7000」(製品 6) には、

〈図 5-4〉PDA の製品トラジェクトリー (1995 年 6 月〜1997 年 1 月)

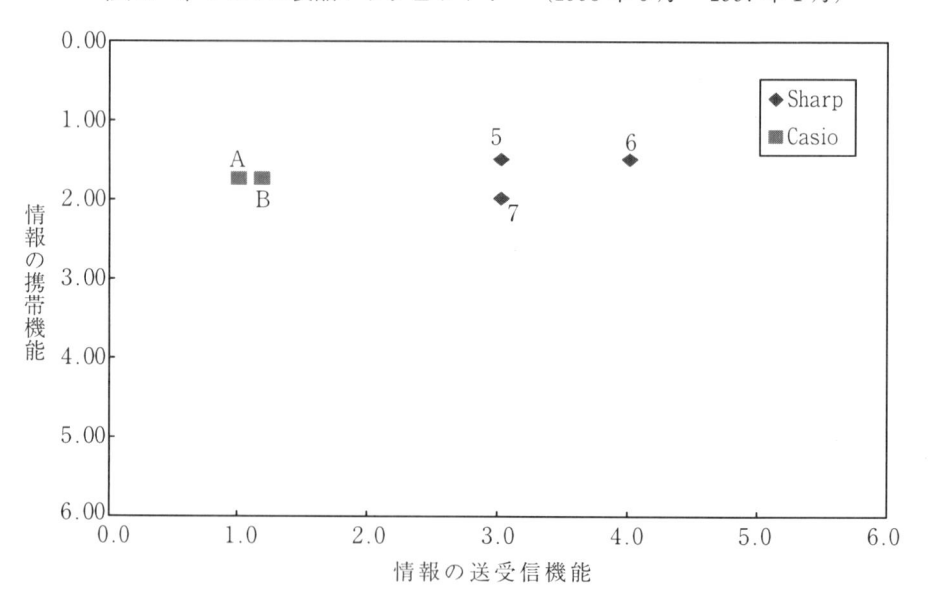

製品番号	発売時期	製品名	企業名
1	1992 年 7 月	PV-F1	シャープ
2	1993 年 10 月	PI-3000	シャープ
3	1994 年 5 月	PI-4000FX	シャープ
4	1994 年 11 月	PI-5000FX	シャープ
A	1995 年 6 月	RX-10	カシオ
5	1995 年 8 月	PI-6000FX	シャープ
6	1996 年 2 月	PI-7000	シャープ
B	1996 年 4 月	RX-20	カシオ
7	1997 年 1 月	PI-8000	シャープ

---

[20] 『プレジデント』(1996 年 7 月号), pp.150-151

携帯電話との接続ツールを、「MI-506DC」(製品8)には、インターネットとメール接続ツールを取りいれて、さらに一歩一歩、情報の送受信機能の強化を図った。

　ザウルスは大きく分けると2世代あります。「PV-F1」から始まった製品で、CPUもカスタムCPUを使って、全部自前の部品を使っていました。それは、あまり外と繋ぐことが主ではない、だけど繋ぐことが大事だ、ということが見える時代の商品ですね。ですから自己完結で、「これ1台で大抵の仕事は完結できるよ」という意味でした。それが「PI-8000」までです。しかし、その後の「MI-506DC」からインターネットとメール接続を強化するし、パソコンとの連結も強めるようになります。そのため、CPUも普通のRISCを使うなどに変わったのです。そこは、明らかにパソコンがビジネス世界の当たり前のようになった時代であると。通信もインターネットという、標準のネットワークというのが世の中に当たり前になった。そうした時に、外に対して繋ぐことが当然の時代ですから、外に繋がる所はオープンにしようと。オープンにしようとした途端に、標準のプロトコルを採用したメール・システムなり、ブラウザのシステムなりと、あと、パソコンとは仲良くする。というのは、パソコンを皆さん使うようになったのです。パソコンの情報を持ち出したいと、当然外へ持ち出したいという声があるので、その流れに沿うような受け皿を用意しよう、ということです[21]。

　特に〈図5-5〉の「MI-506DC」(製品8)は、本書で測定した通信ツール全部が搭載されているので、PDAのドミナント・デザインとも言える。
　「MI-506DC」(製品8)の後に行われた各企業間のPDA競争は、仕様上のばらつきはあるものの、形状と情報の携帯機能、情報の送受信機能の面で、大きく変わっていない。つまり、掌に入る形状と200g前後の重量、インターネットとメール送受信を始めとする通信ツールの搭載という点は、後続製品全てで守られている特徴である。
　一方、シャープの携帯システム事業部は、以上のように新しい通信ツールを追加するプロセスで、社内の他部門から引き続きコンポーネント技術を吸収した。
　例えば、〈図5-6〉のように「PI-4000FX」のFAX送受信ツールと「PI-5000FX」のパソコン接続ツールの搭載に際しては、通信オーディオ事業本部から開発エンジニアを受け入れて、開発を行った。インターネットとメール接続が可能な

---

[21] シャープ・インタビュー，No. 1

152 第5章 分析Ⅱ—PDAにおけるシャープとカシオの比較・分析

〈図5-5〉PDAの製品トラジェクトリー（1997年2月〜1998年12月）

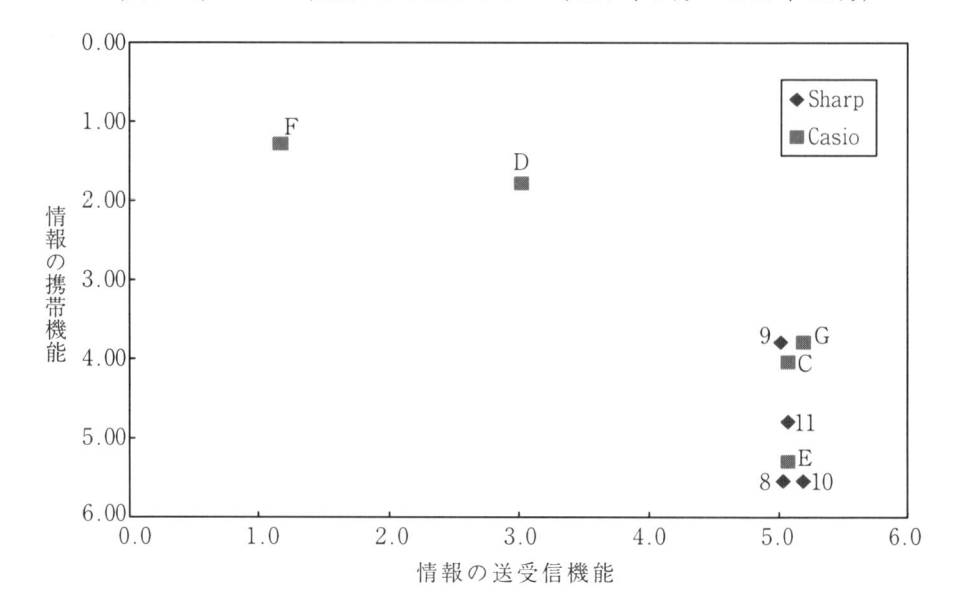

縦軸：情報の携帯機能
横軸：情報の送受信機能

凡例：◆ Sharp　■ Casio

プロット：
- F（約1.1, 1.3）
- D（約3.0, 1.8）
- 9（約5.0, 3.8）◆
- G（約5.2, 3.8）■
- C（約5.0, 4.1）■
- 11（約5.0, 4.8）◆
- E（約5.0, 5.3）■
- 8（約5.0, 5.5）◆
- 10（約5.2, 5.5）◆

製品番号	発売時期	製品名	企業名
1	1992年7月	PV-F1	シャープ
2	1993年10月	PI-3000	シャープ
3	1994年5月	PI-4000FX	シャープ
4	1994年11月	PI-5000FX	シャープ
A	1995年6月	RX-10	カシオ
5	1995年8月	PI-6000FX	シャープ
6	1996年2月	PI-7000	シャープ
B	1996年4月	RX-20	カシオ
7	1997年1月	PI-8000	シャープ
8	1997年7月	MI-506DC	シャープ
C	1997年7月	CASSIOPEA A51	カシオ
D	1997年11月	MX-700	カシオ
9	1997年11月	MI-110	シャープ
10	1998年7月	MI-610DC	シャープ
11	1997年9月	MI-310	シャープ
E	1998年9月	CASSIOPEA A60	カシオ
F	1998年9月	MX-500	カシオ
G	1998年12月	CASSIOPEA E55	カシオ

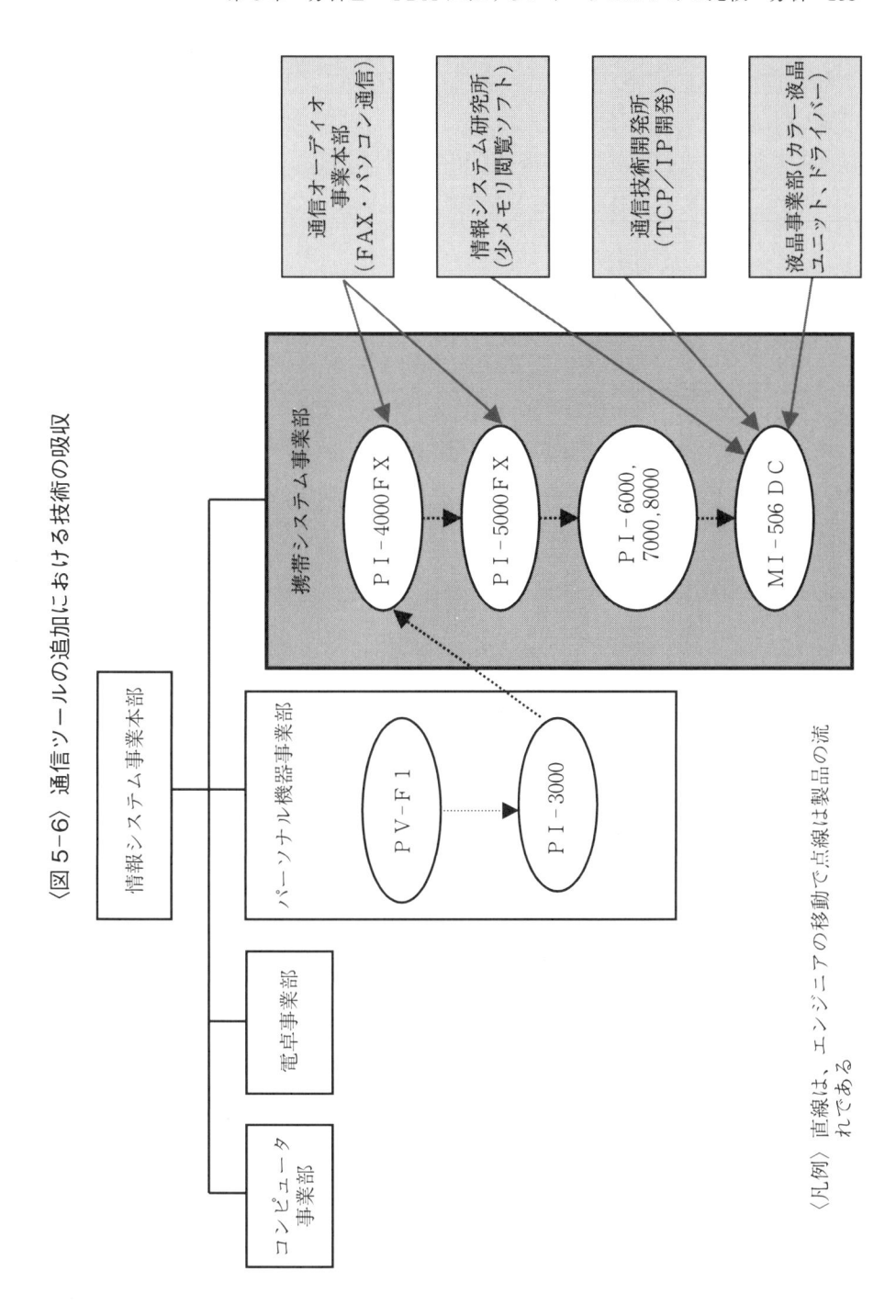

第5章　分析Ⅱ―PDAにおけるシャープとカシオの比較・分析　153

〈図5-6〉通信ツールの追加における技術の吸収

通信オーディオ事業本部（FAX・パソコン通信）
情報システム研究所（Σメモリ閲覧ソフト）
通信技術開発所（TCP/IP開発）
液晶事業部（カラー液晶ユニット、ドライバー）

携帯システム事業部
PI-4000FX → PI-5000FX ⇢ PI-6000, 7000, 8000 ⇢ MI-506DC

情報システム事業本部
電卓事業部
コンピュータ事業部

パーソナル機器事業部
PV-F1 ⇢ PI-3000

〈凡例〉直線は、エンジニアの移動で点線は製品の流れである

「MI-506DC」では、情報システム研究所にPDA用の小規模閲覧ソフトを、また通信技術研究所にはTCP/IP（ネットワーク・プロトコール）の開発を依頼して、それらを搭載した。

以上のようにシャープは、初のPDA「PV-F1」を発売してから、7年後にドミナント・デザインである「MI-506DC」の発売が可能になった。

3. カシオのケース分析

（1）初期条件：電子手帳事業の劣位

カシオは、1946年、樫尾製作所という社名で東京三鷹市に設立された企業である。カシオは1954年に、リレー式計算機の開発に成功し、それを契機に電子計算機事業に参入した。このリレー式計算機は、1946年に東京で開かれた電動計算機とそろばんの日米対抗戦にヒントを得て、カシオがほぼ10年がかりで開発した製品であった。0から9までの10個のボタンで加減乗除が簡単にできるこの製品は、財務計算をそろばんに頼っていた多くの企業に高く評価された[22]。

カシオは、その後、電卓、電子ウォッチ、電子楽器などに順次事業を多角化し、1992年には、売上3,260億円、従業員18,000人を抱えて、電卓部門（電卓、パーソナル・ワープロ、ポケコン）、電子ウォッチ部門（電子ウォッチ、ページャー）、電子楽器部門（電子ピアノ、電子キーボード）、システム機器部門（オフコン、液晶テレビ、通信機器）で構成される大企業にまで成長した。

カシオがこのような大企業に成長した契機の1つは、1965年参入した電卓事業である。メモリー付きの電子卓上計算機「カシオ001」を開発、発売することによって始まった電卓事業は、1973年には、全売上の88％を占めるほどの圧倒的な比重の事業になっていた。しかし、電卓市場全体の中では、カシオは、まだ大きなマーケット・シェアを獲得していなかった。1970年の時点で、カシオのマーケット・シェアは、台数ベースで10.7％、金額ベースでは7％に留まっていた。

1972年8月に発売された「カシオミニ」という小型パーソナル電卓は、このような状況を一変させた。「カシオミニ」は、個人ユーザーに焦点を当てた製品で、6ケタ表示、固定小数点という制約された機能であったが、重さ350gという小型軽量化

---

[22]「日本経済新聞」（2001年10月29日）「リーダーの研究—カシオ計算機社長、樫尾和雄

と 12,800 円という低価格でユーザーの圧倒的な支持を得た。その当時、最も安い電卓が、8 ケタ表示で 29,800 円だったから、「カシオミニ」とは 6 割近い価格差があった。「カシオミニ」は、当時、月産 1 万台を越える電卓がなかったなかにあって、月産 10 万台を生産し始め、1975 年には累計 500 万台を超えるヒット商品になっていた。このような「カシオミニ」の成功によって、当時業界 3 位の電卓メーカーであったカシオは、マーケット・シェア・トップの企業になった[23]。

その後、カシオは、電卓市場での優位を守るために製品の差別化をはかり、ラジオ、ウォッチ、アラーム、ゲームなどと電卓を組み合わせた、多機能・複合製品を次々と開発、発売した。電卓にただの計算機能以外の新しい機能と用途を組み込んだのである（阿部、1981）。

1983 年 5 月発売した、「データ・バンク・シリーズ PF-3000」も、基本的にこのような製品戦略の延長線上の製品であった。「PF-3000」は、LSI の余剰能力を有効に活用して、より高性能、多機能の電卓を作るというカシオの製品戦略の典型である[24]。電子手帳の嚆矢といえる「PF-3000」は、電卓の数字をローマ字に置き換えたもので、英数字で 961 文字（50 人分の電話番号に相当）が表示でき、価格は 11,000 円であった。

このようなカシオの製品戦略は、1988 年まで変わらなかった。例えば、1988 年 9 月発売された「DK-2000」は、液晶の画面が前機種より 2 倍で、記憶容量も 64KB に増加しており、最先端の LSI を使ったハードウェアで、表示の見やすさ、操作性などの使いやすさを重視していた。しかし、このようなカシオの電子手帳の製品戦略

〈表 5-2〉シャープ「PA-8500」とカシオ「DK-2000」の仕様比較

仕様	シャープ「PA-8500」	カシオ「DK-2000」
共通機能	電話帳、スケジュール管理、カレンダー、メモ、計算	電話帳、スケジュール管理、カレンダー、メモ、計算
別機能	11 枚の IC カードによる拡張性	名刺管理、漢字辞書
辞書容量	約 63,000 語	約 108,000 語
記憶容量	32KB	64KB
表示ディスプレイ	96×64 ドット 6 文字×4 行	192×48 ドット 12 文字×3 行
電池寿命	100 時間	85 時間
価格	28,000 円	24,800 円

〈出所〉『週間東洋経済』（1989 年 1 月 14 日号）、p.61

---

(23) 伊丹（1981）
(24) 新宅・網倉（1998）、p.16

は、当時電子手帳市場を制覇していたシャープと明確に異なるものであった。下の〈表5-2〉は、当時両社の代表的な電子手帳を比較したものである。

〈表5-2〉で、シャープの「PA-8500」とカシオの「DK-2000」を比較すると、記憶容量は、32KB対64KBでカシオの製品が2倍優位で、ディスプレイは、96×16ドット対192×48ドットで、やはりカシオの製品が6倍（ドット数）大きい。なお、シャープの「PA-8500」は、辞書の容量でもカシオの電子手帳の約60％水準に留まっている。しかし、シャープの「PA-8500」はICカードを活用しているところに特徴があって、ソフトウェアの拡張性があるが、カシオの「DK-2000」は、名刺管理や漢字辞書などのソフトが、全部チップに埋め込まれているので、ソフトウェアの拡張性はない。つまり、カシオの電子手帳は、ハードウェア的には優れているが、多様なソフトをユーザーが選択する拡張性に限界が生じていた[25]。

そのため、1989年時点で350万台の電子手帳市場では、シャープが201万台で57.4％、カシオが133万台で38％のマーケット・シェアを占めて、カシオが劣勢であった。さらに、ICカード型の電子手帳ではもっと劣位で、シャープが70％以上の圧倒的なマーケット・シェアを占めていた[26]。

このようなユーザーの評価によって、結局、カシオも1989年からICカード型方式に転換せざるを得なかった。1989年に発売された「DK-5000」は、ICカード方式に転換して、256KBのRAMカードを挿入するタイプに変わった製品である。

(2) カシオの組織構造の特徴

1982年まで、カシオの組織は、開発本部、生産本部、営業本部、総務本部という4つの機能別組織で構成され、本部長がそれぞれの担当部門を統括する構造であった。例えば、開発本部で新しいカテゴリーの製品を開発すると、生産本部で生産を行い、営業本部で販売するという仕組みである。

しかし、このような組織構造は、事業の責任所在の明確化と適正な業績評価の点で問題を抱えていた。例えば、新しく開発した製品が売れない場合に、その理由が、製品コンセプトや仕様にあるのか（開発本部の責任）、品質やコスト（生産本部の責任）にあるのか、あるいは、マーケティングや営業（営業本部の責任）にあるのかを明確

---

(25) 『週間東洋経済』（1989年1月14日号），p.61
(26) 日本マーケット事典（1991）

にするのは困難である。特に、その新しい製品のコストと仕様が相手企業の製品と異なる場合に、その原因を特定するのは、一層困難になる[27]。

そこで、1983年4月、カシオは、組織構造を機能別組織から事業部組織に改編、事業部に各本部の機能を分散、移動させることにした。組織編成とともに、カシオでは、既存製品のバージョン・アップと新しい製品の開発機能が分離されるようになった。この点に関して、カシオの石田秀明氏は次のように説明している。

> 事業部は自分の製品ジャンルが決まっていますから、既存製品のカテゴリーの中の製品は、どんな新技術であれ、自分の責任でやります。例えば、電卓事業部は、電卓のラインアップを担当して製品開発を行います。ですから、商品のラインアップを考えて、技術も何とかするということです。それ以外の新規ジャンルの製品開発は、基本的に研究開発本部のプロジェクトによって遂行されます[28]。

つまり、カシオでは、既存製品のバージョン・アップは担当事業部で、技術と市場の面で新しいカテゴリーの製品は、研究開発本部が担当する仕組みになっていた。言い換えれば、「研究開発本部は、基礎研究開発、新規カテゴリーの製品開発、各事業部への支援業務、委託業務、特許業務などを担当し、事業部は、事業品目の開発、技術の蓄積、生産を行い、事業部長は売れる製品の開発と競争力あるコストを実現することによる利益責任を負う[29]」ことである。

また、研究開発本部が新しい製品を開発する場合、非定期的に事業部からエンジニアを引っ張ってくることを除いては、事業部と研究開発本部との間で、あるいは、事業部と事業部の間でエンジニアが移動することはあまりなかった。また、カシオの各事業部は、組織編成の後、基本的に担当製品を中心に技術を蓄積するようになり、他事業部とのエンジニア交流や移動をそれほど行わなくなった。

(3) 既存部門によるPDAの開発：アーキテクチャの小さい断絶性の選択

シャープが初のPDA「PV-F1」を開発、発売した1992年7月時点で、カシオはまだPDAを開発していなかった。カシオが初めて日本国内のPDA市場に参入する

---

(27) カシオが機能別組織から事業別組織に転換した1980年代初めは、不景気のために、各部門の責任が強く問われた時期でもあった。
(28) カシオ・インタビュー, No.2
(29) 『カシオ50年史』(1995年), p.212

製品である「RX-10」は、1995年6月の発売になるので、シャープと3年ほどの差が存在する。

それでは、カシオがシャープに比べて遅れをとった理由は何だろうか。その主な原因として考えられるのが、電子手帳の開発エンジニアによるPDA開発反対である。電子手帳を担当していたPC（Personal Communication）事業部内では、PDAの開発に対する強い反対があった。

PC事業部の中でPDAの企画が始まったのは、1992年初めであった。当時企画した製品は、電子手帳よりも一層情報の携帯機能を強調した製品で、電子手帳についていたICカードとキーを省略した、掌に入る大きさのPDAであった。

しかし、この製品企画は、PC事業部内での反論に直面して、なかなか開発まで進めない状態であった。当時企画を立案した藤沢秀隆氏は、次のように述べている。

カシオ計算機では、キーが大事だという雰囲気がありました。入力するのが大事なんだと、だからキーをやめてはいけないんだということで、電子手帳ではずっと進んできたんです。例えば、シャープの電子手帳は縦型でしたが、カシオの電子手帳は、横に長い横形でした。これはディスプレイとキーが横に広い形になっていて、入力しやすいです。キーは基本的に全部ボタンの形で表に出ていて、指で押すだけで直ぐ探している画面が表れます。この電子手帳を小型PDAにしようとすると、どうやって機能を選ぶかとか、ボタンがないので不便ではないかという問題が出ます。で、それはメニュー画面にしましょうと。しかし、画面のメニューをペンでタッチするメニュー方式に変わると、正確な反応の問題とか、新しい技術開発の問題とかいろいろ問題が発生しますね。懐疑的な反応を示した人は、キーなら便利だし、その問題も一発で終わるのではないかと思っていたようです[30]。

つまり、カシオ内部では、横型の電子手帳アーキテクチャに対するエンジニアの支持が存在しており、彼らはPDAという新しいアーキテクチャに拒否反応を示していた。前述した通り、カシオの電子手帳は、最先端のLSIと大容量メモリーによる高い情報処理パフォーマンスとディスプレイの見やすさという点で優れていた。しかし、企画段階のPDAは、軽量化するためにディスプレイの小型化とキーの削除を行い、既存の電子手帳アーキテクチャの優位性を失っていた。すなわち、当時企画された

---

(30) カシオ・インタビュー，No. 1

PDA は、電子手帳の優位性がなくなったまま、まだ技術的に確立していないペン・タッチ技術などの不安定な技術だけが組み込まれるようになっていたため、電子手帳の開発エンジニアから反対されたのである。

そのような PC 事業部の状況とは別に、カシオの経営陣は、アメリカのパソコン・メーカーである Tandy との提携による PDA 開発を推進していた。それは PDA「Zoomer」の開発である。カシオは、シャープが最初の PDA「PV-F1」を開発する最中だった 1992 年 4 月、「Zoomer」を開発するための事業部内プロジェクト組織を発足させた。電卓事業本部傘下の PC 事業部が、その主体に選定された。そこで、PC 事業部は、新しい PDA 企画を中止して、「Zoomer」を開発するために事業部内にプロジェクト組織を設置し、Tandy と提携して製品開発に着手した。

〈図 5-6〉のように、電卓事業本部は、ワープロ事業部、電卓事業部、PC 事業部で構成されており、PC 事業部は電子手帳担当部門、ポケコン担当部門で構成されていた。PC 事業部は、「Zoomer」を開発するために、事業部内に開発組織を設置して、開発エンジニアを集めた。電子手帳担当部門とポケコン担当部門からそれぞれハードウェア設計エンジニアを吸収して、「Zoomer」の開発に臨んだのである。PC 事業部は、本社から開発エンジニア以外の事業企画、営業と開発資金などの支援を受けて、「Zoomer」の開発を行った[31]。

しかし、1993 年 10 月に発売された「Zoomer」は、日本人にとっては形状が大きすぎるという問題を抱えていた。「Zoomer」は、横 10.7cm × 縦 17cm、厚さ 2.5cm、重量は 436g で、3 個の単 3 電池で最大 100 時間使用可能な製品である。ここで特に問題になった仕様は、重量であった。「Zoomer」の重量は、電子手帳の 2 倍以上になっていて、日本人がポケットに入れて常時携帯するのは、困難であった。結局カシオは、このような理由で「Zoomer」を改良して日本国内に導入しようとした、もとの計画を取りやめることにする。「Zoomer」はアメリカへの発売だけで終わるのである[32]。

一方、1994 年になると、シャープの PDA「PI-3000」(ザウルス) が日本市場で大きく成功を収め、PDA の可能性が確認されていた。カシオは IC カード型電子手帳に引き続き、PDA でもシャープに押さえ込まれる可能性に直面するようになった。

---

(31) カシオ・インタビュー, No. 3
(32) 本節の分析では、「Zoomer」の日本国内販売は行われなかったため、カシオの PDA に「Zoomer」を入れていない。そのため、本章の 4 節で開発組織を比較、分析する時にも「Zoomer」は取り上げていない。

ここで、「Zoomer」改良の代わりに、カシオでは2つの部門でPDAの開発を行うようになった。一つめは、PC事業部という既存部門の製品戦略をベースにしたPDAの開発である。2つめは、全社的な製品戦略をもとにして、研究開発本部を開発主体にしたPDA開発である（〈表5-3〉参照）。

〈表5-3〉を見てみると、1993年10月、「Zoomer」がアメリカで発売された後、日本市場への「Zoomer」導入を諦めたカシオが、直ぐ次のPDA開発に取り掛かっ

〈表5-3〉カシオにおけるPDA開発のプロセス

時期	PC事業部 （後MIC事業部に改名）	研究開発本部	その他
1992年1月 4月 7月	PDA企画開始、事業部内部で反対直面 「Zoomer」プロジェクトを発足		 シャープ、PDA「PV-F1」を発売
1993年10月 12月	「Zoomer」アメリカ発売 PDA企画提出（棄却）	 PDA企画提出（採択）	シャープ、「PI-3000」（Zaurus）発売。カシオの経営陣、各部門にPDAの企画提出を要求
1994年1月 3月 5月	 「RX-10」開発に着手	カシオとマイクロソフト社新しいPDA開発の合意発表 「カシオペア」開発の「RS-100」プロジェクトを発足	
1995年6月 8月	「RX-10」を発売	MIC事業部に「カシオペア」移管	
1996年4月 10月	「RX-20」を発売	「カシオペア」英語版を発売	
1997年7月		「カシオペア」日本語版を発売	

〈出所〉インタビューと社内資料をベースに筆者作成

たことが分かる。なお、時期的にシャープの「PI-3000」(Zaurus)の発売とカシオの経営陣が各部門にPDAの企画提出を要求することが、重なっていることも注目される。カシオのPDA企画が、シャープの「PI-3000」(Zaurus)に刺激された可能性はある。

カシオで2つの部門がPDAの開発に取り込むようになったきっかけは、1993年9月頃カシオの経営陣によって出されたPDAの企画指示である。カシオの経営陣は、関連部門を対象にして、PDAに関する新しい企画案を求めていた。そこで提出された有力な企画案が、PC事業部と研究開発本部によって作成された製品企画であった[33]。この2つの企画の差異を研究開発本部の石田秀明氏は、次のように説明する。

当社では、今後、携帯情報機器をどう持っていくべきかが非常に大きなテーマになっていまして、トップからこれを考えなさいという課題が与えられました。その課題は、事業部と研究開発本部に並列に出ていました。それで、各々がそれなりに解答を持って、役員に報告をしたと思うんです。その時、事業部のメーンは、「RX」のコンシューマ・ペンと似た製品だったんです。つまり個人情報管理をする高級機種だと言えます。しかし、研究開発本部は、これからの時代の携帯情報機器のあるべき姿は、必ずネットワークに関連していかなきゃならないし、また、世の中のインフラとして定着しているパソコンを無視しては成り立たないことを認識して、パソコンとの親和性とネットワークに接続できる個人の携帯情報機器を提案したのです[34]。

このような2つの部門が提出した製品コンセプトを、製品アーキテクチャ・レベルに抽象化すると、次の〈図5-7〉のようになる。

〈図5-7〉でPC事業部の製品企画は、情報の携帯機能を強調した代わりに、情報の送受信機能、命令の実行機能、情報の入力機能が弱化している。しかし、研究開発本部の製品企画は、情報の処理機能と情報の送受信機能を強調して、その代わりに情報の携帯機能が弱化している。つまり、全体的に見て、カシオの既存部門であるPC事業部は、より電子手帳に近い製品企画を提出したが、研究開発本部は、新しいPDAアーキテクチャを志向していたと言える。ここで、カシオの経営陣は研究開発

---

(33) 藤沢秀明氏は、PIMソフトとEメール機能を結合したような第3のPDAが提案されたと言っている。これは、電話と一体型で、当時、研究開発本部に在籍していた藤沢秀明氏を中心としたグループによって提案されたという。

(34) カシオ・インタビュー, No. 2

162　第5章　分析Ⅱ―PDAにおけるシャープとカシオの比較・分析

〈図5-7〉PC事業部と研究開発本部の製品企画の比較（製品アーキテクチャ）

〈PC事業部の製品企画における製品アーキテクチャ〉

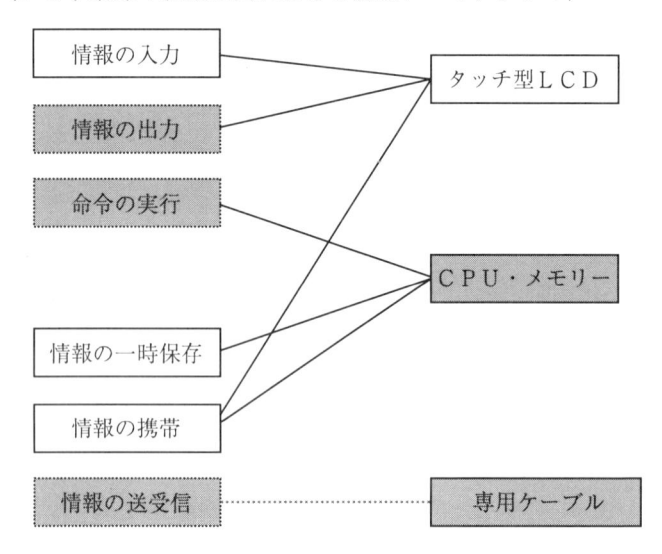

- 情報の入力 ── タッチ型LCD
- 情報の出力
- 命令の実行 ── CPU・メモリー
- 情報の一時保存
- 情報の携帯
- 情報の送受信 ── 専用ケーブル

〈研究開発本部の製品企画における製品アーキテクチャ〉

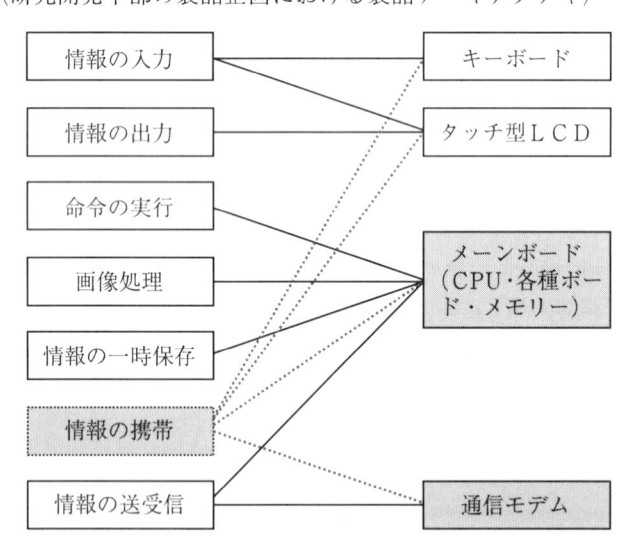

- 情報の入力 ── キーボード
- 情報の出力 ── タッチ型LCD
- 命令の実行
- 画像処理 ── メーンボード（CPU・各種ボード・メモリー）
- 情報の一時保存
- 情報の携帯
- 情報の送受信 ── 通信モデム

〈凡例〉機能ボックスの点線とコンポーネントへの対応における点線は機能が相対的に弱まっていることを表している

本部の企画を選択した。

　経営陣によるPDA企画の選択は終わったが、PC事業部はあきらめず、1994年3月、経営陣に再度提出した製品企画である「RX-10」の開発を部門内部で進めた。〈図5-3〉の製品トラジェクトリーで、カシオのPDAとして最初に登場する製品が、「RX-10」（製品番号A）である。「RX-10」は、通信ツールの中ではパソコンとのデータ交換ツール（RS-232Cクロス・ケーブル）だけを保有している製品であった。このような仕様の「RX-10」を開発した理由に対して、カシオの藤沢秀隆氏は次のように説明している。

> もちろん、内の中でも電子手帳の機能と通信の機能を一緒にして、同時にやろうという動きはありました。しかし、議論する中で「RX-10」のような仕様になりました。我々は、電子手帳にICカードを搭載するようになって、いろいろな種類のICカードを出して見ましたが、ユーザーが一番欲しがったのは辞書でした。そういうことを知ってたもんですから、辞書とPIM（Personal Information Management）機能[35]を中心とした製品を安くしてやろうとしたんです。しかし、通信ツールを入れてしまうと、どうしても重くなるし、高くなるし、CPUの処理能力などの問題が発生するんですね[36]。

　つまり、PC事業部は、アーキテクチャの小さな断絶性を選択して、電子手帳アーキテクチャの一部をそのまま維持しようとしている。それで、PC事業部は辞書やPIMソフトなどのコンポーネントを中心にPDAアーキテクチャを構成しようとした。

　PC事業部が、製品の小さい断絶性を選択したことと、開発組織を部門内に設置した開発組織のマネジメントは、適合性があった。カシオは、既存電子手帳の競争ポジションが低く、相対的にアーキテクチャ知識の制約は弱かった。ただし、カシオでは、知識の部門間移動が少ない組織構造になっていて、PC事業部も例外ではなかった。〈図5-8〉は「RX-10」の開発における事業部内コンポーネント知識の活用を表している。

　〈図5-8〉のように「RX-10」の開発に参加したエンジニアは、PC事業部の所属の電子手帳部門とポケコン部門から来ていた。元々「Zoomer」の開発プロジェクト

---

[35] 電話帳やスケジュール管理、メモなど主に個人情報の管理を目的に開発されたソフトウェアの総称
[36] カシオ・インタビュー，No.1

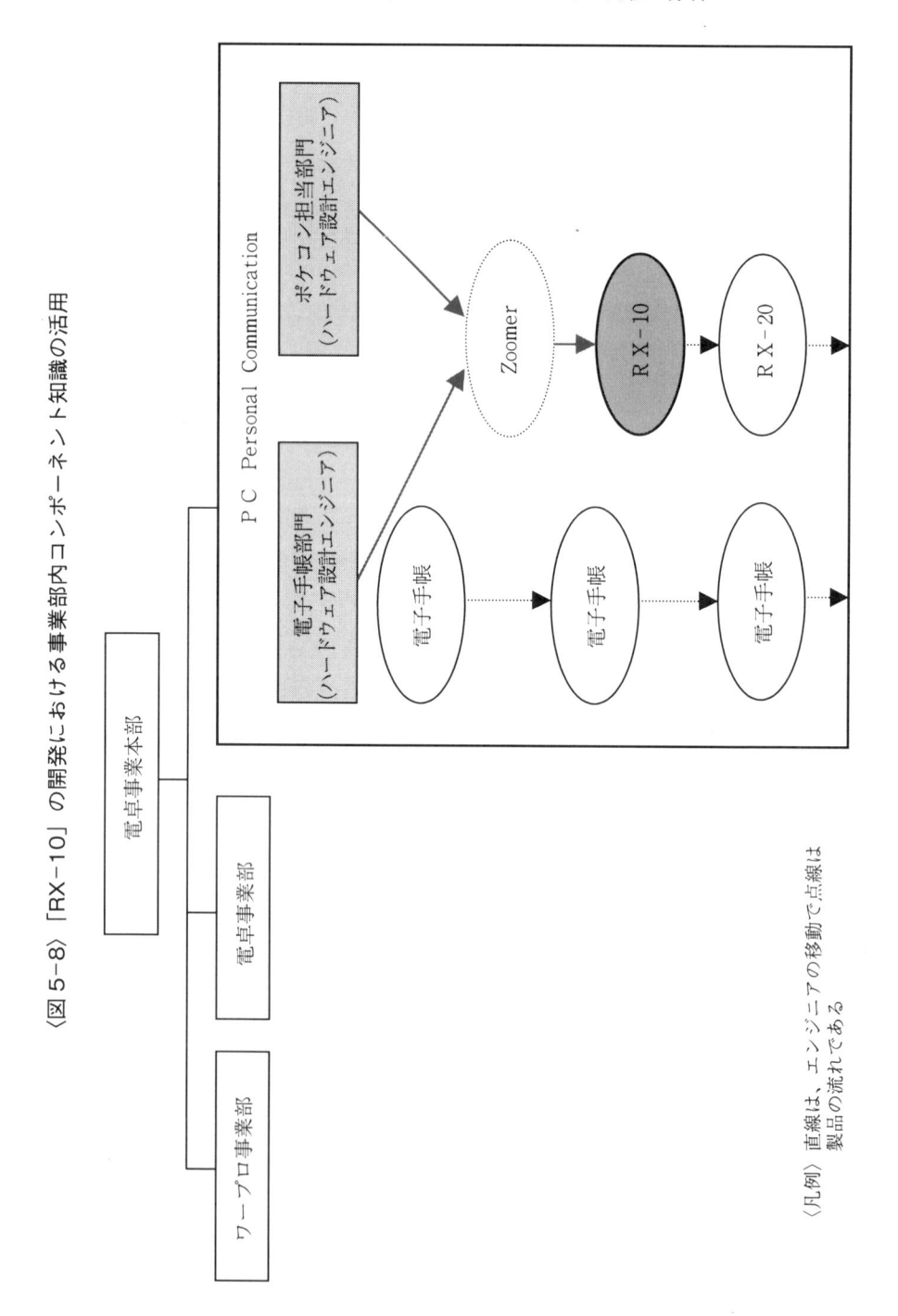

〈図5-8〉「RX-10」の開発における事業部内コンポーネント知識の活用

```
電卓事業本部 ─┬─ 電卓事業部 ┌────────────────────────────────────────┐
              │             │ PC Personal Communication              │
              │             │                                        │
              │             │  ［ポケコン担当部門                    │
              │             │   （ハードウェア設計エンジニア）］     │
              │             │           ↘                            │
              │             │           (Zoomer) → ●RX-10┈▶ ○RX-20 ┈▶│
              │             │           ↗                            │
              │             │  ［電子手帳部門                        │
              │             │   （ハードウェア設計エンジニア）］     │
              │             │                                        │
              │             │   ○電子手帳 ┈▶ ○電子手帳 ┈▶ ○電子手帳 ┈▶│
              │             └────────────────────────────────────────┘
              ├─ 電卓事業部
              └─ ワープロ事業部
```

〈凡例〉直線は、エンジニアの移動で点線は製品の流れである

第5章　分析Ⅱ―PDAにおけるシャープとカシオの比較・分析　*165*

には、この2つの部門からエンジニアが参加していて、このエンジニアを継承する形で「RX-10」の開発を行った。

　1995年7月に、PC事業部は「RX-10」を発売、続いて1996年4月には、「RX-10」より記憶容量を400KB増やし、電話帳、スケジュールなどPIMソフトをより一層強化した「RX-20」を発売した。カシオの「RXシリーズ」は、シャープのPDAで観察されたような、情報の送受信機能を一歩一歩強化するプロセスは見られなかった。

　そのため、電子メールやインターネットなどの完全な情報の送受信機能を搭載した本格的なPDAの開発は、研究開発本部の「カシオペア」を待たなければならなかった。

(4) 研究開発本部による「カシオペア」の開発：アーキテクチャの大きな断絶性の選択

　カシオでは、以上のようにPC事業部による「RX-10」の開発と平行して、研究開発本部による新しいPDAの開発が行われた。このPDAが「カシオペア」である。〈表5-3〉にあるように、1993年10月頃、研究開発本部技術企画部において、石田秀明氏をはじめとする4人のメンバーによって、PDAの企画が始まった。研究開発本部は、その計画案をまとめて経営陣に提出、それが採択された。そこで、1994年5月、「カシオペア」を開発するための「RS-100」という名前のプロジェクトが、正式にスタートした。

　カシオの経営陣は、電子手帳のアーキテクチャから断絶した新しいアーキテクチャを選択した。カシオは、研究開発本部という新しい製品開発の専門部門を選択して、その中に開発組織を設置した。研究開発本部は、既存製品を抱えていないため、既存のアーキテクチャ知識の制約は弱かった。もちろん、研究開発本部内に製品開発組織が設置されたのは、元々の製品企画案が、研究開発本部から提出されたということもある。しかし、カシオでは、新しい市場セグメントとユーザー向けの製品になると、事業部の製品企画が採択された時でも、開発組織は研究開発本部に設置して、開発することが一般的であった。

　一方、新しいPDAの開発に当ってカシオは、マイクロソフトとの提携による開発という戦略を採用した。その理由を石田秀明は次のように説明する。

　研究開発本部は、これからの時代はネットワークの時代であって、ネットワークで

いろいろな機械が接続される時代になると思いました。そのような時代になるのを考えると、各社が独自の機能と独自の企画を提案して使っても、実際には使いづらい状態になってしまうと思いました。ネットワーク社会でどうなるかを考えると、やはりデファクト・スタンダードが決まってくるということを考えました。というのはどうしても強い同士、何社かグループを作って、世の中にこれで行こうというものを広めて行くのが、正しい道で、ユーザーも使いやすい。開発者から見ても、開発しやすいし。そういうふうになっていくべきであろうと考えました。ですから我々はスタンド・アロンで、一社でやるのではなくて、強者連合を創ろうと思いました[37]。

　以上のような石田秀明氏の説明から考えると、カシオは、多様な形の情報媒体と情報の送受信を行うという明確な製品コンセプトを意識して、マイクロソフトと提携したと言える。

　マイクロソフトとの役割分担により、主にハードウェアの開発を任された研究開発本部は、MIC（Mobile Information Communicator）事業本部のエンジニアと共に、研究開発本部傘下の他のRSプロジェクトが抱えていたエンジニアを吸収して、PDAの開発を行うようになる。MIC事業本部は、既存の電卓事業本部から電子手帳、PDA「RXシリーズ」、ポケコンの担当部門が分離され、さらに、ページャとPHSの事業が加えられて作られた事業本部であった。〈図5-9〉は、開発エンジニアの移動を示している。

　「カシオペア」を開発した「RS-100」プロジェクトは、3つのチームに分かれていた。ハードウェア開発グループ、ドライバー（ソフトウェア）開発グループ、マイクロソフトとの交渉グループという3つである。まず、研究開発本部は、ハードウェアとソフトウェアの開発者を10人づつ集めて、20人ほどの開発チームを作った。

　ハードウェア開発作業の中心は、MIC事業本部情報機器事業部で「RX-10」を開発していた6人のエンジニアであった。そのエンジニアは、経営陣の移動指示によって研究開発本部の開発プロジェクトに移動してきた。また、ドライバー（ソフトウェア）開発は、研究開発本部の他のRSプロジェクトが抱えていたエンジニアを活用した。その当時、研究開発本部には「RS-100」プロジェクト以外にも複数のRSプロジェクトが同時並行的に進行していたが、偶然あるプロジェクトが中止になり、「RS

---

[37] カシオ・インタビュー, No. 2

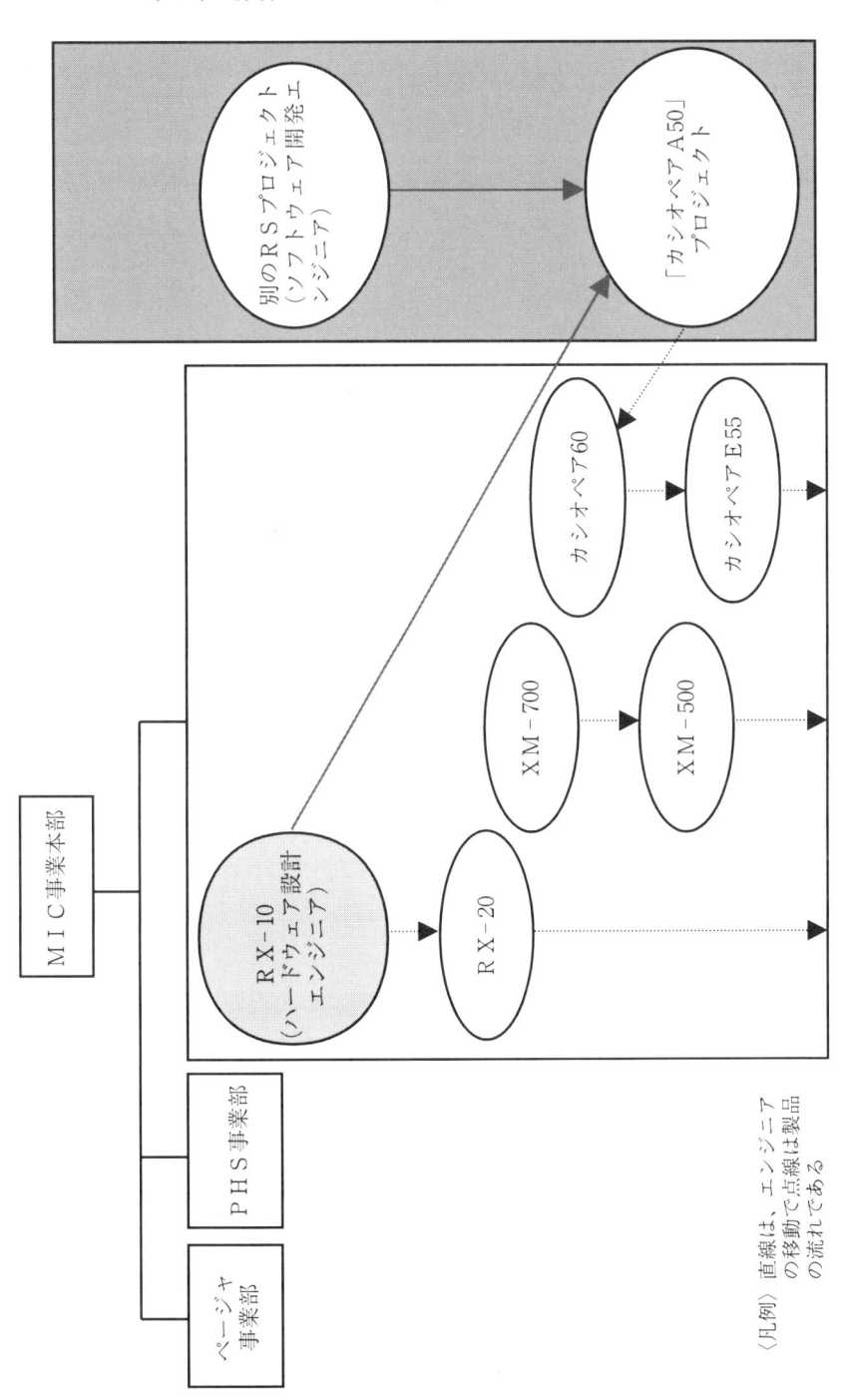

第5章 分析Ⅱ―PDAにおけるシャープとカシオの比較・分析　*167*

〈図5-9〉カシオペアの開発におけるコンポーネント知識の活用

- MIC事業本部
  - 別のRSプロジェクト（ソフトウェア開発エンジニア）
  - 「カシオペアA50」プロジェクト
  - カシオペア60 → カシオペアE55 →
  - XM-700 → XM-500 →
  - RX-10（ハードウェアエンジニア） → RX-20 →
- PHS事業部
- ページャ事業部

〈凡例〉直線は、エンジニアの移動で点線は製品の流れである

-100」プロジェクトがそこの開発者を受け入れることになった。

このように、カシオのエンジニア移動は、プロジェクト・リーダによる引き抜きではないところに特徴がある。研究開発本部が必要としたエンジニアは、そのエンジニアの所属事業部との交渉によるか、あるいは、経営陣の移動命令によって移動してきた。カシオでは、全社的な人的資源の移動が制度化されていなかった。

研究開発本部で開発された「カシオペア」は、10人程度の開発エンジニアとともに、1995年8月頃、MIC事業本部の情報機器事業部に移管された。「カシオペア」は、1996年10月にアメリカで英語版が発表され、1997年7月には、本書で測定の対象とした通信ツール全てを搭載しているPDA、「カシオペア」日本語版が発売された。

その後、MIC事業本部は「XM-700」、「カシオペアA60」などの多様なPDAを次々と発売する。〈図5-4〉に表れているカシオのPDA、製品D、E、F、Gなどが、そのような製品である。つまり、カシオは、ドミナント・デザインの製品を先に発売してから、製品Fと製品DのようなPDAを発売し、ライン・アップを形成した。これは、シャープとは異なり、ドミナント・デザインの製品を発売後、仕様が異なる多様な製品を展開する製品戦略であった。

4. シャープとカシオのケース比較・分析

(1) シャープとカシオのケース比較・分析

第5章では、電子手帳からPDAへのアーキテクチャ変化を取り上げて、シャープとカシオのケースをそれぞれ分析した。シャープとカシオの分析結果は、次のようにまとめられる。

戦略的なアーキテクチャ選択

シャープは、アーキテクチャの大きな断絶性を選択して、PDAの開発を行った。シャープのPDAは、電子手帳とソフトウェアを共有せず、独自のソフトウェア・ネットワークの構築を通じた、別の製品カテゴリーの構築を目指していた。

一方、カシオには2つの戦略的なアーキテクチャ選択が行われた。既存部門であるPC事業部は、アーキテクチャの小さな断絶性を選択して、PDA「RX-10」を開発、発売した。その後、全社的プロジェクト組織に近い研究開発本部は、アーキテクチャの大きな断絶性を選択して「カシオペア」を開発した。

市場ポジション（既存製品）

シャープは、既存製品である電子手帳で大成功を収め、高い市場ポジションを占めていた。シャープの電子手帳は、漢字が使えて、さらに、ICカードによるソフトの拡張性があり、70％以上のマーケット・シェアを占めていた。そのため、シャープにおける既存アーキテクチャ知識の制約は強かった。

一方、カシオは、電子手帳事業で相対的に低い市場ポジションを占めていた。カシオの電子手帳は、ハードウェア的なパフォーマンスではシャープの製品より優れていた。しかし、ICカード型ではなかったため、ソフトの拡張性が乏しく、相対的にユーザーの支持は低かった。そのため、カシオにおける既存アーキテクチャ知識の制約は弱かった。

開発組織のタイプ

シャープは、既存製品である電子手帳市場で高い市場ポジションを占めており、戦略的なアーキテクチャ選択では、高い断絶性を追求していた。そこで、シャープは電子手帳を担当していたパーソナル機器事業部から、開発組織を引き離して全社的プロジェクト組織を設置した。この全社的プロジェクト組織の活用によって、シャープは、既存アーキテクチャ知識の制約から離れて新しいPDAの開発を行った。その後、シャープのPDAは、既存部門（パーソナル機器事業部）の販売とマーケティング・チャンネルを利用して発売されるが、市場の可能性が見えた時点で新しい事業部が創設され、そこに移管されるようになった。

一方、カシオでは、2つの部門がPDAの開発に関わっていた。一つは、電子手帳担当のPC事業部（既存部門）で、もう一つは研究開発本部（全社的プロジェクト）であった。PC事業部は、部門の中に開発組織を設置してPDAの開発を行った。次に研究開発本部は、全社的プロジェクト組織を活用してPDAの開発を行った。

以上のようなシャープとカシオの開発組織のタイプを比較してみると、次の〈図5-10〉のようになる。

〈図5-10〉でシャープは、戦略的なアーキテクチャ選択で大きな断絶性を選び、市場ポジションは高かったため、タイプⅢのような全社的プロジェクト組織の活用がフィットすると思われた。実際にシャープでは、既存のパーソナル機器事業部から離れた全社的プロジェクト組織によってPDAの開発が行われた。シャープでは、戦略的なアーキテクチャ選択と市場ポジションという2つの変数と開発組織のタイプの間

〈図5-10〉初期製品の開発段階におけるPDA開発組織のタイプ（シャープとカシオ）

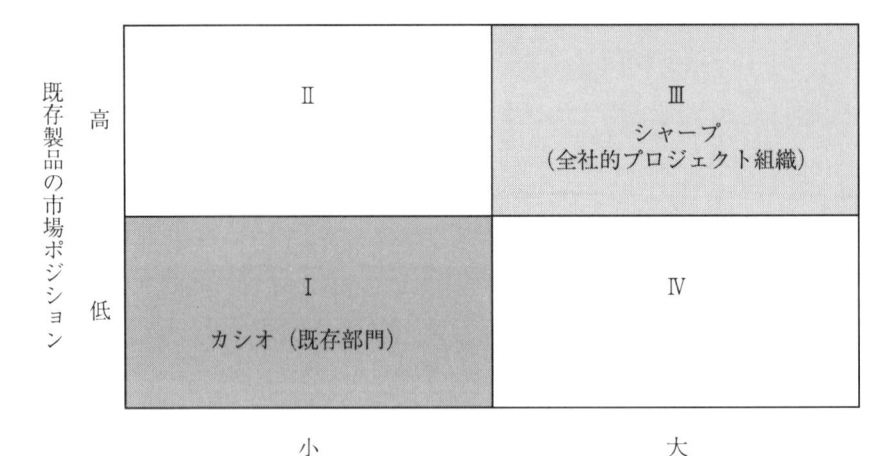

既存製品の市場ポジション	高	Ⅱ	Ⅲ シャープ（全社的プロジェクト組織）
	低	Ⅰ カシオ（既存部門）	Ⅳ
		小	大

戦略的なアーキテクチャ選択（断絶性）

で適合性があった。

　一方、カシオ（PC事業部）は、戦略的なアーキテクチャ選択で小さな断絶性を選び、市場ポジションは低かったため、タイプⅠの既存部門の活用が適合すると思われた。実際に、カシオの初PDA「RX-10」は、既存部門であるPC事業部によって開発が行われた。カシオにおいても、戦略的なアーキテクチャ選択と市場ポジションはという2つの変数と開発組織のタイプの間では適合性があった。

　しかしながら、カシオにおいて開発組織のタイプは適合していたが、開発されたPDAは、次のような2つの点で問題を抱えていた。

　第1に、最初のPDA開発と発売で、シャープの製品より3年ほど遅れをとったことである。PC事業部は、シャープが最初のPDA「PV-F1」を発売した1992年にPDAの企画に着手していた。しかし、PC事業部の電子手帳開発エンジニアの反対によって、PDA開発は進まなかった。新しいPDAは、電子手帳と比較すると、操作の便利性と画面の見やすさという点で劣ったからである。このような遅れは、電子手帳アーキテクチャ知識の制約が原因であったと解釈できる。

　第2に、シャープの製品で観察されたようなPDAの進化がなかったことである。「RX-10」は情報の送受信機能の中では、パソコンとのデータ交換機能だけを保有しており、PDAの初期段階の製品であった。シャープは、ユーザーの要求を確認、吸収しながら、情報の送受信機能を実現するFAX、パソコン通信、インターネットツ

〈図5-11〉製品進化の段階における開発組織のタイプ変更（カシオ）

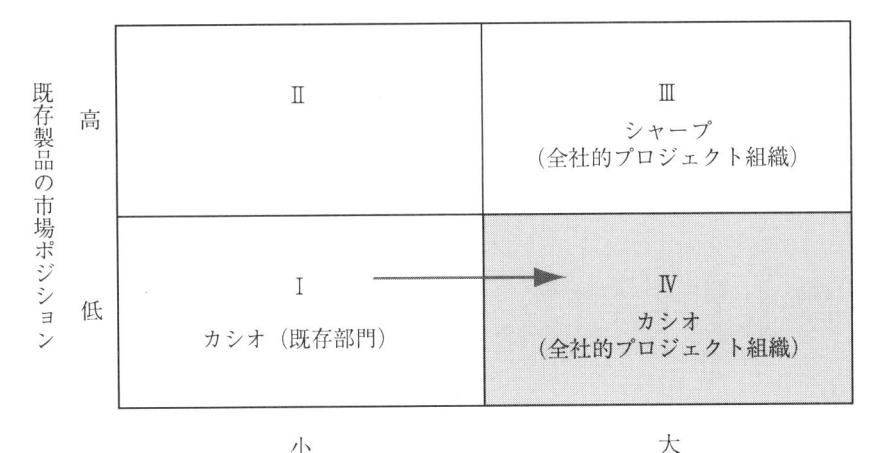

	小　　　戦略的なアーキテクチャ選択（断絶性）　　　大	
既存製品の市場ポジション　高	II	III シャープ （全社的プロジェクト組織）
既存製品の市場ポジション　低	I カシオ（既存部門）　→	IV カシオ （全社的プロジェクト組織）

ールをPDAへ順次に取り入れた。しかし、カシオの製品では、シャープのPDAのように通信ツールの追加による製品進化が見られなかった。

さらに、シャープのPDAを通じて、ユーザーはアーキテクチャの大きな断絶性を支持していることが明確になった。ここで、カシオは、アーキテクチャの大きな断絶性に転換して、新たにPDA開発計画をスタートさせた。カシオは、開発組織のパターンをタイプIVに変更して、もう一度PDAの開発を行うようになった。〈図5-11〉のようにカシオは、タイプIVで、全社的プロジェクト組織によるPDA開発を試みたのである。

研究開発本部によって開発されたこのPDAが、シャープのドミナント・デザインPDAと同仕様の製品、「カシオペア」である。「カシオペア」は、開発された後、一部の開発エンジニアとともにMIC事業本部傘下の情報機器事業部に移管され、1997年に市場で発売されるようになる。

ここで、次のような疑問が生じるようになる。第1に、なぜ低い市場ポジションに位置していたカシオの既存部門の中で、アーキテクチャ知識の制約が働いたのだろうか。第2に、PDAのドミナント・デザインから考えると、カシオは最初からアーキテクチャの断絶性が大きいPDAを開発した方が望ましかったと思われる。しかし、最初のPDA選択でカシオはアーキテクチャの小さな断絶性を選択してしまった。

以上のような2つの問題が生じた原因として考えられるのが、カシオの組織構造で

ある。それでは、組織構造は、どのような形でカシオのアーキテクチャ知識の制約と戦略的なアーキテクチャ選択に影響を与えたのだろうか。以下ではこの問題を中心に考えてみる。

(2) 組織構造：戦略的なアーキテクチャ選択に影響

組織構造とは、部門の立場や地位、役割が相互に割り当てられ、共同の認識のもとで行動可能なパターンと定義する（桑田・田尾, 1998）。この組織構造によって、各部門の役割、部門間事業領域の分割、社内資源の共有可能性などが定まることになる。

例えば、部門の間で担当製品と事業領域が明確に分割されていない組織構造になると、各部門は、新しい製品の開発と発売を通じて事業の拡大を行おうとする。その場合、新しいアーキテクチャの創造に対する各部門のインセンティブは強まり、部門間の内部競争は激しくなる。反対に、本社の意思決定によって部門毎に製品と事業領域が明確に定まっていると、言い換えれば、新しい製品の開発と既存製品のバージョン・アップを巡る役割分担が定まっている場合には、新しいアーキテクチャの創造に対する各部門のインセンティブは弱まり、部門間の競争は弱化する。

製品アーキテクチャの変化とは、あくまで既存製品をベースにしたプロダクト・イノベーションである。従って、新しい製品アーキテクチャの創造とは、既存のアーキテクチャに異質な知識を取り入れ、変化を引き起こすことになる。そこで、組織内部競争が激しいと、社内資源の再配分プロセスに積極的に参加しようとするインセンティブが働くため、各部門は積極的に他部門のコンポーネント知識を吸収しようとする。しかし、製品と事業領域の分割によって組織内部競争が弱まると、既存製品に異質な機能やコンポーネントを取り入れようとする各部門のインセンティブも弱化してしまう。製品と事業領域が分割された組織の場合、既存部門は、既存製品のバージョン・アップを通じて事業を拡大するため、既存部門が新しい製品を求めて積極的に資源の配分プロセスに参加するインセティブは弱まる（魏, 2001a; 2001b）。

シャープとカシオでは、このような組織構造において差が生じていた。シャープでは、部門による新しい事業領域への参入が許容されていたが、カシオでは許容されていなかった。シャープの場合には、どの部門も新しい製品領域に参入することが許され、場合によっては、複数の部門が新しい製品を巡って激しく競合することさえあった。しかし、カシオの場合には、各部門別に担当製品が分けられていて、製品領域を巡る競争は抑制されていた。カシオでは、既存部門は既存製品のバージョン・アップ

に、研究開発本部は、新しいカテゴリーの製品開発というように、各々その役割が分担されていた。そのため、カシオでは、複数の部門間で同一製品を巡って競合することはなかったし、カシオの部門の間ではエンジニアの移動もあまり行われていなかった。

以上の点からみると、カシオは、より典型的な事業部制組織だったかもしれない。現代の大企業組織は、事業部制をベースにしていて、そこでは事業部間の相互作用を最小限に抑制し、独立性を確保することが意図されている。なお、事業部制は、できるだけ事業部間の競争も回避しようとする組織構造であるため、各事業部は、本社の戦略的な意思決定によって定められた事業領域を中心に、それぞれ資源蓄積を行うことになる（Chandler, 1962; 1990; Weick, 1976）。

しかし、そのような典型的な事業部制組織では、新しいアーキテクチャの創造を起こしにくいデメリットがある。事業領域の分割は、既存アーキテクチャ知識の制約を強化する一方、戦略的なアーキテクチャ選択を制限する逆機能が働きやすいと思われる。

通常既存製品とはアーキテクチャが異なる、新しい製品を開発・生産しようとする時、それに要求されるコンポーネント知識が、複数の部門にわたって分布している場合が多い。しかし、典型的な事業部組織では、他部門が蓄積しているコンポーネント知識を利用することが困難になる。つまり、カシオのように事業領域が分割されると、新しい製品アーキテクチャの創造は起こりにくい。カシオの各部門は、研究開発本部で開発された新しい製品を受け入れ、その製品のバージョン・アップを通じて事業を拡大する。従って、既存製品に異質な機能やコンポーネントを取り入れようとする各部門のインセンティブは、阻害されてしまうのである。

この問題を、既存の電子手帳アーキテクチャにFAXとパソコン通信のような情報の送受信機能を加えた、シャープのPDA「PI-5000」を取り上げて考えてみよう。

「PI-5000」は、電子手帳から変化した初期のPDAである。そのため、「PI-5000」は、情報の携帯機能から考えると、既存電子手帳の延長線上の製品とも見えるが、パソコンとFAXを媒体にして情報の送受信ができる点から考えると、電子手帳を超えた新しいアーキテクチャとしても受止められる。

ここで、カシオの電子手帳を担当していたPC事業部の観点から考えると、「PI-5000」のような製品は、既存製品の枠を超えた新しい製品として、研究開発本部の観点から見れば、それは既存製品の延長線上の製品として認識される可能性が高い。実

際に、「PI-5000」のようなPDA進化の過渡的な製品は、カシオの既存部門からも、研究開発本部からも開発されていない。つまり、カシオの既存部門と研究開発本部は、このグレイ・ゾーンの製品領域にある製品の開発に互いに消極的になった。

以上のような組織構造にあって、カシオの既存部門は、既存製品のライン・アップを強化しようとするインセンティブを持つようになる。そのため、既存部門におけるアーキテクチャ知識の影響は、いっそう強くなると同時に、戦略的なアーキテクチャ選択は小さい断絶性に定まる可能性は高まる。

それとは反対に、シャープのように事業領域を巡って競争が存在すると、各部門は積極的に新しいカテゴリーの製品に進出しようとする。そのため、特に市場ポジションが低いと判断した場合、シャープの既存部門は、新しいアーキテクチャの創造を通じて市場ポジションを覆そうとするインセンティブを持ち、大きな断絶的のアーキテクチャにも積極的に取り組むようになる。

以上を考えると、特に低い市場ポジションに位置している既存部門に、戦略的なアーキテクチャ選択の自律性を高めるためには、部門の事業領域を制限せず、新しい事業領域に参加しようとする各部門のインセンティブを高める必要があることが分かる。

一方、タイプⅣで、カシオは全社的プロジェクト組織を形成してPDA開発を行った。この全社的プロジェクト組織は、シャープがタイプⅢで選択した組織形態と同様のものである。その既存製品の低い市場ポジションを考えると、カシオの場合、タイプⅣで既存部門以外の別部門を選択することもありえた。

カシオがタイプⅣで既存部門以外の別部門を選択しなかったのは、前述した組織構造によるコンポーネント知識の低い移動性からである。例えば、別部門が製品開発主体になると、その部門は既存部門をはじめ、各部門からコンポーネント知識を吸収、活用しなければならない。つまり、既存製品の市場ポジションが低いので既存部門からの制約が存在しない場合、しかも、社内のコンポーネント知識の移動性が高い場合に、タイプⅣで別部門を使うことは可能である[38]。

しかし、このような条件が整っていない場合には、タイプⅣでも全社的プロジェクト組織を利用せざるを得ない。全社的プロジェクト組織は、本社の管理のもとで、製品開発が行われるため、強制的に各部門のコンポーネント知識を吸収することができるからである。

そのため、タイプⅣの場合には、複数の開発組織のタイプが存在しうる。組織構造とコンポーネント知識の移動可能性によって、少なくとも全社的プロジェクト組織と

別部門の活用という2の開発組織の形態が、想定可能である。

---

(38) 他部門からコンポーネント知識を移動させるためには、共同の製品開発や取引関係のようなインセンティブが要求される。例えば、他部門と取引関係がない工場（事業部傘下）を開発主体にすると、他部門からコンポーネント知識を吸収するのは困難になる。さらに、全社的レベルでも、コンポーネント知識の移動を促進するための仕組みが必要である。つまり、全社的なエンジニアの異動による個人間のネットワークの構築とコミュニケーションの促進（Lynn et al., 1993; Kusunoki and Numagami, 1997）、部門間の信頼関係の構築（Szulanski, 1996）、経営者による部門間の利害関係の調整（Noda, 2000）のような仕組みが重要になる。

第6章 ラップトップとPDAのケース全体の総括的な分析
：新しい製品アーキテクチャを創造する組織マネジメント

1. はじめに

　本書では、新しい製品アーキテクチャを創造する既存企業の組織マネジメントを分析するために、ラップトップの開発における東芝とNECを、PDAの開発におけるシャープとカシオを取り上げた。本章では、第4章と第5章で行った分析をまとめ、さらに4つのケース全体の総括的な分析を行う。

　本書が行った2つの製品、4社の分析により、次のような2点が明らかになった。

　第1に、既存製品の市場ポジションと戦略的なアーキテクチャ選択という要因と開発組織のタイプの間では適合性を維持しなければならないことである。アーキテクチャ知識の抑制とコンポーネント知識の活用を行うための開発組織の設置は、既存製品の市場ポジションと戦略的なアーキテクチャ選択を考慮する必要がある。

　例えば、ラップトップの場合に、東芝は既存部門内に開発組織を設置したことで、既存製品の低い市場ポジションとアーキテクチャの小さな断絶性という変数との間に適合性があった。しかし、NECの場合には、既存製品の高い市場ポジションとアーキテクチャの大きな断絶性という条件にあり、全社的プロジェクト組織と適合性があるはずであったが、実際にはNEC米沢という別部門が開発主体になっていた。この不適合によって、NECでは、(1) 既存部門が別部門のラップトップ開発を抑制していた問題 (2) NEC米沢による、既存部門（情報処理事業グループ）のコンポーネント知識の吸収、活用が困難になったという問題が発生することになった。

　第2に、開発組織のタイプ及び、既存部門と開発組織間の組織的な関係は、製品開発の段階と製品進化の段階によって異なるべきという点である。新しい製品アーキテクチャの創造は、新しい製品の開発段階とその製品の進化段階という2つの段階で構成される。そのため、新しい製品のドミナント・デザインが市場に定着するまでは、製品開発とともに、ユーザーの要求を受け入れて、製品アーキテクチャを再構成する製品進化のプロセスが必要になる。このような製品進化の段階では、製品開発段階とは異なる開発組織のマネジメントが必要となる。場合によっては、開発組織と既存部

門との連係を強める必要があるかもしれないし、場合によっては、開発主体を変更することもありうる。

例えば、PDAにおけるシャープの場合に、初のPDA開発には、全社的プロジェクト組織を活用したが、製品進化の段階では新しい事業部（別部門）が担当主体になっていた。なお、カシオの場合、初のPDA開発（アーキテクチャの小さな断絶性を選択）は、既存部門で行ったが、アーキテクチャ選択を転換した後のPDA開発は、全社的プロジェクト組織である研究開発本部が行うようになった。以下では、このような2つの内容に関して具体的に分析してみよう。

2. 新しい製品アーキテクチャを創造する組織マネジメント

本書は、既存企業でありながらも、新しいアーキテクチャの創造が可能な開発組織のタイプとそのマネジメントを分析してきた。Henderson and Clark (1990) とChesbrough and Kusunoki (1999) などの先行研究では、既存製品を担当している組織と既存企業を同一視していた。そのため、新しいアーキテクチャを創造する開発主体を設定する場合には、既存企業（既存部門）か、あるいは、社外の独立した組織かを選択するしかなかった。しかし、既存企業が複数の製品を抱えている、あるいは複数の異質的な部門で構成されているという前提を置くと、開発主体の設定とマネジメントの方法も変わってくる。

本書は、既存企業を1つの単一の実体として取り扱ったのではなく、既存製品を担当している既存部門とそれ以外の部門を分離して考えたところに特徴があった。つまり、一つの企業という同一の境界内に位置しながらも、開発組織のタイプ決定と開発組織のマネジメントによって、新しいアーキテクチャを創造するパフォーマンスは異なるという事実を明らかにしたのである。

本書第3章のフレームワークでは、先行研究が当てはまるタイプⅠ（既存部門）とタイプⅢ（全社的プロジェクト組織）以外に、タイプⅡとⅣを導いた。タイプⅡとⅣの場合には、既存部門でも、全社的プロジェクト組織でもない、別部門を活用する開発組織のパターンを想定していた。しかし、タイプⅣでは、最初の想定とは違って、全社的プロジェクト組織が表れた。以上のような本書の分析結果をまとめると、次の〈図6-1〉のようになる。

〈図6-1〉開発組織のタイプ（分析結果）

	小	大
高	II NEC（既存部門）	III シャープ （全社的プロジェクト組織）
低	I 東芝（既存部門）	IV カシオ （全社的プロジェクト組織）

縦軸：既存製品の市場ポジション
横軸：戦略的なアーキテクチャ選択（断絶性）

タイプI：既存部門（東芝）

東芝は、既存製品の低い市場ポジションの条件で、アーキテクチャの小さな断絶性を選択して、ラップトップの開発を行った。東芝では既存部門である青梅工場で開発を行ったので、2つの変数と開発組織は適合性があった。

タイプIの場合、低い市場ポジションで既存アーキテクチャ知識の制約は弱いため、既存部門内部でも新しい製品の開発が妨害される可能性は低い。かえって、既存部門は、既存製品における低い市場ポジションを覆す良い機会と認識して、積極的に新しいアーキテクチャの創造に取り組むこともある。

このタイプでは、既存製品との戦略的な整合性が要求されるため、新しい製品の開発後には、既存部門の販売やマーケティング・チャンネルなどの補完的な資産（complementary assets）をそのまま活用することが多い。具体的な事例としては、富士通の3.5インチ・MRヘッド・ハードディスク・ドライブ開発（Chesbrough and Kusunoki, 1999）、SEIKOのクオーツ式ウオッチ開発（新宅, 1994）などがある。

タイプII：別部門（NEC）

タイプIIでは、NECのように別部門の活用によるパターンが見つかった。ここで、別部門とは、既存部門以外に企業境界の中に存在する部門である。別部門は、独自の製品開発機能を保有している事業部、工場、研究所を指していて、ただ生産機能だけ

を保有している工場は除外されている。NECは、既存製品の高い市場ポジションのもとで、アーキテクチャの大きな断絶性を選択して、ラップトップの開発を行った。しかし、NECでは、別部門であるNEC米沢が開発主体になっており、2つの変数と開発組織のタイプとの間で適合性がなかった。ラップトップの発売後、NECは、ユーザーの反応によって戦略的なアーキテクチャ選択を変更した。NECは、アーキテクチャの小さな断絶性に転換すると同時に、NEC米沢との組織的な連結を強化して、ラップトップの開発を行った。それがタイプⅡである。

このタイプⅡとタイプⅣの開発組織で、組織マネジメントの異なる点は、既存部門と開発組織との関係である。タイプⅡで既存アーキテクチャ知識の制約だけを考慮すると、開発組織は既存部門との組織的な関係を断絶するほうがよい。しかし、既存製品と新しい製品との整合性を保つ必要があるため、既存部門との組織的な関係を残すほうが望ましい。この場合、アーキテクチャの断絶性は小さいので、既存製品とのバリュー・ネットワークは共有し、既存製品のコンポーネント知識を活用しなければならない[1]。NECの場合、初のラップトップ「98LT」は、情報処理事業グループと組織的な関係がないまま、NEC米沢の自律性のもとで開発された。しかし、製品戦略を変更してからは、NEC米沢と情報処理事業グループとの組織的な関係は緊密になり、NEC米沢は、情報処理事業グループからコンポーネント知識を受け入れながら、製品開発を行うようになった。また、タイプⅡの場合、新しい製品の開発後には、ユーザーの反応を探索しながら、場合によっては、既存部門と組織的な関係を強めることもある。

タイプⅢ：全社的プロジェクト組織（シャープ）

シャープは、既存製品の高い市場ポジションのもとで、アーキテクチャの大きな断絶性を選択して、PDAの開発を行った。シャープは、全社的プロジェクト組織を活

---

(1) このタイプⅡの開発組織として、Burgelman and Sayles (1986) のマイクロ・ニュー・ベンチャー (new venture department) やFast (1979) のマイクロNVD (micro New Venture Division) のような「部門レベル」の社内ベンチャーもありうる。もし既存のアーキテクチャ知識の制約を乗り越えて、マイクロ・ニュー・ベンチャーが設立されると、「時間と予算の制約がありながら、戦略策定と実行の自由がある点と既存部門の能力とスキルを活用する」(Burgelman and Sayles, 1986, 184頁) というメリットがある。

用して、PDA 開発を行ったので、2つの変数と開発組織のタイプは適合性があった。

この場合、部門を超える上位のプロジェクト組織を作りあげることによって、既存部門のアーキテクチャ知識の制約を抑制できる。また、全社的プロジェクト組織は、既存部門のコンポーネント知識を含め、企業内の資源を引き出して、有効活用することができる。通常の部門間では高い調整コストなどで移転しにくい資源も、全社的プロジェクト組織では可能になることが多い。全社的プロジェクトによって開発された製品は、既存製品と異なる市場セグメント、異なるユーザーを対象にするので、開発後には、独立した部門が創設され、その部門に製品を移管することが多い。

タイプⅣ：全社的プロジェクト組織（カシオ）

カシオでは、まず既存部門である PC 事業部が部門内に開発組織を設置して、PDA 開発を行った。しかし、その製品は製品進化ができず、再び研究開発本部（全社的プロジェクト）によって PDA の開発が行われた。研究開発本部は、アーキテクチャの大きな断絶性を選択して、「カシオペア」を開発した。

このように低い市場ポジションでもアーキテクチャの断絶性が大きい場合には、全社的プロジェクト組織が適合する。つまり、既存製品が低い市場ポジションに位置しているため、既存部門が別部門のアーキテクチャ創造を抑制しようとする行動はとりにくい。なお、アーキテクチャの断絶性は大きいので、既存部門との組織的な関係を維持する必要はあまりない。ただし、社内のコンポーネント知識を吸収するためには、タイプⅣでも全社的プロジェクト組織を活用するほうが望ましい。全社的プロジェクト組織は、強制的に社内のコンポーネント知識を吸収することができるからである。特に部門間の知識移動が少ない組織構造の場合には、なおのこと全社的プロジェクトが要求される。

3. 製品進化段階と開発組織の再編成

本書では、開発組織のタイプや既存部門との組織的な関係が、製品開発と製品進化という段階によって異なるべき点を指摘した。新しいアーキテクチャの創造プロセスは、新しいアーキテクチャの製品開発とその製品の進化プロセスで構成される。

そのため、既存企業は新しい製品の開発とその製品の進化という2つの段階をともにマネジメントしなければならない。既存企業は、一旦新しいアーキテクチャの製品を開発した後でも、引き続きユーザーの要求を学習しながら、製品を進化させていか

なければならない。製品進化の段階でも、まだドミナント・デザインは確立するには至らず、既存企業は製品機能の多様な組み合わせを実験しながら、ユーザーの支持を確認する必要がある。既存企業は、ユーザーの要求を吸収し、柔軟に新しいアーキテクチャを再調整していく必要がある。

このように既存企業の優れたアーキテクチャ創造能力は、優れた製品開発能力と優れた製品進化能力で構成される。この2つの能力の内、一方だけの能力を保有している企業は、新しいアーキテクチャの創造に失敗する場合がある。

Christensen（1997）によると、既存のハードディスク・ドライブ・メーカーの中には、新しい製品の開発と発売は成功したものの、その後アーキテクチャの進化ができず、失敗してしまったケースがあるという。それは、製品コンセプトの設定と製品戦略、開発組織の設計までが、特定のアーキテクチャの製品を目標に策定され、アーキテクチャの柔軟な再調整が困難であったからである。例えば、Christensen（1997）に記されているヒューレット・パッカード（以下 HP）のケースは、そのような事実を示している。

1991年、ディスク・メモリ事業部によって3.5インチ・ハードディスク・ドライブを発売した HP は、次に1.3インチ・ドライブを開発するために、社内にプロジェクト組織を設置した。そのプロジェクト組織は、綿密な市場調査を実施して、PDA 用のハードディスク・ドライブ、「Kittyhawk」の開発を決め、開発を行った。

しかし、PDA 市場は立ち上がりに失敗して、「Kittyhawk」の販売も伸び悩むようになった。そうした中で、HP にはビデオ・ゲーム機メーカーから「Kittyhawk」の大量購買の注文が入ったが、HP はその注文を受け入れることができなかった。「Kittyhawk」の製品コンセプトからマーケティング・プランに至る全てが、PDA という製品に適合する形で形成され、なおかつ予測された PDA 用の需要に合わせた生産設備への膨大な投資も終わった状態であったからである。そこで、1994年、HP は結局「Kittyhawk」の改良を諦め、市場から撤退せざるを得なかった。以上のような HP の事例は、新しい製品の開発には成功したにも関わらず、その後の製品進化のプロセスで失敗したケースである。

一方、本書で取り上げた、ラップトップにおける NEC と、PDA におけるシャープは、HP と反対のケースであった。NEC とシャープは、HP と同様に新しい製品の初期発売では失敗していた。しかし、NEC とシャープは、その後の製品進化の段階でユーザーの支持を獲得して、結局新しい製品市場の支配に成功した。

このようなHPとNECあるいはシャープの間では、新しい製品の発売後に要求される製品進化能力に決定的な差があった。HPは新しいアーキテクチャの進化を想定しないまま製品発売を行い、その後のユーザー・ニーズの吸収とアーキテクチャの変更ができなかった。HPは、綿密な市場調査によって定めた機能の製品をいっきに普及させ、それを1.3インチ・ドライブのドミナント・デザインとして定着させようとしたのである。

しかし、NECは、初期ラップトップ「98LT」で市場の制覇に失敗したものの、その後の学習で製品機能の組み合わせを変更して、ノート型パソコンの段階で市場の制覇に成功した。なお、シャープも初のPDA「PV-F1」で失敗したが、学習によって次のPDA「PI-3000」で成功をおさめ、その後日本のPDA市場を支配するようになった。このようなNECとシャープの事例は、製品アーキテクチャの変化プロセスにおいて、他社より早く新しい製品を開発、発売するだけではなく、不確実で変化しやすいユーザーの要求を吸収して、アーキテクチャの進化に努めるプロセスが重要であることを示している。

この製品進化の段階で、考えられる製品戦略としては、技術進歩に応じて製品ラインを変化させて行くダイナミックなフルライン戦略がある（新宅, 1994）。これは、多様な製品を開発、ラインアップを形成することによって、ユーザー・ニーズを探索する重要性を強調した見解である。また、沼上（1999）の進化の経済という概念も、製品進化の段階における製品間の相乗り効果を通じた技術蓄積を論じたものである。進化の経済とは、新しい製品の進化プロセスにおいて、前の製品の生産工程と後の製品の開発工程間、あるいは、両製品の開発工程間の相互作用による知識の連鎖と波及効果である。

ただし、ここでは、以上のような製品進化段階におけるユーザー・ニーズの確認と技術蓄積の重要性とともに、その段階で獲得した知識の速い陳腐化をともに指摘する必要がある。製品進化の段階は、まだユーザー・ニーズが明確ではなく、そのユーザー・ニーズが流動的で変動しやすい時期である。そのため、製品進化段階の学習は、活用による学習（learning from exploitation）よりは、探索による学習（learning from exploration）の性格が強い（Levitt and March, 1988）。探索による学習とは、学習による収穫の不確実性がより高く、時間的にもより長く、また、学習から得られた知識の陳腐化が激しいことが特徴である。

例えば、NECは、学習を通じて製品機能の再構成を行ったが、そのプロセスでは、

学習によって獲得した知識が次の段階の製品進化を妨げる現象が観察された。NECは、初期ラップトップ「98LT」の失敗をベースに、情報の処理能力の重視という製品戦略に転換した。しかし、「98LT」を通じて獲得した知識に執着したために、情報の携帯機能という新たなユーザーの要求を軽視してしまった。その結果、NECは、ノート型パソコンか、カラー・ラップトップかを選択を迫られた時に、カラー・ラップトップを選択して、ノート型パソコンへの転換に遅れてしまったのである。

このように、本書は、新しいアーキテクチャの創造において、製品進化プロセスのマネジメントの重要性を確認するとともに、学習によって得られた知識の陳腐化の速さも明らかにした。製品アーキテクチャが変化する時期には、機能間のトレードオフ関係があり、機能の多様な結合が実験される。そのため、特定の学習段階で獲得した知識に深くコミットする行動は、次の学習段階への適応を妨げる可能性が高い。

その一方で、以上のような製品進化の段階では、既存組織と開発組織との組織的な関係を再構築する必要がある。新しい製品が成長過程に入った段階では、既存組織の活用、または、既存組織との統合も視野に入れて、組織的な再調整を考慮しなければならないこともある。

例えば、IBMは、パソコンの発売後、パソコンと他のIBMのコンピュータとの連結の困難、パソコン製品ラインの拡充とフルライン化の困難などの問題を抱えてしまった。そこで、1985年3月、エストリッジに代わってパソコン部門責任者になったロウは、本社との日常業務における連結を強め、且つ、国内流通事業部との連結を強めるため、パソコン部門の本社をフロリダからニュージャージー州に移したのである（榊原他、1989）。

シャープも、初のPDA「PV-F1」開発後に、その製品を既存の電子手帳担当事業部であるパーソナル情報機器事業部に移して、その販売とマーケティング・チャンネルを活用して、発売した。「PV-F1」は市場で失敗したが、パーソナル情報機器事業部内で開発した次の製品「PI-3000」が市場で大成功を収めることとなった。そこでシャープは、PDA担当の携帯システム事業部を創設、PDAを既存部門から分離した。

NECの場合にも、最初のラップトップ「98LT」は、既存部門である情報処理事業グループとは組織的な関係がないNEC米沢によって自律的に開発された。しかし、デスクトップ「98」とのつながりを重視する製品戦略に転換した後では、情報処理事業グループとの組織的な連係を強めて、製品開発と発売が行われた。

以上のようなIBMやシャープ、NECの事例から考えると、新しい製品が初期の開

発段階を越えて製品進化の段階に入った時期には、開発組織と既存部門との関係、あるいは、企業組織全体の組織的な再編成を行う必要がある。このような組織的な再編成の必要性には、次のような2つの理由が考えられる。

　第1に、製品進化にともない、新しいコンポーネント知識が要求されるからである。製品進化の段階でユーザーの要求に対応するためには、製品機能の構成や機能とコンポーネントの対応関係を変化させる必要が生じる。その変化した製品を実現するためには、新しいコンポーネント知識が要求される。そのため、開発組織は新しいコンポーネント知識を入手しやすい組織的な関係に再編成される必要がある。

　第2に、製品の発売に必要な補完的な資源（complementary assets）を獲得する必要がある。特に、アーキテクチャの断絶性が低い製品を開発した場合には、既存製品を含めた製品ライン全体と販売、マーケティング上の戦略的整合性を工夫する必要である。つまり、別部門や新しい開発組織で、新しい製品を開発したとしても、その後の製品進化の段階では既存部門の補完的な資源（complementary assets）を積極的に活用する必要が生じるのである（Teece, 1986）。

第7章 終　章

1. 本書の要約

　本書では、新しい製品アーキテクチャを創造する既存企業の組織マネジメントを分析してきた。既存製品から技術と市場の面で新しいアーキテクチャを創造するためには、アーキテクチャ知識の抑制とコンポーネント知識の活用が可能な開発組織のタイプとそのマネジメントが重要である。

　この分析課題のため、本書ではラップトップとPDAという2つの製品を取り上げ、ラップトップの開発における東芝とNECを、PDAの開発におけるシャープとカシオを各々比較、分析してみた。

　改めて概説すれば、本書は、次のような内容で構成されている。まず第1章では、既存企業が製品アーキテクチャを創造するためには、既存製品を通じて蓄積したアーキテクチャ知識を抑制することと、コンポーネント知識を活用することが重要な条件になる点を指摘した。その上で、製品アーキテクチャを創造する開発組織のタイプとそのマネジメントを模索するという研究課題を提示した。

　第2章では、本書の研究課題をより深く理解するために先行研究をサーベイした。先行研究は、非連続的な技術変化と組織の適応失敗に関する研究、既存組織のコーディネーションによる非連続的な技術変化への適応に関する研究、組織の分離による非連続的な技術変化への適応に関する研究に分類して、検討を行った。このような先行研究を整理したうえで、本書の位置付けが模索された。第2章のサーベイを通じては、次のような点が整理された。

　(1) 既存企業は、既存製品を開発、生産しながら蓄積してきた組織の慣性、既存ユーザーとの取引関係、コア能力、情報フィルターと情報チャンネルの硬直などの要因によって、非連続的な技術変化への適応に失敗する。

　(2) このような既存企業の適応失敗を乗り越える方法としては、製品の変化に合わせて既存組織を再編成すること、既存企業の各部門間における非公式なコミュニケーションの維持と部門間の断絶の抑制、技術変化に適応可能な組織の特異な能力を

開発、蓄積することなどがある。

（3）既存企業の適応失敗を乗り越えるもう一つの方法として、既存企業から独立した新しい開発組織の設立がある。これは新しい子会社や社内ベンチャーを設立して、既存組織がもたらす様々な制約を克服することである。つまり、既存技術と適合している既存組織から離れた新しい組織を形成して、その組織と新しい技術を適合させる方法である。

（4）しかし、代案(2)の場合には、既存組織が抱えているアーキテクチャ知識に制約されやすい点、代案(3)の場合には、既存組織が抱えている資源を有効に使えない点で限界ができる。そこで、本書では、製品アーキテクチャが変化するダイナミックなプロセスにおいて、既存製品のアーキテクチャ知識がもたらす制約を回避しながら、既存組織を活用する方法を提示しようとした。つまり、本書は、既存組織の有効活用の可能性と既存組織の制約、その両面をともに認識したうえで、既存組織の制約を克服すると同時に、既存組織を有効に活用する方法を模索しようとした。

第3章では、本書で使われているコア概念とフレームワークが提示された。まず本書が分析対象とした、製品アーキテクチャという概念を整理した。製品アーキテクチャとは、ある製品を開発する際に想定される機能の束と、その機能の束を実現するコンポーネントのデザインと配置であると定義した。次には、製品アーキテクチャの変化と、その変化によって多様な機能の結合と形状の製品が出現する理由を説明した。製品アーキテクチャの変化とは、ドミナント・デザインが定着している既存製品に新しい機能とコンポーネントが結合することによって、機能とコンポーネントの対応関係が大幅に変化する現象である。このような製品アーキテクチャの変化が起きると、製品の機能的なパフォーマンスを中心に製品間の競争が行われ、製品構造の頻繁な変更と多様な製品の出現が見られる。

さらに、第3章では、本書の分析対象であるパソコン・アーキテクチャの変化と情報端末機アーキテクチャの変化が紹介された。パソコン・アーキテクチャの変化とは、デスクトップからラップトップへの変化である。この変化は、デスクトップ・アーキテクチャに情報の携帯という機能が加わることによって、機能とコンポーネントの対応関係が大幅に変化したもので、機能的相互依存性と構造的相互依存性が高まる変化であった。ラップトップは、アーキテクチャの断絶性が小さく、デスクトップとバリュー・ネットワークを共有する製品であった。

次に、情報端末機アーキテクチャの変化とは、電子手帳アーキテクチャからPDA

アーキテクチャへの変化である。PDAは、主に情報の携帯機能を使用目的として開発された電子手帳に、情報の送受信という新しい機能が結合して、アーキテクチャが変化した製品である。PDAは、アーキテクチャの断絶性が大きく、電子手帳とバリュー・ネットワークを共有しない製品であった。

第3章では、本書のフレームワークが提示された。本書では、企業組織の境界を越える組織分離ではなく、企業組織の中に留まりながら、開発主体を変更する方法を提示した。この方法は、既存製品の担当部門から離れている、別部門、または、新しい部門に新しい製品の開発を担当させる方法である。完全な組織分離を選択しないのは、企業組織の中に蓄積されているコンポーネント知識を有効に活用するためであった。

そのため、本書では戦略的なアーキテクチャ選択と既存製品の市場ポジションという変数を取り上げて、その変数と開発組織のタイプとの適合性が検討された。企業は新しいアーキテクチャを創造する際に、戦略的な意思決定を行い、新しい製品アーキテクチャのパターンを選択する。戦略的なアーキテクチャ選択とは、アーキテクチャの断絶性の大小を選択する行動である。既存製品における市場ポジションは、製品市場での優劣のことである。これは、既存製品の市場でリーダー企業になっているか、フォロアー企業になっているかのことである。高い市場ポジションにある企業ほど現在の強みを維持しようとして、既存製品のアーキテクチャ知識の制約は強くなる。

そこで、既存製品の市場ポジションンが高いか低いかと、アーキテクチャの断絶性が大きいか小さいか（戦略的なアーキテクチャの選択）を組み合わせて、4つのタイプを提示した。タイプⅠ（低い市場ポジションと小さなアーキテクチャの断絶性）、タイプⅡ（高い市場ポジションと小さなアーキテクチャの断絶性）、タイプⅢ（高い市場ポジションと大きなアーキテクチャの断絶性）、タイプⅣ（高い市場ポジションと大きなアーキテクチャの断絶性）である。

ここで、先行研究からはタイプⅠは既存部門の活用が、タイプⅢは、全社的プロジェクトが適合すると思われた。ただし、以上の分類に従うと、先行研究が当てはまったタイプⅠ（既存部門）とタイプⅢ（全社的プロジェクト組織）以外にもタイプⅡとⅣが表れている。つまり、タイプⅡとⅣと適合性がある開発組織の研究は、まだ行われていない。タイプⅡあるいはⅣの場合、既存部門でも、全社的プロジェクト組織でもない、開発組織の形態が存在する可能性がある。本書は、タイプⅡとタイプⅣという新しい開発組織の可能性を含めた、4タイプの開発組織による製品アーキテクチャの創造を検討しようとした。

第4章と第5章では、それぞれラップトップとPDAにおける既存企業のアーキテクチャ創造パフォーマンスを比較、分析した。第4章では、東芝とNECの開発組織のタイプと製品トラジェクトリーを比較、分析した。その結果は、次の通りである。

東芝は、戦略的なアーキテクチャ選択で小さな断絶性を選び、既存製品の市場ポジションは低かったため、タイプⅠのような既存部門の活用がフィットすると思われた。実際に東芝では、既存部門である青梅工場がラップトップの開発主体になっており、タイプⅠであった。東芝では、戦略的なアーキテクチャ選択と既存製品の市場ポジションという変数と開発組織のタイプの間で適合性があった。

一方、NECは戦略的なアーキテクチャ選択で大きな断絶性を選んで、既存製品の市場ポジションは高かった。しかし、NECでは、別部門が製品開発の主体になっていて、タイプⅢの開発組織のタイプとは適合性がなかった。戦略的なアーキテクチャ選択と既存製品の市場ポジションを考えれば、NECでは、全社的プロジェクト組織を活用した方が望ましかった。以上のような2つの問題を解決するために、NECが取るべき選択は、タイプⅢで全社的プロジェクト組織を形成するか、あるいは、戦略的なアーキテクチャ選択を変えてタイプⅡを選択するかであった。

ここで、NECは戦略的なアーキテクチャ選択を変えて、アーキテクチャの大きな断絶性から小さな断絶性に転換した。NECは製品戦略を転換した後も、引きつづき別部門（NEC米沢）を活用していた。しかし、NEC米沢と情報処理事業グループとの組織的な関係は変化していた。NEC米沢と情報処理事業グループの組織的な関係は、緊密になった。

第5章では、PDAの分析が行われた。PDAはラップトップと異なり、アーキテクチャの断絶性が大きい製品であった。ここでは、電子手帳を抱えながら、PDAの開発を行ったシャープとカシオを取り上げて分析を行った。PDAの分析によって、次のような2点が明らかになった。

(1) シャープは、既存製品である電子手帳で大成功を収めて、高い市場ポジションを占めていた。しかし、カシオは、電子手帳事業で相対的に低い市場ポジションを占めていた。シャープは、アーキテクチャの大きな断絶性を選択してPDAの開発を行った。シャープのPDAは、電子手帳とソフトウェアを共有せず、独自のソフトウェア・ネットワークの構築を通じて、別の製品カテゴリーの構築を目指していた。他方、カシオでは2つの戦略的なアーキテクチャ選択が行われた。既存部門であるPC事業部は、アーキテクチャの小さな断絶性を選択して、PDA「RX-10」を開発、発

売した。全社的プロジェクト組織に近い研究開発本部は、アーキテクチャの大きな断絶性を選択してPDA「カシオペア」を開発した。

（2）シャープは、戦略的なアーキテクチャ選択で大きな断絶性を選び、なおかつ市場ポジションは高かったため、全社的プロジェクト組織の活用がフィットすると思われた。実際にシャープでは、既存部門から離れた全社的プロジェクト組織によってPDAの開発が行われた。シャープでは、戦略的なアーキテクチャ選択と市場ポジションという2つの変数と開発組織のタイプの間で適合性があった。一方、カシオ（PC事業部）は、戦略的なアーキテクチャ選択で小さな断絶性を選び、市場ポジションは低かったため、既存部門の活用（タイプⅠ）が適合すると思われた。実際にカシオの初PDA「RX-10」は、既存部門であるPC事業部によって開発が行われた。カシオにおいても、戦略的なアーキテクチャ選択と市場ポジションという2つの変数と開発組織のタイプの間では適合性があった。しかし、ユーザーはアーキテクチャの大きな断絶性を支持した。そこで、カシオは、開発組織のタイプを変更して、再びPDAの開発を行うようになった。カシオは、戦略的なアーキテクチャ選択で大きな断絶性を選んで、全社的プロジェクトによるPDA開発を試みたのである。このPDAが「カシオペア」である。

以上のような第4章と第5章の実証分析をまとめ、第6章では、2つの製品、4社のケースに対する総括的な分析が行われた。そこでは、次のような2点が分析された。

（1）既存製品の市場ポジションと戦略的なアーキテクチャ選択という変数と開発組織のタイプの間で適合性を維持しなければならないことである。アーキテクチャ知識の抑制とコンポーネント知識の活用を行うための開発組織の設置は、既存製品の市場ポジションと戦略的なアーキテクチャ選択を考慮する必要がある。そこで、既存部門、別部門、全社的プロジェクト組織という3つのタイプの活用可能性が検討された。

（2）開発組織のタイプ及び、既存部門と開発組織との組織的な関係は、製品開発の段階と製品進化の段階によって異なるべきである。新しい製品アーキテクチャの創造は、新しい製品の開発段階とその製品の進化段階という2つの段階で構成される。そのため、新しい製品が市場に定着するまでは、製品開発とともに、ユーザーの要求を受け入れて製品アーキテクチャを再構成するプロセスが必要になる。このような製品進化の段階では、製品開発段階とは異なる開発組織のマネジメントが必要となる。場合によっては、開発組織と既存部門との連携を強める必要があるかもしれないし、場合によっては、開発主体を変更することもありうる。

2. 本書のインプリケーション

　本書は、既存企業が既存製品のアーキテクチャ知識の制約からはなれ、新しい製品アーキテクチャを創造するための組織マネジメントを分析した。以下では本書の分析結果から得られる、学問的及び、実務的なインプリケーションを考えてみる。

(1) 学問的なインプリケーション

　学問的なインプリケーションは、イノベーション論と経営戦略論に対するインプリケーションに整理できる。

　第1に、イノベーション論に対するインプリケーションである。先行研究は、非連続的な技術変化が起きると、既存組織はその変化への適応を妨げると主張する見解（Christensen, 1997; Henderson and Clark, 1990）と組織コーディネーションによって既存組織は適応可能であるという見解（Chesbrough and Kusunoki, 1999; 新宅, 1994; Burgelman, 1991）に分かれていた。つまり、非連続的な技術への適応を考える先行研究で、既存組織は制約を与える障害物か、あるいは、活用可能な対象かという二者択一の対象になっていた。

　しかし、本書は、既存企業が制約を与える側面と活用可能な側面という2つの側面を同時に持っていることを指摘した。それでは、1つの企業組織が制約と活用可能性という2つの側面を備えるという議論が先行研究に表われなかった理由は何だろうか。

　その理由は、分析対象である既存企業に対する認識にある。既存組織の制約を強調する先行研究も、既存組織の活用可能性を強調する先行研究もともに、既存組織を単一で同質的な実体（homogeneous entity）として認識していた。しかし、既存組織を単一の実体ではなく、各々異質性を持っている部門の集合として認識すると、個別部門によっては、新しい変化への適応に制約を与えるところもあるが、活用可能なところもある。すなわち、部門毎に特定の技術変化に対する適応能力は異なるということである。

　このような部門の異質性を認識すると、次には製品アーキテクチャの創造において、どのように部門をマネジメントすればいいかという問題が出てくる。つまり、既存のアーキテクチャ知識を抱えている部門の統制と、コンポーネント知識を抱えている部門の引き込みに対する開発組織のマネジメントである。

　本書では、既存製品の市場ポジションと戦略的なアーキテクチャ選択という要因と、

開発組織タイプの間で適合性を維持しなければならないことを明らかにした。アーキテクチャ知識の抑制とコンポーネント知識の活用を行うための開発組織の形態は、既存製品の市場ポジションと戦略的なアーキテクチャ選択を考慮しなければならない。そこで、本書は、実証分析をまとめ、既存部門、別部門、全社的プロジェクト組織という複数の開発組織のパターンを示唆した。

今まで非連続的な技術への対応に関するイノベーション研究は、既存組織の制約を強調するか、あるいは、活用可能性を強調するかに分かれていた。しかし、本書は、そこから一歩進んで、既存組織は制約を与える側面と活用可能性がある側面という2つの側面を持っている点を提示した。その上で、それぞれのタイプにおいて新しい製品アーキテクチャを創造する開発組織には、既存製品の市場ポジションと戦略的なアーキテクチャ選択との適合性が要求される点を明らかにした。

第2に、経営戦略論におけるインプリケーションである。RBV（Resource-Based View）とコア・コンピタンス論は、競争企業の模倣が困難で、模倣しようとすると相当なコストがかかる資源とコア能力の蓄積を強調している（Penrose, 1959; Wenerfelt, 1984; Prahalad and Hamel, 1990; Barney, 1986; Mahoney and Pandian, 1992）。

しかしながら、このような資源とコア・コンピタンスは、技術、あるいは、ユーザーの選択における変化が起こると、競争優位の源泉から競争優位を阻害する障害物に転化する（Anderson and Tushman, 1986; Leonard-Barton, 1992）。

つまり、企業のコア・コンピタンスは固定されているのではなく、流動的で、様々な競争環境によって、その寿命と役割は変化してしまう。そのため、企業は、自分が持っているコア・コンピタンスの探索と再構築に向けて絶えず努力しなければならない。

それでは、コア・コンピタンスの再構築は、どのようなプロセスで、どのように行うべきであろうか。現在までの経営戦略論は、まだそこまでの答えを示していないように見える。

コア・コンピタンスは、競争企業の模倣が困難で、模倣しようとすると、相当なコストがかかるという点で、アーキテクチャ知識の性質と似ている。アーキテクチャ知識も、暗黙知的な性質があり、主に人に依存して移転するため、競争企業が真似し難い競争優位の源泉である。そのため、アーキテクチャ知識は企業のコア・コンピタンスを構成する重要な一部分になる。言い換えれば、コア・コンピタンスとは、企業が抱えているアーキテクチャ知識の集合体とも言える。ただし、このようなアーキテク

チャ知識の集合体は、絶えずその内容を新しく更新する必要がある。

　本書は、第1に、新しい製品アーキテクチャを創造する時に、特定の製品に関連するアーキテクチャ知識を抑制すべきこと、第2に、新しいアーキテクチャの創造において、開発組織のタイプは既存製品の市場ポジションと戦略的なアーキテクチャ選択によって異なるという点を指摘した。この2点は、コア・コンピタンスを再構築するためには、変化を引き起こそうとする既存製品のアーキテクチャ知識は抑制した上で、多様なコンポーネントを結合しながら、新しいアーキテクチャ知識を形成しなければならないことを示している。本書は、このような企業のコア・コンピタンス再構築プロセスに重要なインプリケーションがあると思われる。

(2) 実務的なインプリケーション

　本書は、既存製品の延長線上の製品ではない、新しいカテゴリーの製品と市場の開拓に示唆を与えてくれると思われる。それは、新しいカテゴリーの製品を担当する開発組織の形態と既存部門と開発組織との関係設定、さらに、新しい開発組織にどのような人的資源を吸収、活用するかに対する示唆である。以下では、この2点に関して考えてみよう。

　第1に、本書は、新しいカテゴリーの製品を担当する開発組織の形態や開発組織と既存部門との関係設定に示唆を与える。本書は、既存企業の境界を越えて製品開発組織を設置する子会社の形ではなく、既存企業の領域に留まりながら、既存企業内のコンポーネント知識を活用する組織マネジメントを提示した。同時に本書は、既存製品の市場ポジションと戦略的なアーキテクチャ選択という2つの要因を取り上げて、開発組織のタイプを分析した。

　その結果、新しい製品アーキテクチャを創造しようとする既存企業は、無条件で既存組織の活用、あるいは、組織の分離を選択するのではなく、既存製品の市場ポジションと戦略的なアーキテクチャ選択に適合する開発組織を設定しなければならないことを明らかになった。

　例えば、ラップトップの場合、NECは戦略的なアーキテクチャ選択で大きな断絶性を選び、既存製品の市場ポジションは高かった。しかし、NECでは、他部門がラップトップ開発の主体になっており、2つの変数と開発組織のタイプは適合性がなかった。戦略的なアーキテクチャ選択と既存製品の市場ポジションを考えれば、NECは、全社的プロジェクト組織が適合した。このような不適合によって、NECでは、既存

部門のアーキテクチャ知識が、別部門（NEC米沢など）に影響を与えて、国内向けラップトップの開発を抑制していた。さらに、NECでは、ラップトップ開発組織が既存部門（情報処理事業グループ）のコンポーネント知識を活用することも困難であった。NEC米沢のように、組織的な関係も、取引関係もない別部門が、既存部門のコンポーネント知識を引き出すのは難しいからである。

また、PDAの場合、シャープは、既存製品である電子手帳市場で高い市場ポジションを占めており、戦略的なアーキテクチャ選択では、大きな断絶性を追求していた。そこで、シャープは、電子手帳を担当していたパーソナル機器事業部から開発組織を引き離し、全社的プロジェクト組織を設置した。この全社的プロジェクト組織の活用によって、シャープは、既存アーキテクチャ知識の制約から離れて、新しいPDAの開発に成功した。

このような本書の分析が示しているように、新しいアーキテクチャを創造するためには、既存製品の市場ポジションと戦略的なアーキテクチャ選択に適合する開発組織を設定、マネジメントしなければならない。

第2に、製品アーキテクチャを創造しようとする時に、どのような人的資源を集め、活用するかに関する示唆である。

本書では、既存製品の市場ポジションが高く、なおかつ、断絶性が大きなアーキテクチャを選択する場合には、特に既存アーキテクチャ知識の抑制が必要である点を指摘した。この場合には、既存製品のアーキテクチャ知識を習得している開発エンジニアよりは、できるだけコンポーネント知識を習得している開発エンジニアを寄せ集めて製品開発に活用したほうが望ましいと思われる。このようにコンポーネント知識を習得しているエンジニアが集まると、既存アーキテクチャ知識に制約されずに、多様なコンポーネントを組み合わせながら、新しいアーキテクチャ知識が形成される。

なお、上のような条件で部門レベルの考察をすると、既存製品の担当部門よりは、既存部門と組織的な関係が緊密ではない部門、あるいは、コンポーネントを担当している部門から開発エンジニアを寄せ集めて開発作業を行うほうが望ましい。

しかし、既存製品の市場ポジションが高く、断絶性が低いアーキテクチャを選択する場合には、人的資源の吸収と活用は異なる。この場合、開発組織は、既存部門の外部に設置するか、あるいは、他部門を活用するかもしれない。ただし、その場合にも、既存部門の協調と既存部門のコンポーネント知識は、活用しなければならない。

例えば、NECの開発組織のマネジメントがある。NECは、「9801-LV」を境にア

ーキテクチャの大きな断絶性から小さな断絶性にラップトップ戦略を転換した。それに伴い、NEC米沢と情報処理事業グループとの組織的な関係も変化した。情報処理事業グループは、NEC米沢のラップトップ開発に参加するようになり、情報処理事業グループからデスクトップ「98」関連の技術とノウハウがNEC米沢に移転され始めた。つまり、NEC米沢と情報処理事業グループは組織的な関係を強め、その結果、情報処理事業グループのコンポーネント知識がNEC米沢に円滑に移転されるようになった。

3. 今後の研究課題

今後の研究課題としては、次のような3点が取り上げられる。

第1に、企業外部のコンポーネント知識を活用して製品アーキテクチャを創造する可能性の分析である。本書は、既存企業が抱えているコンポーネント知識の有効活用に焦点を置いて分析を行った。しかし、1つの企業が製品アーキテクチャの創造に必要なコンポーネント知識全てを抱え込むことは難しい。場合によって、既存企業は新しい製品アーキテクチャに要求される、コアになるコンポーネント知識を保有していないこともありうる。その時、既存企業は、新しい製品に必要な知識を保有している企業と提携して、自社の知識と結合させなければならない。さらに、場合によっては、既存企業が、M&Aなどを通じて外部知識を直接吸収、活用して、製品アーキテクチャを創造することもありうる。その時、既存企業はどのような組織マネジメントをすればいいだろうか。このテーマは今後重要な研究課題になるだろう。

第2に、新しい製品の出現からドミナント・デザインの確立、製品の成熟化に至る、製品アーキテクチャ変化の全プロセスに対する組織マネジメントである。新しい製品アーキテクチャの創造プロセスは、製品アーキテクチャの変化による多様な製品の出現と競争⇒ドミナント・デザインの確立⇒製品の成熟化⇒製品アーキテクチャの変化というサイクルで構成される。本書は、このような変化の全サイクルの中で、新しい製品の出現からドミナント・デザインの確立段階までを主な分析対象にした。しかし、既存企業の中には、新しい製品の出現からドミナント・デザインの確立段階までは強いかもしれないが、次の段階である製品の成熟化プロセスには弱い企業があるかもしれない。その理由は、ドミナント・デザイン確立の以前と以降に要求される組織マネジメントが異なる可能性にある。最近製造業で登場しているEMS（Electronics Manufacturing Service）企業は、製造工程に特化した企業で、特にドミナント・デザ

インが確立している製品を中心に強い競争優位を示している。つまり、ドミナント・デザインが確立した後に、特定の工程を中心に垂直統合した企業である。このようにドミナント・デザイン定着後に異なる組織形態と分業の企業が登場したとすると、このような組織マネジメントに関する分析は、重要になる。

第3に、国際比較、特にアメリカ企業との比較である。アメリカ企業を対象にした先行研究の中には、既存企業における製品アーキテクチャ創造能力の欠如を指摘する研究が多く見られた。例えば、ハードディスク・ドライブ産業を分析した Christensen（1997）や半導体露光装置産業を分析した Henderson and Clark（1990）の研究は、代表的な研究である。しかし、本書で分析した東芝やシャープのような日本企業は、アメリカの先行研究とは異なり、製品アーキテクチャの創造能力がある企業であった。それでは、このような能力の差はどの原因で生まれたのか、日米の企業には、新しい製品アーキテクチャを創造する組織構造と組織マネジメントに有意味な差が存在するのだろうか[1]。このような研究によって、「新しい製品アーキテクチャを創造する組織マネジメント」を探る本書の問題意識は、一層深まるに違いない。

---

(1) 例えば、加護野忠男他（1983）は、日米企業比較の代表的な研究である。

Appendix I　ラップトップの製品トラジェクトリーにおける情報処理代理変数

　情報処理代理変数は、ラップトップの情報処理能力を表すための一種の尺度である。一般的に、パソコンの情報処理能力を計ることは困難である。ベンチマーク・テストを利用して、間接的にパソコンの情報処理能力を計る方法もある。しかし、それは主にシステムとしての情報処理スピードを測定するもので、消費者が実際に評価する全体機能の一部にすぎない。その上、ベンチマークの基準も毎年のように変わっており、それを統一的に比較するのは至難である。

　本書では、発売初期の標準価格は、ラップトップの全機能の価値を反映すると考えて、まず価格を各要素別に分解し、その後そうした要素別価格の和を総合的な全機能の価値として捉える方法を採用した。1980年代半ば、ラップトップの（広義の）情報処理能力を実現するコンポーネントは、CPU、ハードディスク・ドライブ（以下HDD）、ディスプレイなどがあった。

　一方、重量については、重量が軽いほど情報の携帯機能が優れ、高価格になると考えることも可能であった。しかし、実際の製品では、重量が重いほどHDDを搭載し、CPUの能力も高いという強い相関があった。そのため、情報の携帯機能が独立して高価格に反映されていることはなかった（〈表ＡⅠ-2〉を参照）。従って、ここではCPU、HDD、ディスプレイ（階調）、ディスプレイ（プラズマと液晶）の要素価格を推定して、その合計値からラップトップの情報処理能力を表す代理変数を算出した。そのプロセスは次の通りである。

　1. 1986年から1990年までに発売された、33機種のラップトップの価格及び、仕様を収集した。
　2. 価格と仕様の間には、次のような回帰式で回帰分析を行った。
　Log p=$\beta_1 X_1 + \beta_2 X_2 + \beta_3 X_3 + \beta_4 X_4 + k +$ 残差
　　Log p：価格の対数値
　　X_1：CPU能力のダミー変数（286以下は0，386以上は1）
　　X_2：HDDダミー変数（HDDの搭載機は1）
　　X_3：ディスプレイの階調値

X_4：ディスプレイのタイプを表すダミー変数（液晶は0，プラズマは1）。

k：定数

回帰分析の結果は、〈表ＡⅠ-1〉の通りである。ここで推定された係数（β_1, β_2, β_3, β_4）を使って算出される「Log p」を情報処理能力の代理変数と定義した。

3．NECと東芝の全ラップトップを製品シリーズ別に分類して、その製品シリーズを代表する最高能力のラップトップを選んだ結果、東芝6種類、NEC6種類になった。それを、縦軸には情報処理能力の代理変数、横軸には重量として図の上に表示、製品トラジェクトリーを表した。

〈表ＡⅠ-1〉パソコンの情報処理能力を被説明変数とした回帰分析の結果

説明変数	係数	標準誤差	t
切	2.46	0.03	80.28***
CPU	0.07	0.03	1.89+
HDD	0.18	0.03	6.26***
ディスプレイ（階調）	0.01	0.00	2.85**
ディスプレイ（液晶とプラズマ）	0.17	0.04	4.73***

補正 R^2=0.78　　F=30.20***
+P<0.1　*P<0.05　**P<0.01　***P<0.001

〈表ＡⅠ-2〉変数間の相関

	重量	CPU	HDD	ディスプレイ（階調）	ディスプレイ（液晶とプラズマ）
重量	1				
CPU	0.55	1			
HDD	0.54	0.30	1		
ディスプレイ（階調）	0.40	0.40	0.10	1	
ディスプレイ（液晶とプラズマ）	0.25	0.26	0.21	−0.10	1

Appendix II 東芝と NEC のラップトップにおける回帰分析の結果

〈表 A II-1〉東芝のラップトップに対する回帰分析の結果

説明変数	係数	標準誤差	t
切片	5.06	0.06	90.23***
重量	0.09	0.01	11.26***

補正 R^2=0.93　　F=126.79***

*P<0.1　**P<0.01　***P<0.001

〈表 A II-2〉NEC のラップトップに対する回帰分析の結果

説明変数	係数	標準誤差	t
切片	4.95	0.12	40.79***
重量	0.12	0.02	6.47***

補正 R^2=0.8　　F=41.80***

*P<0.1　**P<0.01　***P<0.001

Appendix Ⅲ　PDAにおける製品トラジェクトリーの尺度

　本書では、PDAの製品トラジェクトリーを表示するために、縦軸には情報の携帯機能を、横軸には情報の送受信機能を設定した。PDAの場合には、情報の携帯機能と情報の送受信機能がトレードオフ関係になっていた。

　PDAの製品仕様を集め、その分布を調べた結果、情報の送受信ツールを多く搭載した製品ほど、記憶容量が大きかった。また、情報の送受信ツールが多いPDAは、カラー・ディスプレイで、ディスプレイが大きく、その結果、使用時間が短く、重量が重くなるという共通点が見つかった。つまり、このような情報の送受信ツールを使って情報を送受信すると、バッテリの消耗が多くなり、使用時間が短くなる。さらに、外部情報とメールの閲覧のためには、大きなディスプレイと高い情報処理能力のCPUが要求されると推定された。

　そこで、今度は各コンポーネントと情報の送受信ツールとの相関を調べた結果、情報の携帯機能に影響する記憶容量、画面の大きさ、CPUの性能、画面（カラー）とはプラスの相関が、使用時間とはマイナスの相関があった（〈図AⅢ-1〉コンポーネントと情報の送受信ツールとの相関表を参照）。つまり、情報の送受信機能を向上させると、情報の携帯機能が弱化するような関係であった。

　本書では、以上のような情報の携帯機能と各コンポーネントの関係を利用して、記憶容量、画面の大きさ、CPUの性能、画面（カラー）、使用時間を各々点数化して、その合計が低いほど情報の携帯機能に優れていると評価した。例えば、記憶容量の場合、1M以下は0点、1M以上5M以下は0.5点、5M以上の記憶容量は1点を与える方法である。各基準区間は、記憶容量の分布を考慮して、均等に分割するよう配慮した。また、情報の送受信機能は、各PDAにおいて、PDA間（あるいは、パソコンとの間）通信、FAX送受信、パソコン通信、インターネットとメール、携帯電話との連結ツールという5点を評価して、一種類のツールがあると1点を加算し、その合計を情報の送受信機能の尺度に使用した。

〈表AⅢ-1〉コンポーネントと情報の送受信ツールとの相関表

	情報の送受信ツール
記憶容量	0.71
画面の大きさ	0.48
CPUの能力	0.30
画面（カラー）	0.74
使用時間	-0.69

Interview List

1) NEC

No.	名前	現在の職位	当時の職位	場所	時間
1	小澤 昇	パーソナルコンピュータ第二事業部部長代理	情報処理製品企画本部第2製品部計画課長	NEC府中事業場	1997年8月29日 AM10:00-PM12:00
2	神尾 潔 佐藤新弥 後藤 仁	NEC米沢技術部部長 事業企画室企画課課長 ビジネス・パーソナル技術部技術部長	技術部係長 技術部主任 技術部主任	NEC米沢	1997年11月28日 PM1:00-PM4:30
3	平山邦夫 臼井英俊	NECホームエレトロニクス・アプリケーション・プロセッサ事業部商品開発グループ・チーム・マネジャー NECホームエレトロニクス・ディスプレイ事業部LCDモニタ開発グループ・チーム・マネジャー	NECパーソナル・コンピュータ開発本部エンジニア NECパーソナル・コンピュータ開発本部エンジニア	NECホームエレトロニクス栢山研究センター	1998年6月26日 AM10:30-PM12:50
4	佐藤新弥	事業企画室企画課課長	技術部主任	e-mail	1999年5月31日
5	佐藤新弥	事業企画室企画課課長	技術部主任	e-mail	1999年8月10日
6	片山徹 増渕洋 柴田孝 舟山八郎 長俊太郎 郡山真也	社長 常務取締役 取締役 取締役、総務部長 事業計画統括部長兼 経営管理部長 パーソナル・コンピュータ生産統括部長	NEC米沢開発課長	NEC米沢	2000年9月11日 PM1:00-PM4:50
7	柴田 孝	取締役	NEC米沢開発課長	e-mail	2000年10月30日
8	柴田 孝	取締役	NEC米沢開発課長	e-mail	2000年11月6日
9	安見直昭 中山文順 丸山康久	社長 生産革新推進部長 生産革新推進部技術部長		NEC静岡	2001年7月19日 PM1:00-5:00

2) 東　芝

No.	名　前	現在の職位	当時の職位	場　所	時　間
1	佐藤正幸	パソコン事業部国内事業企画担当部長	「J-3100」推進プロジェクト管理担当課長	長谷川信（青山学院大学経営学部）教授ゼミ	1995年11月1日 AM 10:30- PM 1:00
2	田中宣幸	パーソナル情報機器本部パーソナル技師長	パソコン設計部設計課長	浜松町東芝本社ビル	1997年10月27日 AM 10:10- PM 12:00
3	山田文男	パソコン事業部国内事業企画部部長	青梅工場パソコン部門設計エンジニア	長谷川信（青山学院大学経営学部）教授ゼミ	1997年11月6日 AM 10:00- PM 1:00
4	岡崎　裕	パソコン事業部国内事業企画部部長	青梅工場パソコン部門設計エンジニア	長谷川信（青山学院大学経営学部）教授ゼミ	1998年7月2日 AM 10:30- PM 1:00
5	真田　勉	パソコン事業部パソコン商品技術部部長	青梅工場オフコン部門設計エンジニア	浜松町東芝本社ビル	1999年7月26日 AM 10:00-12:00
6	溝口哲也 菅　正雄	デジタル・メディア機器社社長 ホーム・デジタル・プロダクツ事業開発室室長	OA機器部設計部長 「Dynabook」開発担当課長	浜松町東芝本社ビル	1999年9月1日 AM 11:00- PM 12:50
7	菅　正雄	東芝ホーム・デジタル・プロダクツ事業開発室室長	「Dynabook」開発担当課長	浜松町東芝本社ビル	1999年9月16日 PM 1:30-3:00

3) シャープ

No.	名前	現在の職位	当時の職位	場所	時間
1	名井哲夫	情報システム事業本部パソコン事業部副事業部長	情報システム事業本部パーソナル情報機器事業部商品企画部課長	シャープ奈良事業所	1999年8月19日 PM 1:00-3:30
	鈴木　隆	情報システム事業本部携帯システム事業部第1商品企画部副参事	情報システム事業本部パーソナル情報機器事業部商品企画部係り		
2	羽田　勇	情報システム事業本部携帯システム事業部、CVI5005プロジェクトチーム・チーフ	情報システム事業本部パーソナル情報機器事業部課長	シャープ奈良事業所	1999年8月19日 PM 3:30-6:00
3	生駒隆夫	情報システム事業本部情報商品開発研究所	主任研究員	東京大学大学院経済学研究科4F	1999年8月24日 AM10:30-PM12:50
4	名井哲夫	情報システム事業本部パソコン事業部副事業部長	情報システム事業本部パーソナル情報機器事業部商品企画部課長	e-mail	2000年4月27日
5	羽田　勇	情報システム事業本部携帯システム事業部CVI5005プロジェクトチーム・チーフ	情報システム事業本部パーソナル情報機器事業部課長	e-mail	2000年5月8日
6	羽田　勇	情報システム事業本部携帯システム事業部CVI5005プロジェクトチーム・チーフ	情報システム事業本部パーソナル情報機器事業部課長	e-mail	2000年5月10日
7	上村　進	情報家電開発本部NB第一プロジェクト・リーダー	「PV-F1」緊急プロジェクト・リーダー	e-mail	2000年6月20日
8	上村　進	情報家電開発本部NB第一プロジェクト・リーダー	「PV-F1」緊急プロジェクト・リーダー	e-mail	2000年8月25日

4) カシオ

No.	名前	現在の職位	当時の職位	場所	時間
1	藤沢秀隆	カシオ羽村技術センターコンシューマ事業部PMC部次長	PC事業部次長	カシオ羽村技術センター	2000年4月12日 PM 2:00-5:00
2	石田秀明	カシオ羽村技術センター技術マーケティング・グループ・グループリーダー	「カシオペア」プロジェクト・リーダー、次長	カシオ羽村技術センター	2000年5月22日 PM 2:00-4:30
3	藤沢秀隆	カシオ羽村技術センターコンシューマ事業事業本部PMC事業部ジェネラル・マネジャー	PC事業部次長	e-mail	2001年9月4日
4	藤沢秀隆	カシオ羽村技術センターコンシューマ事業本部PMC事業部ジェネラル・マネジャー	PC事業部次長	e-mail	2001年9月19日

5) その他

企業名	名前	現在の職位	当時の職位	場所	時間
富士通	斎藤精一	パーソナルビジネス本部基礎技術開発部長		富士通南多摩工場	1997年9月17日 PM 4:00-6:30
NEC PDA	成澤祥治	パーソナルワークステーション事業部販売推進部長	パーソナルワークステーション新製品開発部長	田町NEC本社ビル	1999年6月8日 AM 10:00-12:00
『月刊ASCII』編集長	遠藤諭	『月刊ASCII』編集長	『月刊ASCII』東芝担当記者	『月刊ASCII』本社ビル	1999年8月17日 AM 10:00-12:00

参考文献

阿部正樹 (1981)『電卓業界とカシオ計算機——1975年～1980年——』野村マネジメント・スクール・ケース, No. N11-181-006

Abernathy, William (1978) *The Productivity Dilemma: Roadback to Innovation in the Automobile Industry*, The Johns Hopkins University Press.

Abernathy, William J., Kim B. Clark and Alan M. Kantrow (1983) *Industrial Renaissance–Producing a competitive future for America*, New York, Basic Books Inc., Publishers.

Abernathy, William J. and James M. Utterback (1978) "Patterns of industrial innovation," *Technology Review*, 80 (7), June–July, 40–47.

Anderson, Philip and Michael Tushman (1986) "Technological discontinuities and organizational environments," *Administrative Science Quarterly*, 31, 439–465.

青島矢一 (1998)「製品アーキテクチャと製品開発知識の伝承」『ビジネスレビュー』, 46 (1), 46–60

青島矢一・延岡健太郎 (1997)「プロジェクト知識のマネジメント」『組織科学』, 31 (1), 20–36

Barney, Jay B. (1986) "Strategic factor market: Expectations, luck, and business strategy," *Management Science*, 32 (10), 1231–1241.

Barney, Jay B. (1996) *Gaining and Sustaining Competitive Advantage*, Massachusetts, Addison–Wesley Publishing Company.

Baldwin, Carliss Y. and Kim B. Clark (2000) *Design Rules–The Power of Modularity*, MIT Press.

Burgelman, Robert A. (1983) "Corporate entrepreneurship and strategic management: Insights from a process study," *Management Science*, 29 (12), 1349–1363.

Burgelman, Robert A. (1991) "Intraorganizational ecology of strategy making and organizational adaptation: Theory and field research," *Organization Science*, 2 (3), 239–262.

Burgelman, Robert A. and Leonard R. Sayles (1986) *Inside Corporate Innovation; Strategy, Structure, and Managerial Skills*, The Free Press.

Burrows, B. C. (1982) "Venture management: Success or failure?," *Long Range Planning*, 15 (6), 84–99.

Chandler, Alfred D. Jr. (1962) *Strategy and Structure*, MIT Press.

Chandler, Alfred D. Jr. (1990) *Scale and Scope — The Dynamics of Industrial Capitalism*, The Belknap Press of Harvard University Press.

Chesbrough, Henry H. and Ken Kusunoki (1999) "The modularity trap: Innovation, Technology phase-shifts, and resulting limits of virtual organization," working paper #99-06, Innovation Center, Hitotsubashi University.

Child, J. (1972) "Organization structure of an strategic control : A replication of the Aston study," *Administrative Science Quarterly*, 17, 163-177.

Christensen, Clayton M. (1997) *The Innovator's Dilemma*, Harvard Business Press.

Christensen, Clayton M. and Joseph Bower (1996) "Customer power, strategic investment and the failure of leading firms," *Strategic Management Journal*, 17, 197-218.

Christensen, Clayton M., Fernando F. Suarez and James M. Utterback (1996) "Strategies for survival in fast-changing industries," Working Paper. Harvard Business School, July 16, 97-009.

Christensen, Clayton M. (1992) "Exploring the limits of the technology S-Curve. part Ⅰ:Component technologies, Ⅱ:Architectural technologies," Production and *Operation Management*, 1 (4), 334-366.

Clark, Kim B. (1985) "The interaction of design hierarchies and market concepts in technological evolution," *Research Policy*, 14, 235-251.

Cohen, M. Wesley and Daniel A. Levinthal (1990) "Absorptive capacity: A new perspective on learning innovation," *Administrative Science Quarterly*, 35, 128-152.

Cooley, Patrick (1970) "Experience curves as a planning tool," *IEEE Spectrum*, 7 (6), 63-68.

Cooper Arnold C., and Clayton G. Smith (1992) "How established firms respond to threatening technologies," in Michael L. Tushman and Philip Anderson ed., *Managing Strategic Innovation and Change*, Oxford University Press.

Daft, Richard L. and Karl E. Weick (1984) "Toward a model of organizations as interpretation systems," *Academy of Management Review*, 9 (2), 284-295.

Eisnhardt K.M. (1989) "Making fast strategic decisions in high velocity environments," *Academy of management Journal*, 32, 543-576.

Eisenhardt, Kathleen M. and Behnam N. Tabrizi (1995) "Accelerating adaptive processes: Product innovation in the global computer industry," *Administrative Science Quarterly*, 40, 84-110.

Fast, Norman D. (1979) "Key managerial factors in new venture department," *Industrial Marketing Management*, 8, 221-235.

藤本隆宏 (1997)『生産システムの進化論』有斐閣

藤本隆宏・武石彰・青島矢一 (2000)『ビジネス・アーキテクチャ』有斐閣

Gopert, Jin and Mitchel Steinbrecher (1999) "Modular product development: Managing technical and organizational interdependence," *Mimeo*, 213-224.

Hannan Michael and John Freeman (1984) "Structural inertia and organizational change," *American Sociological Review*, 49 (April), 149–164.

Hannan, Michael. T. and John. Freeman (1977) "The population ecology of organizations," *American Journal of Sociology*, 82. 929–964.

Harvard Business School (1993) "NEC," 4-724-328.

Harvard Business School (1994), "Toshiba (A)," N 9-694-099.

Harvard Business School (1996), "Palm Computing, Inc. (A)", 9-396-245.

Harvard Business School (1998), "Palm Computing: The Pilot Organizer", 9-599-040.

Henderson, Rebecca M. (1992) "Technological change and the management of architectural knowledge," in *Transforming Education*, Thomas A. Kochan and Michael Useem eds., Oxford University Press.

Henderson, Rebecca M. and Kim B. Clark (1990) "Architectural innovation: The reconfiguration of existing product technologies and the failure of established firms," *Administrative Science Quarterly*, 35, 9–30.

Hirschmann, Winfred B. (1964) "Profit from the learning curve," *Harvard Business Review*, January–February, 42 (1), 125–139.

Huber, George P. (1991) "Organizational learning: The contributing process and the literatures," *Organizational Science*, 2 (1), 88–115.

Iansiti, Macro and Clark, Kim B. (1994) "Integration and dynamic capability: evident from product development in automobiles and mainframe industry," *Industrial and Corporate Change*, 3 (3), 557–605.

伊丹敬之 (1981)『カシオ計算機 (A)』野村マネジメント・スクール・ケース, No. N11-181-005

Itami, Hiroyuki and Tsuyoshi Numagami (1992) "Dynamic interaction between strategy and technology," *Strategic Management Journal*, 13, 119–135.

河合忠彦 (1996)『戦略的組織革——シャープ・ソニー・松下電器の比較』有斐閣

加護野忠男・野中郁次郎・榊原清則・奥村昭博 (1983)『日米企業の経営比較』, 日本経済新聞社

川崎純子 (1997)『図解パソコン』ナツメ社

Katz Michael L. and Carl Shapiro (1985) "Network externalities, competition, and compatibility," *American Economic Review*, 75 (3), 175–183.

Katz, R. and T. J. Allen (1982) "Investigating the Not Invented Here (NIH) syndrome: A look at the performance, tenure, and communication patterns of 50 R&D Project Groups," *R&D Management*, 12 (1), 7–19.

小林広治 (1989)『構想と決断』ダイヤモンド社

Kogut, Bruce and Udo Zander (1992) "Knowledge of the firm, combinative capabilities, and the replication of technology," *Organization Science*, 3 (3), 383–397.

楠木建 (1992)「製品トラジェクトリーの連続性――イノベーション戦略の新しい分析枠組」『ビジネスレビュー』39 (2), 63-79

Kusunoki, Ken and Tsuyoshi Numagami (1997) "Intrafirm transfers of engineers in Japan," Goto, Akira and Hiroyuki Odagiri ed., *Innovation in Japan*, Clarendon Press.

桑田耕太郎・田尾雅夫 (1998)『組織論』有斐閣

Langlois, Richard N. and Paul Robertson (1992) "Networks and innovation in a modular system: Lesson from the microcomputer and stereo component industries," *Research Policy*, 21, 297-313.

Lancaster, Kelvin (1991) *Modern Consumer Theory*, Edward Elgar.

Leonard-Barton, Dorothy (1992) "Core capabilities and core rigidities: A paradox in managing new product development," *Strategic Management Journal*, 13, 111-225.

Leonard-Barton, Dorothy (1988) "Implementation as mutual adaptation of technology and organization," *Research Policy*, 17, 251-267.

Levinthal, Danial A. (1991) "Organizational adaptation and environmental selection-interrelated processes of changes," *Organizational Science*, 2 (1), 140-145.

Levinthal, Daniel and James G. March (1981) "A model of adaptive organizational search," *Journal of Economic Behavior and Organization*, 2, 307-333.

Levitt, Barbara and James G. March (1988) "Organizational learning," *Annual Review of Sociology*, 14, 319-340.

Lynn, L. H., Piehler, H. R. and Kieler, M (1993) "Engineering careers, job rotations, and gatekeepers in Japan and the United States," *Journal of Engineering and Technology Management*, 10, 53-72.

Mahoney, Joseph T. and Rajendran Pandian (1992) "The Resource-based view within the conversation of strategic management," *Strategic Management Journal*, 13, 363-380.

三輪新吾 (1990)『東芝のダイナブック戦略』ソフトバンク出版

Moore, William L. and Michael L. Tushman (1982) "Managing innovation over the product life cycle," *Readings in the Management of Innovation*, Tushman, Michael L. and William L. Moore eds., Pitman Publishing Inc.

Nelson Richard R. (1991) "Why do firms differ, and how does it matter," *Strategic Management Journal*, 12, 61-74.

Nelson Richard R. and Sidney Winter (1982) *An Evolutionary Theory of Economic Change*, The Belknap Press of Harvard University Press.

日経BP (1998)『明るい会社3M』日経BP社

日経バイト (1996)『最新パソコン技術大系』日経BP社

Noda, Tomo (2000) "A Process model of intellectual capital mobilization and accumulation in an integrated diversified firm," Mitsubishi Bank Foundation

International Conference on the 21th Century Regime of Economy and Organization, August 28-30 in Kanagawa Japan.

Nonaka, Ikujiro (1994) "A dynamic theory of organizational knowledge creation," *Organizational Science*, 5 (1), 14-37.

野中郁次郎 (1986a)「組織の自己革新——自己組織化パラダイムの提言」組織科学, 20 (1), 142-157

野中郁次郎 (1986b)「組織的情報創造プロセスのマネジメント」『イノベーションと組織』東洋経済新聞社

野中郁次郎 (1983)「進化論的戦略と企業分化」『組織科学』17 (3), 47-58

野中郁次郎・山田英夫 (1986)「企業の自己革新プロセスのマネジメント」『ダイヤモンド・ハーバード・ビジネス』, 2月-3月号, 161-172

野中郁次郎・沼上幹 (1984)「創造の戦略と組織その原理と実行」『ダイヤモンド・ハーバード・ビジネス』2月-3月号, 94-106

沼上幹 (1999)『液晶ディスプレイの技術革新史——行為連鎖とシステムとしての技術』白桃書房

沼上幹・浅羽茂・新宅純二郎・網倉久永 (1993)「対話としての競争——電卓産業における競争行動の再解釈」, 伊丹敬之他編『日本の企業システム 第2巻』第1章, 有斐閣

小川進 (2000)『イノベーションの発生論理』千倉書房

「応用機械工学」編集部 (1983),『自動車と設計技術』

Penrose, Edith (1959) *The Theory of the Growth of the Firm*, Basil Blackwell.

Prahalad, C. K. and Garry Hamel (1990) "The Core competence of the firm," *Harvard Business Review*, May-June, 79-91.

Robertson, Paul and Richard N. Langlois (1992) "Modularity, innovation and the firm: The case of audio components," *Entrepreneurship, Technological Innovation, and Economic Growth-Studies in the Schumpeterian tradition*, ed., Frederic M. Scherer and Mark Perlman, Ann Arbor, The University of Michigan Press.

Rosenberg, Nathan (1994) *Exploring the Black Box: Technology, Economics, and History*, Cambridge University Press.

Rosenberg, Nathan (1982) *Inside the Black Box: Technology and Economics*, Cambridge University Press.

Rosenberg, Nathan (1976) *Perspectives on Technology*, Cambridge University Press.

Rosenbloom, Richard S. and Clayton M. Christensen (1994) "Technological Discontinuities, Organizational Capabilities, and Strategic Commitment," *Industrial and Corporate Change*, 3 (3), 655-685.

榊原清則・大滝精一・沼上幹 (1989)『事業創造のダイナミクス』白桃書房

坂本和一 (1992)『コンピュータ産業——ガリヴァ支配の終焉』有斐閣

Sanchez, Ron and Joseph T. Mahoney (1996) "Modularity, flexibility, and knowledge management in product and organization design," *Strategic Management Journal*, 17 (Winter Special Issue), 63-76.

関口和一（2000）『パソコン革命の機種たち』日本経済新聞社

新宅純二郎（1994）『日本企業の競争戦略』有斐閣

新宅純二郎（1992）「競争と技術転換——日米カラーテレビ産業の比較分析を通じて」学習院大学経済経営研究所『年報 第5巻』1992年3月

新宅純二郎・網倉久永（1998）「シャープ：多角化事業の展開」社会生産性本部・ケース No. 37

新宅純二郎・魏晶玄・宮崎正也（1999）「製品コンセプト創造プロセスにおける企業間競争の積極的な意義と競争優位」企業研究会研究プロジェクト報告書

新宅純二郎・浅羽茂（2001）『競争戦略のダイナミズム』日本経済新聞社

Simon, Herbert A. (1969) *The Science of Artificial*, MIT Press.

Szulanski, Gabriel (1996) "Exploring internal stickiness: Impediments to the transfer of best practice within the firm," *Strategic Management Journal*, 17 (Winter Special Issue), 27-43.

高橋三雄（1996）『コンピュータ用語辞典』ナツメ社

高橋伸夫（2001）「学習曲線の基礎」『経済学論集』66 (4), 2-23

高松朋史（2000）「オープン型標準化推進のための条件」『デファクト・スタンダードの本質』有斐閣

武石彰・藤本隆宏・具承桓（2001）「自動車産業におけるモジュール化：製品・生産・調達システムの複合ヒエラルキー」，東京大学 CIRJE ディスカッション・ペーパー, J-41

Teece, David J. (1986) "Profiting from Technological Innovation: Implication for Integration, Collaboration, Licensing and Public Policy," *Research Policy*, 15, 285-305.

Teece, David J. (1982) "Toward an economic theory of the multiproduct firm," *Journal of Economic Behavior and Organization*, 3, 39-63.

Teece, David J., Gary Pisano and Amy Shuen (1997) "Dynamic capabilities and strategic management," *Strategic Management Journal*, 18 (7), 509-533.

富田倫生（1994）『パソコン創世記』TBSブリタニカ

Tsui, Wenpin (2000) "Social capital, strategic relatedness and the formation of interorganizational linkness," *Strategic Management Journal*, 21, 925-939.

Tushman, Michael L. and William L. Moore (1982) *Readings in the management of Innovation*, Pitman.

Ulrich, Karl (1995) "The role of product architecture in the manufacturing firm," *Research Policy*, 24, 419-440.

Utterback, James M. (1994) *Mastering the Dynamics of Innovation: How Companies*

Can Seize Opportunities in the Face of Technological Change, Harvard Business School Press.
von Hippel, Eric A. (1994) "Sticky information and the locus of problem solving : Implications for innovation," *Management Science*, 40, 429-439.
Walker, G, Kogut B. and W. Shan (1997) "Social capital, structural holes and the formation of an industry network," *Organization Science*, 8 (2), 109-125.
Weick, Karl E. (1976) "Educational organization as loosely coupled system," *Administrative Science Quarterly*, 21, 1-19.
Wenerfelt, Birger (1984) "A resource-based view of the firm," *Strategic Management Journal*, 5, 171-180.
魏晶玄 (2003a) "Organizational strategy of established firms to create a new product architecture-Organizational design and management in the process of product architecture creating-", 韓国戦略経営学会春季学術大会, 延世大学経営大学, 2003年4月26日
魏晶玄 (2003b)「新しい製品アーキテクチャの創造プロセス・マネジメント——シャープのPDAのケース——」『戦略経営研究』, 2, 3-21
Wi, John H. (2002a) "Organizational strategy of established firms for adapting to a change in product architecture: The dynamic management of subunits inside an organization," *Annals of Business Administrative Science*, 1(1), 1-8
Wi, John H. (2002b) "The analysis of an established firm's adapting behavior to a change in product architecture: The case of NEC's adapting behavior in the laptop computers industry," *The 15th annual meeting of the Association of Japanese Business Studies*, University of Missouri, St. Louis, June 6-9.
魏晶玄 (2001a)「資源の移動と再結合による製品アーキテクチャの変化への適応プロセス-東芝のラップトップのケースを中心に」『経済学研究』43号, 43-56
魏晶玄 (2001b)「製品アーキテクチャの変化に対応する既存企業の組織マネジメント——組織内資源の移動と再結合による異質な資源の創造プロセス——」『組織科学』, 35 (1), 108-123
魏晶玄 (2001c)「もう一つの産業革命, ロボット産業——本田とSONYのロボット開発プロセスの分析」『月刊マル』(2001年2月号)(韓国語)
魏晶玄 (1998)「製品アーキテクチャの変化を巡る既存企業の競争戦略——東芝とNECのラップトップ戦略を中心に——」東京大学大学院経済学研究科修士論文
Williamson, Oliver E. (1975) *Markets and Hierarchies: Analysis and Antitrust Implication-A Study in the Economic of Internal Organization*, The Free Press
Williamson, Oliver E. (1991) "Strategizing, economizing, and economic organization," *Strategic Management Journal*, 12, 75-94.
吉田民人 (1990)『自己組織性の情報科学』新曜社

社史・白書・統計

『カシオ50年史』(1995),カシオ
『電子工業年鑑』(1990),電波新聞社
『事務機械の需要予測』(1995),日本事務機械工業会
『機械統計年報』(1986,1987),通産省
『日本電気』(1992)経済界「ポケット社史」編纂委員会
『NEC技報』1989年12月号,42(12),NEC
『日本マーケットシェア事典』各年度,矢野経済研究所
『パソコン白書』(1990),日本電子工業振興協会
『シャープ技報』(1992年11月)54,シャープ
『シャープ技報』(1991年6月)49,シャープ
『ザ・シェア'91』(1990),日本産業新聞社
『東芝レビュー』(1983),38(8),東芝
『東芝電子計算機事業部史』(1989),東芝電子計算機事業部史編纂委員会

雑誌・新聞記事

『月刊ASCII』(1988年2月号),アスキー出版
『月刊ASCII』(1989年9月号),アスキー出版
『月刊ASCII』(1995年6月号),アスキー出版
『月刊ASCII』(1996年5月号),アスキー出版
『Mobile PC』(1997年7月),ソフトバンク
『日経バイト』(1985年8月号),日経BP
『日経バイト』(1985年12月号),日経BP
『日経バイト』(1988年1月号),日経BP
『日経バイト』(1988年6月号),日経BP
『日経バイト』(1989年12月号),日経BP
『日経パソコン』(1985年9月16日号),日経BP
『日経パソコン』(1996年2月12日号),日経BP
『日経パソコン』(1986年12月1日号),日経BP
『日経パソコン』(1987年2月23日号),日経BP
『日経パソコン』(1988年1月4日号),日経BP
『日経パソコン』(1988年6月27日号),日経BP
『日経パソコン』(1988年12月26日号),日経BP
『PC Computing』(1997年6月),ソフトバンク
『プレジデント』(1988年12月号),プレジデント社
『プレジデント』(1996年7月号),プレジデント社
『日経エレクトロニクス』(1984年12月3日号),日経BP

『日経ビジネス』(2000年10月30日号),日経BP
『日経パーソナル・コンピューティング』(1985年9月16日号),日経BP
『週間ダイヤモンド』(1994年7月30日号),ダイヤモンド社
『週間東洋経済』(1989年1月14日号)
『日本経済新聞』(1997年12月9日)
『日本経済新聞』(2001年10月29日)
『日経産業新聞』(1990年10月16日)
『日経産業新聞』(1990年10月30日)

〈著者紹介〉

魏　晶玄（ウィ　ジョンヒョン）

現職：韓国中央大学経営学科助教授、
　　　GBRC（Grobal Business Research Center）韓国企業＆経営研究所所長

1987年ソウル大学経営学部を卒業して、2002年東京大学大学院経済学研究科で博士学位を修得した。1987年から1992年まで韓国社会科学研究所研究員、2001年から2003年まで東京大学経済学部でリサーチ・アソシエイトを経て現在に至っている。現在韓国ゲーム産業連合会諮問委員、韓国戦略経営学会理事も勤めている。主な論文には、「製品アーキテクチャの変化に対応する既存企業の組織マネジメント――組織内資源の移動と再結合による異質な資源の創造プロセス」、「新しい製品アーキテクチャの創造プロセス解析――シャープのPDAのケース――」、「韓国オンラインゲーム産業の形成メカニズム分析――補完的なインフラによる新規産業の形成促進分析――」などがあり、訳書には『ゲーム産業の経済分析――コンテンツ産業発展の構造と戦略』（韓国語、近刊）、『成果への挑戦』（Drucker, Peter F., *The Effective Executive*）（韓国語、1995年）がある。

〔連絡先〕
電話番号：82-2-827-0302（研究室）
E-Mail：jhwi@cau.ac.kr

イノベーションの組織戦略
――知識マネジメントの組織戦略――

2004年（平成16年）2月28日　第1版第1刷発行　3131-0101

著　者　魏　　晶　玄

発行者　今　井　　貴

発行所　信山社出版株式会社
〒113-0033　東京都文京区本郷6-2-9-102
　　　　　電　話　03（3818）1019
　　　　　ＦＡＸ　03（3818）0344
　　　　　http://www.shinzansha.co.jp
　　　　　order@shinzansha.co.jp
　　　　　　　　　　　Printed in Japan.

© 魏　晶玄，2004．　印刷・製本／長野印刷・大三製本
ISBN4-7972-3131-9　C3432
3131-012-030-020
NDC分類 335.001

法律学の森シリーズ

青竹正一 著
会社法　　　　　　　　　　　　　3,800円

潮見佳男 著
債権総論〔第2版〕Ⅰ　　　　　　　4,800円
　－債権関係・契約規範・履行障害

潮見佳男 著
債権総論〔第2版〕Ⅱ　　　　　　　4,800円
　－債権保全・回収・保証・帰属変更

潮見佳男 著
契約各論Ⅰ　　　　　　　　　　　　4,200円
　－総論・財産移転型契約・信用供与型契約

潮見佳男 著
不法行為法　　　　　　　　　　　　4,700円

藤原正則 編
不当利得法　　　　　　　　　　　　4,500円

小宮文人 編
イギリス労働法　　　　　　　　　　3,800円

信 山 社

ブリッジブックシリーズ
好評発売中！

永井和之 編
ブリッジブック 商　法　　　　　　2,100円

土田道夫・高橋則夫・後藤巻則 編
ブリッジブック 先端法学入門　　　　2,000円

山野目章夫 編
ブリッジブック 先端民法入門　　　　2,000円

横田耕一・高見勝利 編
ブリッジブック 憲　法　　　　　　　2,000円

小島武司 編
ブリッジブック 裁判法　　　　　　　2,100円

植木俊哉 編
ブリッジブック 国際法　　　　　　　2,000円

寺岡 寛 著
ブリッジブック 日本の政策構想　　　2,100円

田中孝彦 編
ブリッジブック 国際関係学　　　　　近刊

町野朔 編
ブリッジブック 刑　法　　　　　　　近刊

長谷川晃・角田猛之 編
ブリッジブック 法哲学　　　　　　　近刊

大村敦志・水野紀子 著
ブリッジブック 家族法　　　　　　　近刊

五十川直行 著
ブリッジブック 日本民法学への招待　近刊

信山社

判例総合解説シリーズ
実務に役立つ理論の創造

石外克喜 著
権利金・更新料の総合判例解説　　2,900円

生熊長幸 著
即時取得の判例総合解説　　2,200円

土田哲也 著
不当利得の判例総合解説　　2,400円

小林一俊 著
錯誤の判例総合解説　　近刊

赤松秀岳 著
賃借権侵害の判例総合解説　　近刊

本田純一 著
借家法と正当事由の判例総合解説　　近刊

山口康夫 著
請負の判例総合解説　　近刊

國府剛 著
婚約の判例総合解説　　近刊

右近健男 著
婚姻無効の判例総合解説　　近刊

門廣乃里子 著
相続回復請求権の判例総合解説　　近刊

平野裕之 著
保証人の責任制限の判例総合解説　　近刊

高森八四郎 著
越権代理の判例総合解説　　近刊

信山社

リーガルクリニック叢書
新しいテーマと切り口で実務と理論の架け橋を

編集代表 藤岡康広／編集委員 上村達男
・首藤重幸・亀本洋・水谷英夫・小島妙子

水谷英夫 著
労働の法 2,000円

酒匂一郎 著
インターネットと法 2,000円

亀本洋 著
法と法律家の役割 近刊

小川浩三著
ローマ法学の遺産と法曹養成 近刊

藤岡康宏・潮見佳男著
法制度の基礎―契約／不法行為の協働

飯村佳夫・安木建・清水正憲・西村建 著
弁護士倫理 近刊

曽野裕夫 著
消費生活と法 近刊

小島妙子・水谷英夫著
ジェンダーと法 近刊

榊原富士子・折井純・布施憲子 著
離婚と法 近刊

手嶋豊・甲斐克則 著
医療・生命と法 近刊

伊藤博義 著
社会保障の法 近刊

信山社

石黒一憲 著
ＩＴ戦略の法と技術　　　　　　10,000円

寺岡寛 著
ブリッジブック日本の政策構想　　2,200円

寺岡寛 著
中小企業の社会学　　　　　　　　2,500円

伊藤嘉博 著
管理会計のパースペクティブ　　　3,600円

王能君 著
就業規則判例法理の研究　　　　 10,000円

野崎道哉 著
景気循環と経済政策　　　　　　　6,980円

黒澤満 著
軍縮国際法　　　　　　　　　　　5,000円

高桑昭 著
国際商事仲裁法の研究　　　　　 12,000円

石黒一憲 著
グローバル経済と法　　　　　　　4,600円

伊藤紀彦 著
ニューヨーク州事業会社法史研究　6,000円

山田剛志 著
金融自由化の法的構造　　　　　　8,000円

今川嘉文 著
過当取引の民事責任　　　　　　 10,000円

虞健新 著
中国国有企業の株式会社化　　　　5,000円

信 山 社

白田秀彰 著
コピーライトの史的展開　　　　　8,000円

平嶋竜太著
システムＬＳＩの保護法制　　　　9,000円

清川寛 著
プロパテントと競争政策　　　　　6,000円

ﾛﾊﾞｰﾄ・ｺﾞｰﾏﾝ/ｼﾞｪｰﾝ・ｷﾞﾝｽﾞﾊﾞｰｸﾞ共著 内藤篤訳
米国著作権法詳解 原著第6版（上）30,000円

ﾛﾊﾞｰﾄ・ｺﾞｰﾏﾝ/ｼﾞｪｰﾝ・ｷﾞﾝｽﾞﾊﾞｰｸﾞ共著 内藤篤訳
米国著作権法詳解 原著第6版（下）30,000円

ﾊﾟﾒﾗ・ｻﾐｭｴﾙｿﾝ著　知的財産研究所訳
情報化社会の未来と著作権の役割　6,000円

財）知的財産研究所 編
特許クレーム解釈の研究　　　　12,500円

Ｊ．ﾉｰﾄﾝ/Ｃ.ﾘｰﾄﾞ/I.ｳｫﾙﾃﾞﾝ編著　泉田栄一 訳
国際電子銀行業　　　　　　　　　8,000円

谷岡愼一 著
ＩＭＦと法　　　　　　　　　　　9,000円

高木多喜男編
金融取引Ｑ＆Ａ　　　　　　　　　3,200円

ﾌﾞﾗﾝｼｪ・ｽｽﾞｨｰ・ﾙﾋﾞ著　泉田栄一訳
ヨーロッパ銀行法　　　　　　　 18,000円

御室 龍 著
金融法の理論と実際　　　　　　　9,515円

児玉晴男著
ハイパーメディアと知的所有権　　2,718円

信 山 社

― 信 山 社 ―

平 15. 4. 1

李　亨五 著（Hyungoh Lee、イヒョンオ）
企業間システムの選択
　―日本化学繊維産業の分析―　　3,600 円

韓　美京 著（Hann mi kyung、ハンミキョン）
製品アーキテクチャと製品開発　3,200 円

陳　晋 著
中国乗用車企業の成長戦略　　　8,000 円

李　春利 著
現代中国の自動車産業　　　　　5,000 円

張　紀南 著
戦後日本の産業発展構造　　　　5,000 円

梁　文秀 著
北朝鮮経済論　　　　　　　　　6,000 円

李　圭洙 著
近代朝鮮における植民地地主制と
　農民運動　　　　　　　　　　12,000 円

李　圭洙 著
米ソの朝鮮占領政策と南北分断
　体制の形成過程　　　　　　　12,000 円

山岡茂樹 著
ディーゼル技術史の曲がりかど　3,700 円

坂本秀夫 著
現代日本の中小商業問題　　　　3,429 円

坂本秀夫 著
現代マーケティング概論　　　　3,600 円

寺岡　寛 著
アメリカ中小企業論　　　　　　2,800 円

寺岡　寛 著
アメリカ中小企業政策　　　　　4,800 円

山崎　怜 著
〈安価な政府〉の基本構造　　　4,500 円

R. ヒュディック 著　小森光夫他 訳
ガットと途上国　　　　　　　　3,500 円

大野正道 著
企業承継法の研究　　　　　　 16,000 円

菅原菊志 著
企業法発展論　　　　　　　　 20,000 円

多田道太郎・武者小路公秀・赤木須留喜 著
共同研究の知恵　　　　　　　　1,545 円

吉川惠章 著
金属資源を世界に求めて　　　　2,300 円

吉尾匡三 著
金融論　　　　　　　　　　　　5,806 円

中村静治 著
経済学者の任務　　　　　　　　3,398 円

中村静治 著
現代の技術革命　　　　　　　　8,252 円

千葉芳雄 著
交通要論　　　　　　　　　　　2,000 円

佐藤　忍 著
国際労働力移動研究序説　　　　2,990 円

辻　唯之 著
戦前香川の農業と漁業　　　　　5,000 円

辻　唯之 著
戦後香川の農業と漁業　　　　　4,500 円

山口博幸 著
戦略的人間資源管理の組織論的研究
　　　　　　　　　　　　　　　6,000 円

西村将晃 著
即答工学簿記　　　　　　　　　3,864 円

西村将晃 著
即答簿記会計（上・下）　　　　9,650 円

K. マルクス 著　牧野紀之 訳
対訳・初版資本論第 1 章および附録
　　　　　　　　　　　　　　　6,000 円

牧瀬義博 著
通貨の法律原理　　　　　　　 48,000 円

宮川知法 著
債務者更正法構想・総論　　　 15,000 円

宮川知法 著
消費者更正の法理論　　　　　　6,800 円

宮川知法 著
破産法論集　　　　　　　　　 10,000 円

信山社
〒113-0033　文京区本郷 6-2-9-102
TEL 03(3818)1019　FAX 03(3818)0344
order@shinzansha.co.jp